KB043988

우리의 역사,
이것이 진실이다

이 태 룡 지음

BOOK STAR

이것이 진실이다

"낙랑군에 속한 조선현(朝鮮縣)은 요동에 있으며,

주나라가 기자(箕子)를 봉한 땅이다."

-『후한서』·『진서』

최익현이 유배지 흑산도 바위에 새긴 글

"箕封江山 洪武日月"

'기자를 봉한 땅, 홍무의 명나라 땅'

우리나라는 기자가 임금으로 봉해졌던 땅이요, 이는 곧 명나라 태조(연호 : 홍무) 주원장(朱元璋)의 땅이라는 것. 그런데, "최익현 선생이 일제에 비분강개하여 조선 독립을 주장한 글"이라니…….

목차

머리글

"낙랑군에 속한 조선현(朝鮮縣)은 요동에 있으며,
주나라가 '기자(箕子)'를 봉한 땅이다." -『후한서』·『진서』

"箕封江山 洪武日月"(기자를 봉한 땅, 홍무의 명나라 땅)
'우리나라는 기자가 임금으로 봉해졌던 땅이요, 이는 곧 명나라 태조 홍무제(연호 : 홍무) 주원장(朱元璋)의 땅이다.'

최익현이 흑산도에서 유배 생활을 하면서도 기자 숭모 사상을 드러낸 것인데, "최익현 선생이 일제에 비분강개하여 조선 독립을 주장한 글"이라니……. 이게 무슨 일이냐며 '기자'에 대하여 연구하였다.

『세종실록』이 단종 2년(1454)에 편찬되었다. 그 속에는 「지리지」가 있는데, 거기에는 고조선과 부여, 고구려의 건국사화(建國史話)를 실으면서 『단군고기(檀君古記)』에서 인용했다고 명시하였다.

아니, '단군신화'가 아닌, 『단군고기』라니……. 이게 무슨 일이냐며 살펴보니, '단군신화(檀君神話)'는 일제강점기에 조작된 것이었다.

일제강점기 이후 이병도·최남선과 그 아류들은 물론, 국사편찬위원회마저 김부식 등이 지은 책의 표제가 『三國史』인데도 불구하고 책의 권마다 첫머리에 나오는 권수제(卷首題)인 「삼국사기」를 책이름이라고 아직도 겨레를 우롱하고 있다. 심지어 원문 『三國史』를 『삼국사기』로 둔갑시켜 오역하고 있으니, 가슴을 칠 일이다.

'단군신화'라는 이름으로 현재까지 300여 논저가 나왔고, 지금까지 초·중등 교과서, 대학 교재에까지 이것이 실려 있다. 단군이 건국한 이래 수천 년 동안 『고려사』, 『조선왕조실록』을 비롯한 관찬 사서, 유학자 문집 그 어디에 단 한 번이라도 '단군신화'라는 용어가 실린 곳이 있었던가? '단군신화'라는 말은 일제강점기 때인 1920년에 처음 나왔다.

결국, '기자조선'은 조선의 유학자들이, '단군신화'와 '삼국사기'는 식민사학자와 그들 앞잡이들이 조작한 가짜 이름이었다.

올해가 조국 광복 70주년이다. 올해는 배달겨레가 역사의 광복을 쟁취하는 원년이 되기를 갈망하면서, 오식으로 인한 잘못이 있거나 오류가 있으면 다음에 보완하겠다는 말을 용기로 삼아 이 글을 정리하였다.

끝으로 출판 환경이 어려운 시기에 기꺼이 책을 출판해 주신 박정태 회장님께 깊은 감사를 드리며, 까다롭고 난해한 글을 소담스럽게 정리해 주신 이명수 이사님과 조유민 편집자님의 은혜를 입어 이 책이 나오게 되었다.

대한민국 97년(2015) 여름

김해 신어산 아래에서 이태룡 쓰다

1부
배달겨레의 뿌리

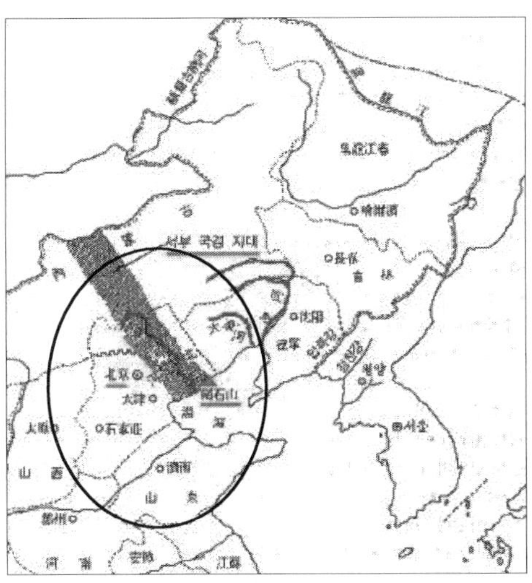

고조선 말과 1~2세기 고구려 · 부여 · 마한 · 백제 등이 외세와 다툼을 벌이던 지역(원형으로 표한 지역)

고조선

1) 태초의 나라 군자국

중국에서 가장 오래된 백과전서 『산해경(山海經)』[1)]에 이르기를,

"군자국(君子國)이 북쪽에 있으니, 관(冠)을 쓰고 검(劍)을 차며, 짐승을 먹는다. 그 나라 사람들은 두 마리의 문호(文虎)[2)]를 곁에 두고 살아가면서 사람들이 사양하기를 좋아하여 서로 다투지 않는다. 훈화초(薰華草)[3)]가 있어서 아침에 피어났다가 저녁에 진다."

라고 하였는데, 곽박(郭璞)이 찬(讚)하였다.[4)]

동방의 기운은 어질어서
나라에 군자가 많다.
훈화초를 먹으며
문호(文虎)를 부린다.

---

1) 『산해경(山海經)』: 작자 · 연대 미상인 책으로 서기전 3세기경에 저술되었다고 한다. 중국에서 가장 오래된 책으로 평가하고 있다.
2) 문호 : 얼룩무늬 호랑이를 말한다. 고유의 산신령 그림에서 그 흔적이 남아 있다고 할 수 있으나 전거로 삼기에는 논리성이 미약하다.
3) 훈화초 : 무궁화. 『고금주』에는 "군자국은 땅이 사방 1천리이고 목근화(木槿花)가 많다."라고 했는데, '목근화'도 무궁화를 가리킨다.
4) 한치윤, 『해동역사』. 「해동역사」제1권, 세기 1 참조

본디 예양을 좋아하고
예는 사리에 따른다.

『논어』에서 공자가 구이(九夷)[1] 지방에 가서 살고 싶다고 하자, 어떤 사람이 말하기를,

"누추해서 어떻게 살겠습니까?"

하니, 공자가 말하기를,

"군자가 살고 있는데, 어찌 누추한 것이 있겠는가?"

하였고, 『신이경(神異經)』에는 이렇게 기록되어 있다.

○ 동방에 사람들이 살고 있으니 남자들은 모두 흰 띠에 검은 관을 쓰고 여자들은 모두 채색 옷을 입는다. 항상 공손하게 앉아 서로를 범하지 않으며, 서로 칭찬하고 헐뜯지 않는다. 다른 사람이 어려움에 빠진 것을 보면 목숨을 내던지면서까지 구해 준다. 얼핏 보면 바보스러운 것 같지만 그를 일컬어 선인(善人)이라고 한다.

당나라 현종은 신라를 '군자의 나라'라고 하였고, 고려 때에는 우리나라를 칭하여 '근화향(槿花鄕)'이라고 하였으니, 선인이 사는 군자국은 곧 우리나라를 지칭하는 말이었다.

또, 『후한서』에는 "동방을 이(夷)라고 한다." 라는 『예기』 왕제편의 내용을 인용하고, "이(夷)란 것은 저(柢 : 뿌리)이니, 어질어서 살리기를 좋아하여 만물이 땅에 뿌리박고 잘 자란다. 천성이 유순해서 올바른 도리로 거느리기가 쉽고, 심지어 군자가 죽지 않는 나라까지 있다."라고 덧붙였다.

---

1) 구이 : 단군의 조선을 구성했던 9개의 부족을 일컫는데, '동이(東夷)'와 같은 의미로 사용되었다.

2) 건국과 국호

1392년 음력 7월 17일, 이성계가 왕위에 오른 후 명나라 홍무제(洪武帝)에게 '조선(朝鮮)'과 '화령(和寧)' 중에서 국호를 정해 달라고 요청하여 그해 겨울에 '조선'으로 낙점을 받았다.

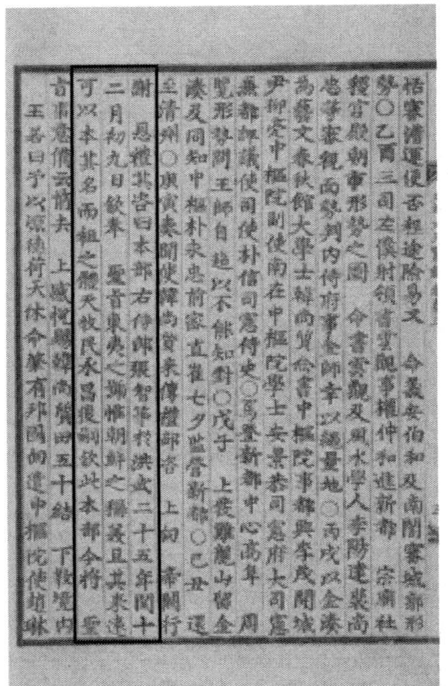

○ 홍무(洪武) 25년 윤12월 초9일에 삼가 성지(聖旨)를 받들었는데, 그 조칙(詔勅)에,

"동이(東夷)의 국호에 다만 조선(朝鮮)의 칭호가 아름답고, 또 이것이 전래한 지가 오래 되었으니, 그 명칭을 근본으로 하여 본받을 것이며, 하늘을 본받아 백성을 다스려서 후사(後嗣)를 영구히 번성하게 하라." 라고 하였다.

(중략)

지금부터 고려라는 나라 이름은 없애고, 조선의 국호를 좇아 쓰게 할 것이다.[1]

옛 나라의 국호를 사용할 경우, '후금(後金)', '후위(後威)'처럼 응당 '후조선(後朝鮮)'으로 해야 했는데, 당시 집권층은 그런 역사의식이 부족했던가 보다.

그리하여 정작 '조선'은 '고조선(古朝鮮)'이 되고 말았으니, 사람 이름으로 치면 죽은 사람의 이름을 후세 사람이 고친 격이었다.

1) 『조선왕조실록』, 태조 2년(1393) 2월 15일조 참조

고조선[1]에 대한 기록은 『관자』[2]에 제(齊) 나라와 교역한 사실과 『산해경』에 '군자국이 연(燕) 나라의 동쪽, 바다의 북쪽에 있다.'고 한 내용을 포함하여 고조선이라고 추정할 수 있는 것이 수록되어 있다.

고고학 측면에서는 고조선은 환웅(桓雄)으로 대표되는 청동기 문명을 가졌던 외래 세력과 토착 세력 웅가(熊家)의 결합을 통하여 건국된 것으로 설명하고 있다.

고조선의 강역으로 추정되는 곳에서 발견되는 청동기는 서기전 15세기를 상한으로 보고, 한때 고조선의 실질적인 성립 연대에 대하여 의문을 가지기도 했다. 그러나 최근 상(商) 나라 시대의 청동기와 갑골문자가 새겨진 뼈 등이 다량으로 발굴되어 군장국가가 존재하기 시작한 청동기 시대가 그보다 훨씬 전으로 보는 학설이 지지를 받고 있는 실정이다. 즉 비파형 동검(琵琶形銅劍) 문화를 공동 기반으로 하는 여러 지역의 집단이 큰 세력으로 통합되면서 고조선이라는 고대국가가 성립된 것으로 보는 것이다.

따라서 '조선이란 특정 국가를 지칭한다기보다는 요동지방에서 한반도 서북지방에 걸쳐 성장한 여러 지역의 집단을 통칭한 것'이라는 종래의 주장이 잘못되었다는 결론에 도달하게 된 것이다.

문헌상으로도 『단군고기(檀君古記)』[3] 속에 나오는 건국사화(建國史話)[4]를 단순히 사회를 통합하기 위한 시조설화(始祖說話)로 본 것이 명백한 조작이었음이 드러나게 되었고, 더욱이 '단군신화는 그리스 로마 신화처럼 허황된 이야기인데, 그리스 로마 신화는 인간적인 희로애락

---

1) 『세종실록』「지리지」에 실린 『단군고기』의 내용은 후술하였다.
2) 관자 : 춘추시대 제나라 관중(管仲)의 정치 · 사상 · 조공 등에 관한 것을 담고 있는데, 조선(고조선)에 관한 기록도 담겨 있다.
3) 『세종실록』「지리지」 평안도 평양부편에 실려 있다. 후술하였다.
4) 일제 식민사학자들과 부왜인들은 '단군신화'라고 지칭하였다.

이 있어 재미가 있는 반면, 단군신화는 토테미즘(totemism)에 샤머니즘(shamanism) 요소가 들어 있어 재미없는 신화(神話)'로 보았던 것은 식민사학자들의 말장난에 불과한 것임이 드러난 것이다.

오늘날 우리나라 학계는 단군이 세운 조선을 고조선 또는 단군조선(檀君朝鮮)이라 칭하고 그 실체가 있었음을 겨우 인정하고 있다.

그런데, 고조선을 단군조선, 기자조선(箕子朝鮮), 위만조선(衛滿朝鮮)으로 구분하였고, 북한에서는 전조선(前朝鮮), 후조선(後朝鮮), 만조선(滿朝鮮)으로 갈래짓고 있다. 우리나라는 한치윤의 『해동역사』에서 구분한 것을 따랐고, 북한은 『제왕운기』와 『세종실록』「지리지」에 나오는 용어를 바탕으로 위만조선 대신 만조선이라 하여 위만을 조선인으로 보고 이를 바꾼 것으로 보인다.

과연 남북한의 이러한 구분이 타당하고 올바른 것일까? 한마디로 말해서 타당하지도 올바르지도 않다고 본다. 왜냐하면, 기자가 조선의 왕이 아니었고, 조선과 주나라 국경 부근에 있었던 조선현에 봉해진 자작이었다는 것은 명백한 역사이기 때문이다.

이른바 '기자(箕子)의 36세손'이라고 말하는 후(詡)가 왕위에 오른 후, 6명이 왕위를 물려받았다고 하나 중국 사서 『사기』에는 없고, 뒤에 나온 사서의 주에 나오니, 그 신빙성이 떨어지는 것은 말할 것도 없거니와 뒤에 만(滿:위만衛滿)이 왕위를 찬탈하여 3대 87년간 조선을 통치했더라도 우리나라나 중국의 사서 그 어디에도 단군이 나라를 건국한 후 국호를 '조선'이라고 했지, 단군조선 또는 전조선이라고 한 적이 없는데, 후대 학자들이 임의대로 붙인 것에 불과하다.

설령, 위만이 고조선의 왕이었다손 치더라도 국호에 대한 지칭은 그대로 두어야 한다. 이것은 신라 1천 년 동안 박씨-석씨-김씨로 몇 차례 교체되어 왕위에 올랐지만, '박혁거세신라', '석탈해신라', '김알지신라' 등으로 일컫지 않는 것과 같은 논리가 그 첫 번째 이유이고, 후세의 위정자나 학자들이 옛 나라의 국호를 임의대로 바꿀 수 없는 것이 두 번째 이유이다. 그러나 이성계가 세운 나라를 조선이라고 하였으니, 후세 사람들은 단군이 세운 나라와 구별하기 위해 '고조선'이라고 한 것이지만, 엄밀히 말하자면, 이성계가 세운 나라를 '후조선(後朝鮮)'이라고 해야 한다.

3) 고조선의 개국과 멸망

서기전 2333년 단군이 조선(고조선)을 아사달에 건국하여 9개의 큰 부족, 이른바 구이(九夷)를 다스려 온 지 2천여 년 동안 미풍양속을 숭상하는 예의의 나라를 이룩해 왔다.

서기전 194년, 한(漢) 나라의 제후국이었던 연(燕) 나라 사람 위만(衛滿)이 1천여 명을 이끌고 고조선의 서쪽 변방으로 망명해 오는 사건이 발생하였다. 위만은 서쪽 변방에 거주하게 해 주면 연나라와 제(齊) 나라로부터 밀려드는 망명자들을 거두어 '조선의 번병(藩屛)'이 되겠다고 하였다. 고조선 왕(천제) 준(準)은 그를 믿고 박사에 임명하고, 규(圭)를 하사하며, 1백 리의 땅을 다스리도록 봉(封)하여 서쪽 변경을 지키도록 하였다.

그런데, 위만은 한나라가 침공해 온다고 속여 왕검성(王儉城)을 지키겠다고 성으로 들어와서는 성을 차지해 버리자, 성을 지키던 고조선군은 이를 상대하지 못하고 왕검성을 빼앗기게 되었다.

○ 진(秦) 나라가 천하를 통일한 뒤, 몽념(蒙恬)으로 하여금 장성(長城)을 쌓게 하여 요동(遼東)에까지 이르렀다.

이때에 조선 왕(천제)은 부(否)이었는데, 정략상 진나라와 화친은 하였으나 조회에는 나가지 않았다. 부가 죽고 그 아들 준(準)이 즉위하였다.

그 뒤 20여 년이 지나 진승(陳勝)과 항우(項羽)가 기병하여 천하가 어지러워지자, 연(燕) · 제(齊) · 조(趙)의 백성들이 괴로움을 견디다 못해 차츰차츰 준에게 망명하므로 준은 이들을 서부 지역에 거주하게 하였다.

한(漢) 나라 때에 이르러 노관(盧綰)[1]으로 연왕을 삼으니, 조선과 연은 패수(浿水)[2]를 경계로 하게 되었다. 노관이 (한나라를)배반하고 흉노(匈奴)[3]로 도망간 뒤, 연나라 사람 위만(衛滿)도 망명하여 오랑캐의 복장을 하고 동쪽으로 패수를 건너 준에게 항복하였다.

위만이 서쪽 변방에 거주하도록 해 주면 중국의 망명자를 거두어 조선의 번병(藩屛)이 되겠다고 준을 설득하였다. 준은 그를 믿고 사랑하여 박사에 임명하고 규(圭)를 하사하며, 1백 리의 땅을 봉(封)해 주어 서쪽 변경을 지키게 하였다.

위만이 망명자들을 유인하여 그 무리가 점점 많아지자, 사람을 준에게 파견하여 속여서 말하기를,

"한나라의 군대가 열 군데로 쳐들어오니, 왕궁에 들어가 숙위(宿衛)하기를 청합니다."

하고는 드디어 되돌아서서 준을 공격하였다. 준은 만과 싸웠으나 상대가 되지 못하였다.[4]

---

1) 노관 : 한 고조 유방의 친구로 고조 5년(서기전 202) 8월에 이성제후(異姓諸侯) 중의 한 사람으로 연왕(燕王)에 봉해졌다. 그 후 서한 왕실에 모반하였다가 서기전 195년 고조가 사망하자, 번회(樊噲) · 주발(周勃) 등의 토벌을 받아 흉노로 달아났다.

2) 패수 : 대동강, 청천강, 압록강, 중국 훈강 등으로 비정해 왔으나 한나라 상흠(桑欽)의 『수경』에 "패수는 낙랑군 누방현을 나와 동남쪽으로 임패현을 지나 동쪽 바다(우리의 황해)로 들어간다." 라고 하였다. 이 책은 만리장성 남쪽과 양쯔 강 이북 사이의 하천에 관한 기록이며, 여기에 나온 누방현과 임패현은 『한서』 「지리지」에도 나오는데, 이들 기록에 의하면 패수는 요서지방에 있는 '패하(浿河)'로 비정할 수 있는데, 지금의 중국 하북성 동북부에 있는 난하(灤河)로 비정하기도 한다. 『전한서』 「조선전」에 "연나라 사람 위만(衛滿)이 망명하여 천여 명의 무리를 모아서 동쪽으로 요새를 빠져 달아나 패수를 건너 진나라 빈 땅의 아래위 장새에 와서 살면서"라는 구절에서 '패수를 건너 진나라 빈 땅'은 오늘날 평안도가 아니기 때문에 청천강이 아닌 것이 분명하다.

3) 서기전 4세기 말부터 약 500년 동안 몽골지역을 중심으로 중국 북방을 지배했던 기마민족이다.

4) 『삼국지』 권30, 「위서」 제30, 동이전 제30, 한(韓) 조 참조

이에 단군[1]은 태자 해부루(解夫婁)로 하여금 동부여를 세우게 하였고, 해모수(解慕漱)가 부여의 옛 땅에 자리를 잡게 되었으며, 준(準)은 마한 땅으로 망명을 떠나게 되었으니,[2] 종전의 조선을 구성했던 부족들이 정치 세력화하여 군소국을 세우게 되었다.

그리하여 서기전 12세기경부터 오늘날 몽골 남부지역에 있던 숙신(肅愼 : 후에 공안국孔安國)과 북만주 지역에 예량(穢良 : 일명 예穢), 요동지역에서 한반도 남부지역 서해안에 걸쳐 있던 마한에 이어 비류 · 읍루 · 옥저 등 많은 군소국들이 세워지니 고조선 왕검성 주변은 이방인 위만이 통치하는 나라로 변하여 그 통치권은 과거에 비해 현저히 미약해졌다. 그런데 위만의 찬탈에 대하여 『전한서』[3]에는 '진나라 빈 땅'에 와서 도읍하였다고 하였다.

○『전한서』「조선전」에 이른다.

처음에 연나라 때부터 일찍이 진번조선(眞番朝鮮)[4] -사고(師古)[5]가 말하기를, "전국시대에 연나라가 이 땅을 처음으로 침략해 얻었다."라고 하였다.- 을 빼앗아 거기에 관리를 두고 장새(障塞)를 쌓게 하였다.

---

1) 이 장면에서 단군의 정확한 뜻은 알 수 없으나 『단군고기』의 내용으로 볼 때 건국 때와는 달리 '단국(檀國)의 임금(왕 또는 천제)' 의미로 쓰인 것으로 본다. '단궁(檀弓)'을 '단국의 활'로 해석하는 것과 같다. 지금까지 나온 사서를 종합해 볼 때 마지막 단군은 마한 땅으로 망명했다고 하는 '준(準)'으로 본다. 성은 '기(箕)'가 아니다. 왕이나 천제(천자)의 지칭에 성을 붙인 경우는 없기 때문이다. 후술하였다.

2) 『단군고기』에 대한 설명과 부여 편에 상술하였다.

3) 『전한서』 : 후한(後漢) 때 반고(班固)가 저술한 역사서로 『한서』, 『서한서』라고도 일컫는다. 당나라의 안사고(顏師古)의 주석으로 집대성되어 현재의 간본은 모두 안사고의 주석을 부각(付刻)한 것으로 알려져 있으나 동시대에 나온 『삼국지』와 비교하면 상당한 차이가 있음을 알 수 있다. 특히 '왕검'의 주를 보면, '평안도치 평양부'라고 하였다. 조선시대 행정구역이다. 3세기에 나온 역사서가 15세기 행정구역을 말하고 있다.(『한서』 권95, 「서남이양월조선전(西南夷兩粵朝鮮傳)」 제65조 참조)

4) 진번과 조선으로 분리해 왔으나 잘못이다. 한사군이 설치되기 이전이다. 진번지역에 있었던 조선으로 조선의 제후국으로 보는 것이 타당하다.

5) 중국 당나라 사람인 안사고(顏師古)를 말한다. 훈고학에 정통하였고, 태종 때 『한서』 100권에 주를 달았다.

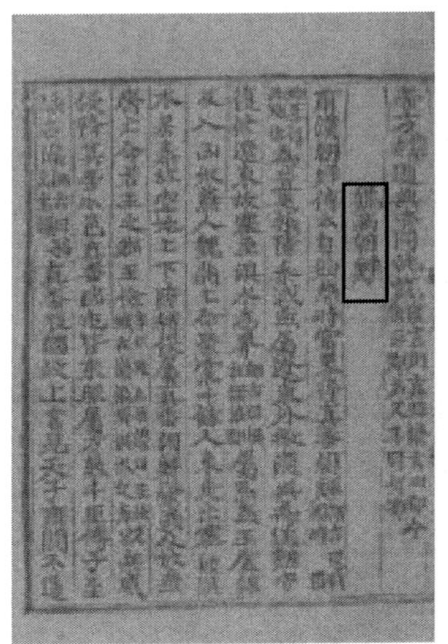
『삼국유사』 위만조선편

진나라가 연나라를 멸망시키자 요동의 변방 지역에 속하게 되었다. 한나라가 일어났지만 멀어서 지키기 어렵다고 하여, 다시 요동의 옛 요새를 수리하고 패수에 이르러 경계로 삼아 - 사고가 말하기를 "패수는 낙랑군에 있다."라고 하였다. - 연나라에 속하게 하였다.

연나라 임금 노관(盧綰)이 배반하여 흉노로 들어가자, 연나라 사람 위만(衛滿)이 망명하여 천여 명의 무리를 모아서 동쪽으로 요새를 빠져 달아나 패수를 건너 진나라 빈 땅의 아래위 장새에 와서 살면서 진번조선의 오랑캐들과 예전의 연나라 · 제나라의 망명자들을 차츰 복속시키고 임금이 되어 왕검(王儉) - 이(李)[1]는 땅이름이라 하고, 신(臣) 찬(瓚)[2]은 "왕검성[3]은 낙랑군 패수의 동쪽에 있다."라고 하였다. - 에 도읍하고 무력으로써 그 이웃 작은 읍락들을 침범하여 항복시키니 진번 · 임둔이 모두 와서 복속하여, 사방이 수천 리나 되었다.[4]

역사적으로 중요한 자료이므로 다시 살펴보았다.

『전한서』나 『후한서』의 원문을 보면, 본문보다 중간할 때 기워놓은 주의 내용이 더 많은 곳이 상당하다. 특히, 원작 3세기 '왕검(王儉 : 일명 왕험

1) 『한서』 「조선전」에 주(註)를 단 이기(李寄)를 지칭한다. [미시나 쇼에이(三品彰英), 『삼국유사고증』 상, 각서방, 1975. 이기는 이호(李虎)로 당 고조 이연(李淵)의 조부이다.
2) 진(晉)나라 사람으로 성씨는 알 수 없으나, 『사기』 「조선전」에 실려 있고, 『한서집해음의』 24권을 지었다고 하였다. 『한서』의 안사고 주 가운데에 많이 인용되고 있다. 당대에 들면 그의 성씨가 부가되는데, 『유원』에서는 우찬(于瓚), 『수경주』에서는 설찬(薛瓚)으로 되어 있다. [미시나 쇼에이(三品彰英), 『삼국유사고증』 상, 각서방, 1975. 317~318쪽]
3) 당시 고조선 수도로 오늘날 평양성으로 볼 수 없다. 패수와 함께 바로잡아야 할 주요 지명이다.
4) 『삼국유사』 권 제1, 「기이」 제1, 위만조선편 참조

王險)'을 조선시대 15세기 행정구역인 "평안도치 평양부"라고 주를 달아 두었으니, 아무리 중간본의 속성상 부각(付刻)을 했다고 하더라도 이것은 역사서가 아니라 '코미디(comedy)' 같은 것이다.

이 무렵 중국은 전국시대를 맞이하여 혼란을 거듭하다가 서기전 221년 진(秦) 나라가 통일하게 되었다. 그러나 시(始) 황제가 죽자 농민들의 반란이 이어지고, 그로 인해 반진 세력이 봉기하는 등 국운이 급격히 쇠퇴하다가 유방(劉邦)과 항우(項羽) 등의 세력에 의하여 불과 15년 만인 서기전 206년에 멸망했다. 유방과 항우가 패권을 다투다가 유방이 세운 한(漢)이 통일하게 되었다.

한나라는 중원을 통일했지만 흉노제국에 굴욕적인 화의를 해야 했는데, 7대 무제(武帝) 때에 들어서서 중앙집권제를 확립하고 영토 확장에 나서 북서쪽으로 서역과 흉노, 남쪽으로는 남월(南越)[1] 등을 정벌한 다음 고조선 침공을 꾀하고 있었다.

서기전 128년 예(濊)의 임금 남려(南閭)가 예나라 사람 28만 명을 이끌고 요동(遼東)으로 가서 한나라에 내속(內屬 : 속국)을 청하자[2] 한이 그 지역에 창해군(滄海郡)을 설치하는 바람에 고조선은 순망치한(脣亡齒寒)의 입장에 놓이게 되었다.

○ 원삭(元朔) 원년(서기전 128)에 예군(濊君) 남려(南閭) 등이 우거(右渠)[3]를 배반하고 28만 명을 이끌고 요동(遼東)에 귀속하였으므로 무제는 그 지역으로 창해군(蒼海郡)을 만들었으나 수년 후에 곧 폐지하였다.[4]

서기전 109년, 마침내 한 무제는 위만(衛滿)의 쿠데타에 의해 국력이

1) 진(秦)의 장군 조타(趙陀)가 중국 하남지방과 오늘날 베트남 북부지방에 세운 나라이다. 나라 이름을 남월(南越)이라 하고, 도읍지를 번우(番禺)로 정했는데, 오늘날 광저우(光州)이다.
2) 예 · 맥 편에 상술하였다.
3) 위만의 손자로, 고조선의 마지막 왕(천제)이었다.
4) 『후한서』 권85, 「제이열전」 제75, 예(濊)전 참조

약화된 고조선을 침략해 왔다. 그렇지만 당시 고조선의 왕검성(王儉城 : 일명 왕험성王險城)은 천혜의 요새지였고, 우수한 무기와 용감한 군대에 의해 여지없이 참패를 당하게 되자 화의를 요청해 왔지만, 이를 거부당한 후 이듬해 재침을 해 왔다.

한편, 고조선의 왕검성에서는 한나라와 화의를 주장하는 세력과 척화를 주장하는 세력이 대립하다가 마침내 화의론자들이 한나라에 투항하는 사태가 발생하였다.

○ 천자가 오랫동안 싸움을 결판낼 수 없었기 때문에 옛 제남태수 공손수(公孫脩)로 하여금 (고조선을)치도록 하되, 그에게는 편의에 따라 종사할 수 있도록 하였다. 공손수가 도착하여 누선장군을 체포하고 그의 군대를 병합하여 좌장군과 함께 조선을 급히 쳤다.

조선 상(相) 노인(路人)·한도(韓陶), 이계(尼谿) 상(相) 참(參), 장군(將軍) 왕겹(王唊) -사고(師古)가 말하기를, "이계(尼谿)는 땅 이름이므로 네 사람이다."라고 하였다.- 이 서로 의논하고 항복하고자 하였으나 왕이 이를 거부하였다. 한도·왕겹·노인은 모두 도망하여 한나라에 항복하였는데, 노인은 도중에 죽었다.[1)]

조선 상 노인·한도, 이계 상 참, 장군 왕겹 등이 한나라에 투항하면서 참이 보낸 자객에게 고조선 왕(천제) 우거는 시해되었다. 그러나 왕검성의 수비는 고조선의 대신 성사(成巳)가 맡아 한의 군사들을 막아내었다. 그러자 점점 초조해진 한의 진중에서는 투항해온 노인의 아들 노최(路最)로 하여금 왕검성(왕험성)의 주민을 이간시켜 고조선의 왕(천제) 우거의 아들 장항(長降/長路)과 함께 성사를 모살하고 왕검성을 함락시켜 마침내 고조선을 멸망시켰다. 한 무제는 종전 한나라의 4군에 고조선 지역

1) 『삼국유사』 권 제1, 「기이」 제1, 위만조선편 참조

『삼국유사』 규장각본(1512)

을 관할하게 하였고, 한나라에 항복한 네 사람은 제후에 봉하였다.

○ 원봉 3년(서기전 108) 여름, 이계 상 참이 사람을 시켜 조선왕 우거를 죽이고 항복하여 왔으나, 왕험성은 함락되지 않았다. 죽은 우거의 대신 성사가 또 (한에) 반하여 다시 군리(軍吏)들을 공격하였다. 좌장군은 우거의 아들 장항과 상 노인의 아들 최(最)로 하여금 그 백성을 달래고 성사를 죽이도록 하였다. 이로써 드디어 조선을 평정하고 4군을 설치하였다.[1)]

참을 봉하여 홰청후(澅淸候), 음(陰)[2)]은 적저후(荻苴候), 왕겹은 평주후(平州候), 장은 기후(幾候)로 삼았으며, 최는 아버지가 죽은데다 자못 공이 있었으므로 온양후(溫陽候)로 삼았다.[3)]

이처럼 『사기』와 『한서』 등을 살펴보면, 한나라가 고조선과의 전쟁에서 승리한 것이 아니었다. 1년여 동안 많은 인력과 장비를 동원하여 싸웠지만 승리하지 못했는데, 고조선 내부에서 분열이 일어나서 고조선의 왕(천제)이 시해되기에 이르렀던 것이다. 이리하여 고조선 지휘부의 이탈과 배반으로 왕검성은 함락되었고, 단군이 개국한 고조선은 패망하고 말았다. 이때가 서기전 108년이었다.

---

1) 『한서』 「무제본기」에서는 4군의 명칭이 낙랑 · 임둔 · 현도 · 진번으로 나타나고 있지만, 『한서』 「지리지」에는 낙랑 · 현도의 2군만 기록하고 있고, 「오행지」에서는 원봉 6년(서기전 105)조에 '선시양장군정조선 개삼군'이라 기술하고 있어 논란이 있어 왔다. 즉, 한사군을 중국의 직접 통치를 받는 지역으로 이해하는 견해가 있고, 이와는 달리 고조선 세력과의 계속적인 군사 분쟁 상태에서 설치하려고 계획만 하였지 실제로는 존재하지 않은 군이라고 이해하기도 하였다.

2) 도(陶)의 오기로 본다. 『한서』 「경무소선원성공신표」에는 한도(韓陶)로 나와 있다.

3) 『사기』 권115, 「조선열전」 제55, 조선전 참조

숙신

숙신(肅愼)은 서기전 12세기 이래 고조선 북방에 거주한 종족의 나라로 『사기』·『산해경』·『후한서』 등에 기록되어 있다. 고조선 이후 가장 오래된 고대국가였지만 국명이 주신(珠申)[1]·식신(息愼)·직신(稷愼) 등으로 지칭되기도 하였지만, 그 실체는 제대로 규명되지 않았다.

『삼국지』「명제기」에는 '숙신씨 헌시(獻矢)'라는 구절과 함께 화살이 특산물이었다고 기록하였고, 나라 이름을 식신·직신이라 칭하기도 한다고 하였다.

『진서』에는 숙신의 조공 사실을 기록하고, 또 읍루(挹婁)가 숙신의 후예라고 기록하고 있지만, 『후한서』에 나온 기록으로 보아 서기전 12세기 전부터 고대국가를 형성해 온 나라로 보기 어렵다. 즉, 3세기에 각종 역사서에 나온 숙신은 영토나 국력, 생활습관이나 사회상을 살펴볼 때, 비록 명칭이 같더라도 1천5백 년 전에 존재했던 숙신과 같은 나라로 보기 어렵다. 이러한 점에서 고조선 이후 만주 동북부에 거주한 읍루·숙신 등과는 구별하여 고조선의 별칭으로 보는 학자들도 있다.

---

1) 정인보는 숙신은 주신이 전음된 것이고, 만주어로 '소속(所屬)'을 '관경(管境)'과 뜻이 통하는 것으로 해석하여 주신은 국호의 의미를 지녔을 것으로 인식하였으며, 옛 문헌에 보이는 조선과 숙신은 동일한 뜻을 지닌 다른 호칭이었으므로 결국 조선의 명칭은 주신에서 유래하였을 것이라고 하였다.

그러나 고조선이 망한 뒤에 국왕이 있는 고대국가로서 고구려와 다툴 정도의 숙신이 있었으니, 숙신이 고조선의 별칭이 아니고 별개의 국가였다고 볼 수 있는 구체적인 기록이 『후한서』와 『삼국사』「고구려본기」에 기록되어 있다.

○주 무왕이 상나라의 주(紂)를 멸망시킴에 이르러 숙신[1]이 와서 석노(石砮)와 고시(楛矢)를 바쳤다. 강왕(康王) 때에 숙신이 다시 왔다.[2]

숙신이 고시와 석노를 주나라에 공물로 바친 기록은 이른바 동이족의 나라가 중국과 조공을 한 최초의 기록으로 볼 수 있는 중요한 자료이다. 일찍이 고조선과 상나라가 교역했을 가능성은 불문가지이나 그 기록이 남아 있지 않다.

숙신이 주나라에 조공했다는 기록 후 1천3백여 년이 지난 뒤에 숙신에 관한 기록이 나타나고 있다. 『삼국사』「고구려본기」에는 숙신으로부터 사신이 와서 자주색 여우가죽옷과 흰 매, 흰 말을 바치자, 태조대왕이 잔치를 열어 그를 위로해서 보냈다는 기록이 있고,[3] 『진서』「제이열전」에는 숙신의 사신이 고시, 석노, 궁갑(弓甲), 초피(貂皮) 등을 가지고 와서 바치자 숙신의 왕 녹(傉)에게 닭, 비단, 모직물, 솜을 하사하였다[4]는 기록이 나온다.

그리고 수나라가 고구려를 침공할 때의 기록에서 다양한 지명과 함께 숙신, 부여 등 고대국가 명칭이 등장하고 있다.

○영양왕 23년(612) 봄 이월 임오에 수나라 황제가 조서를 내려 말하기를,

1) 주(周 : 서주) 3대왕(재위 : 서기전 1020~996)
2) 『후한서』 권85, 「제이열전」 제75, 서(序) 참조
3) 『삼국사』, 「삼국사기」 권 제15, 고구려본기 제3, 태조대왕 69년 10월조 참조
4) 『진서』 권97, 「제이열전」 제67, 숙신전 참조

"고구려 작은 무리들이 사리에 어둡고 공손하지 못하여, 발해(渤海)[1]와 갈석(碣石)[2] 사이에 모여 요동 예·맥의 경계를 거듭 잠식하였다. (중략) 지금 마땅히 규율을 시행하여 부대를 나누어서 길에 오르되, 발해를 덮어 천둥같이 진동하고, 부여를 지나 번개같이 칠 것이다. 방패를 가지런히 하여 갑옷을 살피고, 군사들에게 경계하게 한 후에 행군하며, 거듭 훈시하여 필승을 기한 후에 싸움을 시작할 것이다.

좌 12군은 누방(鏤方)·장잠(長岑)·명해(溟海)·개마(蓋馬)·건안(建安)·남소·요동·현도·부여·조선·옥저·낙랑 등의 길로, 우 12군은 점제(黏蟬)·함자(含資)·혼미(渾彌)·임둔(臨屯)·후성(候城)·제해(提奚)·답돈(踏頓)·숙신(肅愼)·갈석(碣石)·동이(東夷)·대방(帶方)·양평(襄平) 등의 길[3]로 연락을 끊지 않고 길을 이어 가서 평양(平壤)[4]에 모두 집결하라."라고 하였다.[5]

수 양제(煬帝)가 고구려 침공을 위한 총공격 명령을 내린 조서 내용이 『삼국사』에 실린 것인데, 여기에 '숙신로'가 등장하고 있다. 숙신의 정확한 위치를 알 수는 없지만, 고조선 시대 이웃 제후국들이 드나들던 길의 명칭이었다는 것을 알 수 있다.

수나라의 수도가 시안(西安)에 있었지만, 양제가 지금의 뤄양(洛陽)인 동도(東都)라는 곳으로 천도하였기 때문에 군사들은 이곳을 출발하여 평양으로 모이게 했으니, 그 노정에 있는 길 하나가 '숙신로'일 가능성이 높다고 볼 때, 숙신은 적어도 요서나 요동지방에 있었다고 볼 수 있다.

---

1) 요동반도와 산동반도로 둘러싸인 바다 이름이다. 현재 이름도 발해이다.

2) 갈석은 갈석산(碣石山 : 지에스 산)으로 중국 하북성 창려현 서북쪽에 있다.

3) 이병도는 "이곳에 열거된 여러 방면의 길들은 당시 실재하는 것이라기보다는 이전에 있던 고구려 방면의 지명들을 열거한 것"이라고 하였으나 지명뿐만 아니라 고대국가를 위치를 비정하는데 도움이 된다고 본다.

4) 당시 평양은 오늘날 베이징 부근으로 비정할 수 있는데 후술하였다.

5) 『삼국사』, 「삼국사기」 권 제20, 고구려본기 제8, 영양왕 23년 정월조 참조. 고구려가 요동성과 평양성을 지키고 있고, 을지문덕의 살수대첩이 기록되어 있다. 전선은 중국 요동성과 인근 평양성이었다. 따라서 북한의 평양은 아니다.

○ (서천왕) 11년(280) 겨울 10월에 숙신이 침략해 와서 변경의 백성을 살해하니, 왕이 여러 신하들에게 말하기를,

"과인이 보잘것없는 몸으로 나라의 일을 잘못 이어받아 덕으로 편안하게 하지 못하고, 위엄을 떨치지 못하여 여기에 이르러 이웃의 적이 우리 강역을 어지럽히게 되었다. 지략이 있는 신하와 용맹한 장수를 얻어 적을 멀리 쳐서 깨뜨리고 싶으니, 그대들은 뛰어난 지략과 특이한 계략이 있고 그 재능이 장수가 될 만한 자를 각기 천거하라."

라고 하였다. 여러 신하들이 모두 말하기를,

"왕의 동생 달가(達賈)(일명 달고)가 용감하고 지략이 있어 감히 대장으로 삼을 만합니다."

라고 하였다. 왕이 이에 달가를 보내서 적을 정벌하게 하였다. 달가가 뛰어난 지략으로 불의에 쳐서 단로성(檀盧城)을 빼앗고 추장을 죽이고, 6백여 가(家)를 부여 남쪽의 오천(烏川)으로 옮기고, 부락 6, 7곳을 항복받아 부용(附庸)으로 삼았다.

왕이 크게 기뻐하여 달가에게 벼슬을 내려 안국군(安國君)을 삼고 내외의 병마 업무를 맡아보게 하고 겸하여 양맥과 숙신의 여러 부락을 통솔하게 하였다.[1)]

숙신이 자주 고구려를 침략하니, 고구려가 숙신을 기습한 내용이 담겨 있다. '단로성'의 위치나 규모는 알 수 없으나, 기사의 내용에는 숙신의 추장을 죽였다고 하는 것을 볼 때 규모가 꽤 큰 전투였던 것으로 보인다.

이처럼 국왕이 있는 고대국가로서 존재했던 숙신이 있는 반면, 읍루 지역과 이웃하거나 겹쳐지는 지역에서 숙신 이름으로 등장하는 문헌으로 인하여 일부 학자들은 숙신은 읍루의 다른 이름이고, 군장이 없는 작은 부족국가로 보기도 한다.

---

1) 『삼국사』, 「삼국사기」 권 제17, 고구려본기 제5, 서천왕 11년 10월조 참조

○ 숙신씨는 일명 읍루라고도 하는데, 불함산(不咸山) 북쪽에 있으며, 부여에서 60일쯤 가야 하는 거리에 있다. 동쪽으로는 큰 바다에 연해 있고, 서쪽으로는 구만한국(寇漫汗國)[1]과 접해 있으며, 북쪽은 약수(弱水)[2]에까지 이른다.

그 땅의 경계는 사방 수천 리에 뻗쳐 있다. 사람들은 심산궁곡에 살며, 그 길이 험준하여 수레나 말이 통행하지 못한다. 여름철에는 나무 위에서 살고, 겨울철에는 땅굴에서 산다.

숙신에는 부자가 대대로 (세습하여) 군장이 된다. 문자가 없기 때문에 말로 약속을 한다. 말(馬)이 있어도 타지 않고 단지 재산으로 여길 뿐이다. 소와 양은 없고 돼지를 많이 길러서 그 고기는 먹고, 가죽은 옷을 만들며, 털은 짜서 베를 만든다. 낙상(雒常)이라는 나무가 있는데, 중국에 성제(聖帝)가 새로 제위에 오르면 그 나무에 껍질이 생겨 옷을 지어 입을 수 있다고 한다.

우물이나 부엌이 없으며, 와격(瓦鬲 : 흙으로 만든 솥)을 만들어 4, 5되의 밥을 담아서 먹는다. 앉을 때는 두 다리를 뻗고 앉으며, 발에 고기를 끼워 놓고 씹어 먹는다. 언 고기를 얻으면 그 위에 올라앉아서 (체온으로) 녹인다.

숙신에서는 소금과 철이 생산되지 않으므로 나무를 태워 재를 만들고 물을 부어 즙(汁)을 받아서 먹는다. 그 사람들은 모두 편발(編髮)을 하고, 베로 지름이 한 자쯤 되는 가리개를 만들어 앞과 뒤를 가린다.

혼인하러 갈 때에는 남자가 여자의 머리에 깃털을 꽂아주는데, 여자가 혼인을 승낙하면 그 깃털을 가지고 집으로 돌아갔다가 다음에 예를 갖추어 맞아 온다. 부인은 정숙한 반면 처녀는 음란하며, 건강한 사람을 귀하게 여기고 늙은이는 천하게 여긴다.

죽은 사람은 죽은 그날에 곧바로 들에다 장사를 지내는데, 나무를 짜 맞추어 작은 곽(槨)을 만들고 돼지를 잡아서 그 위에 쌓아 놓고는 죽은 사람의 양식이라고 한다. 그들의 성질은 흉악하고 사나우며, 근심하거나 슬퍼하지 않는 것을 서로 숭상하므로 부모가 죽어도 남자는 곡하지 않는데, 곡하는 사람

1) 『환단고기』에는 상당히 구체적으로 언급되어 있으나 검토할 것이 있어서 채택하지 않았다.
2) 여러 곳에 동일 지명이 있어 비정하기 어렵다.

은 씩씩하지 못하다고 생각한다.

도둑질을 한 사람은 물건의 많고 적음에 관계없이 모두 죽인다. 그 때문에 비록 들에다 물건을 놓아두어도 훔쳐가지 않는다.

돌로 만든 살촉(石砮), 가죽과 뼈로 만든 갑옷, 석 자(尺) 다섯 치(咫)의 단궁(檀弓), 한 자 몇 치쯤 되는 길이의 화살(楛矢)이 있다. 그 나라의 동북쪽에 있는 산에서 산출되는 돌은 쇠를 자를 만큼 날카로운데, 그 돌을 채취하려면 반드시 먼저 신에게 기도하여야 한다.[1)]

위에 인용한 내용은 전술한 내용과 상당한 차이가 난다. 특산품은 같지만, 생활양식과 관련된 내용들이 마치 미개인의 모습을 그린 듯하고, 인근 나라의 풍습과 많은 차이가 나며, 고대국가로서의 체제를 갖춘 나라라고 보기가 어렵다.

『진서』에서 "숙신은 일명 읍루라고도 한다."라고 하였는데, 다른 사서들이 말하는 숙신과 차이가 나는 것을 보면, 이 책에서는 읍루의 내용을 숙신의 것으로 실은 것이 아닌가 한다.

서기전 12세기 숙신과 3세기 숙신의 모습이 다른 이유는 『진서』의 기록이 다른 사서에 소개한 숙신의 내용과 달랐기 때문이 아닐까?

○ (677년) 이달 숙신 7인이 신라 김청평(金淸平)을 따라 이르렀다.[2)]

○ 흑수말갈(黑水靺鞨)은 옛 숙신 땅에 있었으며, 백산(白山)이라는 산이 있는데, 이는 장백산(長白山)으로 금나라가 흥기한 곳이다.[3)]

숙신이란 이름은 김나라/금나라와 일본의 사서에도 등장하고 있는데, 그 나라가 사라진 지 수백 년이 지난 뒤였다.

---

1) 『진서』 권97, 「제이열전」 제67, 숙신전 참조
2) 『일본서기』 권29, 「천정중원영진인천황」 하, 천무천황 5년 11월조 참조
3) 『금사』 권135, 「외국열전」 제73, 고려편 참조

마한

고조선 준(準)이 집권하던 시기에 중국은 전국시대를 맞이하여 혼란을 거듭하다가 서기전 221년 진나라가 통일하게 되었다. 진나라 사람들은 오랫동안 전쟁터에 내몰렸다가 다시 만리장성을 쌓기 위한 노역에 시달리게 되었다. 진나라는 시 황제(始皇帝)가 죽자 반란이 일어나서 국운이 급격히 쇠퇴하기 시작하다가 유방(劉邦)과 항우(項羽) 등의 세력에 의하여 불과 15년 만인 서기전 206년에 멸망했다. 그 후 유방과 항우가 패권을 다투다가 서기전 202년 유방이 세운 한(漢)이 통일하게 되니, 이른바 전한(前漢 : 서기전 206~220) 시대로 접어들었다.

서기전 194년, 한나라의 제후국이었던 연(燕) 나라 사람 위만(衛滿)이 1천여 명을 이끌고 고조선 서쪽 변방으로 망명해 오는 사건이 발생하였다. 위만은 서쪽 변방에 거주하도록 해 주면 연 · 제(齊) 등의 망명자를 거두어 '조선의 번병(藩屛)이 되겠다'고 하여, 준은 그를 믿고 박사에 임명하고, 1백 리의 땅을 주어 서쪽 변경을 지키게 하였다. 그런데, 위만은 유민을 규합하여 한나라가 침략해 오고 있다고 거짓으로 속인 다음, 왕검성을 지키겠다고 성으로 들어와서는 성을 차지하고 말았다. 주력 부대가 변방을 지키고, 궁성수비군만 남은 상황 속에서 이를 상대하지 못했다.

하루아침에 나라를 빼앗기게 된 준은 왕검성을 나와서 배를 타고 마한 땅으로 들어오게 되었다.

○『위지(魏志)』에 이르기를,

"위만이 조선을 치니 조선왕 준(準)이 궁인(宮人)과 좌우를 데리고 바다를 건너 남으로 한(韓) 땅에 이르러 나라를 건국하고 이름을 마한(馬韓)이라고 하였다."

라고 하였다.[1)]

○ 과거에 조선왕 준(準)이 위만(衛滿)에게 패하여, 자신의 남은 무리 수천 명을 거느리고 바다로 도망, 마한(馬韓)을 공격하여 쳐부수고 스스로 한왕(韓王 : 마한왕)이 되었다. 준의 후손이 절멸되자, 마한 사람이 다시 자립하여 진왕(辰王)이 되었다.[2)]

고조선 왕(천제) 준이 위만에게 나라를 빼앗기고 남쪽으로 탈출한 내용이 담긴 것으로는『삼국유사』·『후한서』의 기록이 있는데,『삼국유사』에는 준이 마한을 세웠다고 했고,『후한서』에는 마한을 공격하여 쳐부수고 스스로 마한왕이 되었다고 하였으니, 비슷한 것 같지만 상당한 차이가 있다. 마한이라는 나라가 서기전 194년 전후에 존재하였다는 것은 분명하다.

『후한서』에는 한(韓)은 세 종족이 있는데, 마한, 진한(辰韓), 변진(弁辰)이라고 하였다. 마한은 서쪽에 있는데, 54국으로 구성되어 있고, 그 북쪽은 낙랑, 남쪽은 왜와 접한다고 하였다. 진한은 동쪽에 있는데, 12국으로 이루어져 있고, 그 북쪽은 예·맥(濊貊)과 접하여 있으며, 변진은 진한의 남쪽에 있는데 12국이 있고, 그 남쪽은 왜와 접해 있다고[3)] 하였다.

1)『삼국유사』권 제1,「기이」제1, 마한편 참조
2)『후한서』권85,「제이열전」제75, 한(韓)전 참조
3) 앞의 주 참조

『후한서』의 내용은 고대에 기록한 것이지만 구체적인 지명이 없어 고대국가들의 위치를 비정하기가 어렵다. 그리고 꾸준히 증간을 해 오면서 첨삭을 했고, 심지어 청나라 때에도 많은 첨삭이 있었기 때문에 다른 사서에 비해 신빙성이 떨어진다고 평한다.

『양서』나 『삼국사』 등의 내용들을 종합해 보면, 마한은 요서지방 이남에서 서해안을 따라 한반도 서부지역을 무대로 했던 고대국가였던 것으로 보인다.

백제의 시조로 일컬어지는 온조(溫祚)가 국호를 '십제(什濟)'라고 칭하고 건국하기 전에 마한왕과 신라 사신이 주고받은 대화 내용이 『삼국사』「신라본기」에 실려 있다.

○ 38년(서기전 20) 봄 2월에 호공(瓠公)을 마한에 보내 예를 갖추니 마한왕이 호공을 꾸짖어 말했다.

"진한 · 변한은 우리의 속국인데 근년에 공물을 보내지 않으니 큰 나라를 섬기는 예의가 어찌 이와 같은가?"

호공이 대답했다.

"우리나라에 두 성인(聖人)이 일어난 뒤 인사(人事)가 잘 닦이고 천시(天時)가 순조로워 창고가 가득 차고 인민은 공경과 겸양을 알게 되었습니다. 이에 진한 유민으로부터 변한 · 낙랑 · 왜인에 이르기까지 모두 두려워하지 않는 바가 없습니다. 그럼에도 우리 임금께서는 겸허하게 저를 보내 우호를 닦으시니 이는 가히 예의를 넘어서는 일이라 할 수 있습니다. 그런데도 대왕께서는 크게 노하여 군사로써 위협하시니 이는 무슨 의도이십니까?"

왕이 분노하여 그를 죽이려 하자 좌우가 간하여 그치고 호공을 돌아가게 해주었다.

예전에 중국인들이 진(秦)의 난리를 괴로워하여 동쪽으로 온 자들이 많았다. 이들 중 마한 동쪽에 자리를 잡고 진한과 뒤섞여 산 경우가 많았다. 이때에 이르러 점점 번성하자 마한이 이를 싫어하여 책망한 것이다.

호공이라는 사람은 그 종족과 성(姓)을 알 수 없다. 본래 왜인이었는데, 처음에 허리에 표주박을 차고 바다를 건너왔기 때문에 호공이라고 불렀다.[1)]

고조선 왕(천제)이었던 준이 후손이 없어 마한 출신이 왕이 되었다는 기록은 『후한서』에 나와 있는데, 신라가 건국한 뒤에도 마한은 요동지역과 한반도 서쪽에서 여전히 큰 세력을 형성하고 있었던 것으로 보인다. 그런데 서기전 18년 온조가 부여로부터 남하하여 마한 왕의 허락을 받고 십제를 세운 후 국호를 백제로 바꾸었고, 마한은 점차 국력이 약해졌음을 알 수 있는데, 이를 정리해 보면 다음과 같다.

○ (온조왕) 26년(8) 겨울 10월에 왕이 사냥을 간다고 하면서, 군사를 출동시켜 마한을 기습하였다. 마침내 마한의 국읍(國邑)을 아울렀는데, 오직 원산(圓山)과 금현(錦峴) 두 성만은 굳게 수비하고 항복하지 않았다.[2)]

○ (온조왕) 27년(9) 여름 4월에 원산과 금현 두 성이 항복하였다. 그곳의 백성들을 한산 북쪽으로 이주시켰다. 마한이 마침내 멸망하였다.[3)]

○ (온조왕) 34년(16) 겨울 10월에 마한의 옛 장수 주근(周勤)이 우곡성(牛谷城)을 거점으로 반란을 일으켰다. 왕이 직접 5천 명의 군사를 거느리고 공격하였다. 주근은 목매어 자결하였다. 그 시체의 허리를 자르고 처자들도 죽였다.[4)]

○ (탈해 이사금) 5년(61) 가을 8월에 마한의 장군 맹소(孟召)가 복암성(覆巖城)을 들어 항복해 왔다.[5)]

---

1) 『삼국사』, 「삼국사기」 권 제1, 신라본기 제1, 시조 혁거세거서간 38년 2월조 참조
2) 『삼국사』, 「삼국사기」 권 제23, 백제본기 제1, 시조 온조왕 26년 10월조 참조
3) 앞의 책, 시조 온조왕 27년 4월조 참조
4) 앞의 책, 시조 온조왕 34년 10월조 참조
5) 『삼국사』, 「삼국사기」 권 제1, 신라본기 제1, 탈해 이사금 5년 8월조 참조

그런데, 마한이 멸망한 것 같은데, 그 이름이 사서에 등장하고 있다. 이는 무슨 까닭일까? 일부 학자들 주장처럼 사서를 편찬한 사가들이 오류를 범한 것인가?[1]

○ (태조대왕) 69년(121) 12월에 왕이 마한과 예・맥(濊貊)의 1만여 기병을 거느리고 나아가 현도성(玄菟城)을 포위하였다. 부여왕이 아들 위구태(尉仇台)를 보내 병력 2만을 거느리고 와서, 한(漢)의 병력과 힘을 합쳐 대항해 싸워서 아군이 크게 패하였다.[2]

○ (태조대왕) 70년(122) 12월에 왕이 마한・예・맥과 함께 요동(遼東)을 침략하였다. 부여왕이 병력을 보내 이를 구하고 쳐부수었다.[3]

우리나라와 중국의 사서 중에서 인명과 지명, 연대 표시에 있어 가장 오류를 찾아보기 어려운 사서가 『삼국사』이다. 그 사서에 두 번씩 '마한'이 등장하는 이유가 무엇일까? 그리고 동일한 사건이 『후한서』에도 나오는데, 그렇다면 이것도 오류인가?

○ 건광(建光)[4] 원년(121) 가을에 궁(宮)[5]이 드디어 마한・예・맥의 군사 수천 명을 거느리고 현도를 포위하였다. 부여왕이 그 아들 위구태(尉仇台)를 보내어 2만여 명을 거느리고 유주・현도군과 함께 힘을 합하여 궁을 쳐서 깨뜨리고 5백여 명을 참수하였다.[6]

---

1) 이병도는 요동성에 마한(백제)이 등장한 것은 '고구려의 오기'라고 주장하여 간과하였다. 그는 '현도'가 한반도 북부에서 간도지역이었다고 비정한 바 있는데, 요동지방에 현도가 나오니, 사서의 기록을 '오전(誤傳)'이라고 한 것이다. 이는 『삼국사』, 「삼국사기」 권 제23, 백제본기 제1, 시조 온조왕 27년 4월조에 나오는 "마한이 마침내 멸망하였다."라는 구절을 맹신한 결과로 본다.
2) 『삼국사』, 「삼국사기」 권 제15, 고구려본기 제3, 태조대왕 69년 12월조 참조
3) 앞의 책, 태조대왕 70년조 참조
4) 중국 후한 안제의 네 번째 연호이다. 121년 7월에서 122년 3월까지 9개월 동안 사용하였다.
5) 고구려 6대 임금 태조대왕 고궁(高宮)을 말한다.
6) 『후한서』, 「제이열전」, 고구려전 참조

마한이 요동지방에 등장한 것이 『삼국사』뿐만 아니라 『후한서』에도 보인 이유가 『양서(梁書)』「제이열전(諸夷列傳)」에 분명하게 드러난다. 마한이 한반도 남쪽 서해안에 있다고 비정했던 사람 중에는 마한이 군사를 내어 요동지방으로 간 것이 아닐까 하고 의심할 수도 있지만 요동지방은 고구려와 함께 마한 땅이었던 것이고, 옛 땅을 회복하기 위해 싸웠던 것이다.

○ 백제(百濟)는 그 시초가 동이의 삼한국인데 하나는 마한이요, 다른 하나는 진한이요, 또 하나는 변한이었다. 변한과 진한은 각각 12국이 있었고 마한은 54국이 있었다. 대국은 1만여 가(家), 소국은 수천 가로서 모두 10여 만 호가 되었는데, 백제는 곧 그중의 한 나라였다. 뒤에 점점 강대하여져서 여러 작은 나라들을 합쳤다.

그 나라는 본래 구려(句麗)와 더불어 요동의 동쪽에 있었다. 진(晋) 나라 때에 이르러 구려가 이미 요동을 경략하자, 백제 역시 요서(遼西)·진평(晋平) 2군의 땅을 점거하여 스스로 백제군(百濟郡)을 설치하였다.[1)]

백제 건국 초기 온조왕이 마한왕이 거처하던 궁성을 기습하여 그 성을 차지하고 마한을 지배하게 되자 요동지방을 중심으로 존재했던 마한이 백제의 마한이 되었던 것이다. 마한은 비록 궁성이 온조왕에게 빼앗기고, 왕이 시해되었지만, 1세기 이상 그 이름이 나오는 것을 보면, 평안도나 요동 부근에 왕권을 가진 자가 있었을 것으로 추정할 수 있다.

『삼국사』에는 백제 건국 초기 기사 중, 백제왕에 관한 것은 드물고, 천재지변과 이웃나라와 연관된 것이 많다. 이에 대하여 일부 사람들은 백제가 마한의 군현이 축출된 이후에 영역 지배가 가능했기 때문에 그 시기는 빨라야 4세기 이후였을 가능성이 높다고 주장하고 있다.

---

1) 『양서』 권54, 「제이열전」 제48, 백제전 참조

이는 마한과 백제가 요동지방에 등장하는 사실을 간과하고 그 본질을 제대로 파악하지 못한 데서 온 것으로 본다. 마한은 옛 땅을 되찾기 위해 요동지방에서 가까운 나라였던 고구려 · 예 · 맥과 함께 한(漢)과 대립하고 있었기 때문으로 본다.

백제 온조왕은 마치 궁성 수비를 하겠다고 들어갔던 위만이 고조선을 차지하듯, 사냥을 빙자하여 군사를 일으켜서 마한 왕궁을 쳐들어가서 마한왕을 쫓아내고 궁성을 차지했던 것이다. 그렇지만, 수 세기 동안 마한은 백제와 대립하며 존재했던 것으로 나타난다.

예 · 맥

중국 사서에서 중국 동북지역에 등장하는 예(濊) · 맥(貊)은 고조선을 이룬 중심 세력이었다. 그 위치가 부여 · 고구려 지역에서 원래부터 살고 있었던 종족이 예족(濊族)이고, 서쪽에서 이동해 들어가 예족과 융합하여 부여와 고구려를 건국한 종족이 맥족(貊族)이라고 구분을 하고 있다.

『맹자』에는 맥에는 백곡이 자라지 않고 오로지 기장만이 자란다고 하였다. 성곽이나 궁실, 종묘와 제사 지내는 것이 없어 제후의 폐백과 음식에 관한 법도가 없으며, 백관과 유사(有司)가 없기 때문에 세금을 20분의 1만 거두어도 풍족하다고 하였다.

『유주목잠(幽州牧箴)』에서 "유주의 동쪽은 예와 맥까지이다."라고 한 것에 주목할 필요가 있다. 『한서』 「지리지」에 나온 유주를 살펴보면, 유주에 속한 군은 요동 · 요서 · 낙랑 · 현도 · 발해 등 13군이라고 하였다. 특히 낙랑군은 "조선(朝鮮) · 패수(浿水) · 수성(遂成) · 대방(帶方) · 열구(列口) 등 25개현이 있다."[1]라고 했으니, 예와 맥은 오늘날 랴오둥 반도 동쪽에 해당하는 것이다.

---

1) '낙랑군'편과 3부 '사대모화의 폐해'편에서 상술하였다.

문헌을 보면, 고대 중국 동북지역에 관한 종족 명칭으로 예와 맥이 많이 등장한다. 중국 측의 문헌에서는 주로 전국시대 이후 형성된 것으로 보는 그들의 '화이관(華夷觀)'에 의해 주(周) 말기에서 진(秦)의 통일까지는 고조선과 예 · 맥 등을 가리켜 동이(東夷) · 구이(九夷)라는 이름으로, 진 · 한 이후는 예맥이란 이름으로 등장하고 있다.

최근의 북경에서 펴낸 『중국대백과전서』(总编委会 扫描版, 1986)에는 다음과 같이 기록되어 있다.

○ 이(夷)는 중국 동북지방 특히 발해 연안에 거주하였고, 그 분포가 강회지방(江淮地方 : 양쯔 강 유역)에 이른다. 이들은 하(夏), 상(商), 주(周) 삼대(三代) 때는 이(夷) 혹은 구이(九夷)라 하고, 서주(西周) 초 성왕(成王) 때는 한동안 이(夷)가 서로 연합하였으며, 그들 종족의 본원지는 동북지방에 있었다. 호(胡)는 북방 거주족이며, 맥(貊)은 동북 거주족이다. 「주(注)」 맥은 즉 예(濊)이다.

『중국대백과전서』에서는 예와 맥을 동일시했으나 예 · 맥은 부여와 고구려를 건국한 대수맥(大水貊)과 소수맥(小水貊)으로 구성되어 있었다고 보고 있다.[1] 문헌의 기록으로 맥족이 부여와 고구려가 설립된 만주지역에 이동해 들어가기 시작한 것은 서기전 3세기경 흉노(匈奴)가 강성하여 제국을 형성했던 모돈시대(冒頓時代)일 것으로 파악할 수 있다. 흉노의 강력한 대추장 모돈(冒頓)[2]에 의해 동호(東胡)가 격파되고 그 여파로 맥도 동쪽으로 이동하여 예 지역에 들어가서 그 일부 세력이 부여와 고구려를 건국하는 데 참여한 것으로 보는 것이다.

---

1) 압록강의 지류 동가강(佟佳江)의 예맥, 압록강 유역의 예맥족을 대수맥이라 하고, 졸본(卒本) 지역을 소수맥이라 하였는데, 여기에서 고구려가 일어났다.(『한국학기초자료선집』, 고대편, 한국정신문화연구원, 1987. 172쪽 주)

2) 모돈 : 흉노제국의 왕으로 묵돌 단우(冒頓單于 : Modu Chanyu)이라고도 한다. '단우'는 칸(Khan) 이전의 국왕 호칭이었다.

『사기』에 "흉노(匈奴)가 동으로 예맥조선(濊貊朝鮮)[1]과 접하게 되었다."라는 기사에서 '예맥' 연칭(連稱)은 이러한 시대적 정황을 반영한 표기이다. 따라서 예는 요동지방을 중심으로 신석기시대부터 강이나 하천을 터전으로 농경생활을 해 왔던 선주민들이었을 것으로 보아야 할 것이다. 물론 이들 예족도 맥족과는 자연환경이 달라서 경제생활 방식이 달랐지만, 고조선, 고구려, 발해의 주 구성원인 동이족(東夷族)이었다.

예·맥이 종족의 개념과 달리 국가적인 개념으로 쓰인 경우도 많이 있어 예족이나 맥족이 세운 나라를 일컬어 예국·맥국, 또는 예맥국이라고 지칭하기도 하였다.

한 무제는 정복욕이 강하여 서역과 흉노 세력을 멀리 쫓아내고, 남방지역을 정복한 다음, 고조선을 치기 위해 전략적으로 고조선의 제후국인 예와 손을 잡았다. 당시는 이방인인 위만의 후예가 고조선을 차지하고 있던 터였기에 예·맥 사람들은 자기들의 나라가 종전처럼 고조선의 제후국이라는 인식이 거의 없었던 탓도 있었을 것으로 본다.

고조선 편에 든 예문을 다시 인용해 보겠다.

○ 원삭[2] 원년(서기전 128)에 예군(濊君) 남려(南閭) 등이 우거(右渠)[3]를 배반하고 28만 명을 이끌고 요동(遼東)에 귀속하였으므로 무제는 그 지역으로 창해군(蒼海郡)을 만들었으나 수년 후에 곧 폐지하였다.[4]

당시 28만 명이라고 하면, 엄청난 인원이다. 20년 뒤 『한서』「지리지」에 나와 있는 낙랑군 25개 현의 전체 인구가 40여 만 명이고, 『후한

1) 중국 측에서 볼 때 구이(九夷)를 지배한 나라는 조선이었기에 예와 맥이 고조선의 제후국이라는 것을 표시하는 것으로 '조선'이 접미사처럼 붙인 것으로 보고 있지만, 예맥과 조선, 예·맥·조선으로 풀이가 가능하다.
2) 원삭 : 한 무제의 세 번째 연호로 서기전 128년에서 서기전 123년까지 사용하였다.
3) 위만의 손자로 고조선 마지막 왕(천제)
4) 『후한서』 권85, 「제이열전」 제75, 예전 참조

서』「군국지」에 나와 있는 낙랑군 18성의 인구가 25만 명으로 나와 있기 때문이다.

그 뒤에 나온『삼국지』「동이전」에는 '예는 조선 동쪽이 모두 그 지역이며, 호구가 3만'이라고 하였으니, 남려가 요동으로 이주시키기 이전에는 무척 큰 국가였다고 볼 수 있다. 단단대산령(單單大山領)[1] 서쪽은 낙랑에 속하고, 동쪽 7군은 동부도위(東部都尉)가 통치하였는데, 모두 예 사람들을 백성으로 삼았다고 했으며, 뒤에 도위(都尉)를 혁파하고 그곳 지역의 우두머리를 봉하여 후(侯)로 삼았다고 한 것으로 보아 예의 위상을 짐작할 수 있다.

○ (태조대왕) 66년(118) 여름 6월에 왕은 예 · 맥과 함께 한나라의 현도를 치고 화려성(華麗城)을 공격하였다.[2]

○ (태조대왕) 69년(121) 봄에 한나라의 유주자사 풍환(馮煥), 현도태수 요광(姚光), 요동태수 채풍(蔡諷) 등이 군사를 거느리고 침략해 와서 예 · 맥의 우두머리를 쳐서 죽이고 병마와 재물을 모두 빼앗아 갔다. 왕은 이에 아우 수성(遂成)을 보내 군사 2천여 명을 거느리고 풍환, 요광 등을 역습하게 하였다. 수성은 사신을 보내 거짓 항복하였는데, 풍환 등이 이것을 믿었다. 수성은 그에 따라 험한 곳에 자리잡고 대군을 막으면서, 몰래 3천 명을 보내 현도 · 요동 두 군을 공격하여 성곽을 불사르고 2천여 명을 죽이거나 사로 잡았다.[3]

예와 맥은 고구려와 함께 한나라에 맞서 공격과 방어를 함께 하였음

1) 『한서』「지리지」, 『진서』「지리지」, 『위서』「지형지」에 나타난 내용으로 보아 동부도위의 중심은 요서지역이었고, 단단대산령은 산동지방에 있었으며, 낙랑은 동쪽으로는 압록강 중하류지역부터 서쪽으로는 북경 부근에 걸쳐 있었음을 알 수 있다. 북한의 리지린은 "단단대산령이란 영은 요동반도를 좌우로 나누는 산맥의 최고 산인 현 마천령이다." (『고조선연구』, 학우서방. 310쪽)

2) 『삼국사』, 「삼국사기」 권 제15, 고구려본기 제3, 태조대왕 66년 6월조 참조

3) 앞의 책, 태조대왕 69년 봄조 참조

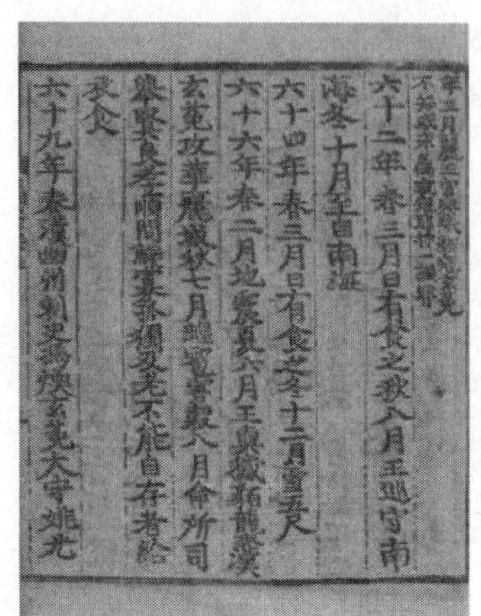
六十二年 春三月 日有食之 秋八月 王巡守南
海 冬十月 至自南海
六十四年 春三月 日有食之 冬十二月 雪五尺
六十六年 春二月 地震 夏六月 王與穢貊襲漢
玄菟 攻華麗城 秋七月 蝗雹害穀 八月 命所司
擧賢良孝順 問鰥寡孤獨及老不能自存者 給
衣食
六十九年 春 漢幽州刺史馮煥 玄菟太守姚光

『삼국사』, 「삼국사기」 권 제15, 고구려본기 제3

을 볼 때, 한나라가 고조선을 침공했을 때와 차이가 남을 알 수 있다. 즉, 고조선의 경우는 어느 나라도 도움을 주었다는 기록을 찾아볼 수가 없는 반면, 예 · 맥 · 고구려는 공조를 하고 있다. 이는 고조선 옛 땅에 이들 나라가 존재했기 때문이다. 마한편에서 든 예문을 다시 살펴보겠다.

○ 건광[1] 원년(121) 가을에 궁(宮)[2]이 드디어 마한 · 예 · 맥의 군사 수천 명을 거느리고 현도를 포위하였다. 부여왕이 그 아들 위구태(尉仇台)를 보내어 2만여 명을 거느리고 유주 · 현도군과 함께 힘을 합하여 궁을 쳐서 깨뜨리고 5백여 명을 참수하였다.[3]

예와 맥이 고구려 · 마한과 함께 현도를 포위하였는데, 이때 부여왕이 군사 2만 명을 동원하고, 아들을 보내서 한의 주군(州郡)을 도왔다는 것이 이채롭다. 전술한 것처럼 마한과 고구려는 옛 땅의 회복을 위해 한과 싸웠던 것이니, 차제에 현도의 위치를 바르게 비정해야 할 것이다.

그리고 169년 12월에 예와 맥이 유주(幽州)와 병주(幷州)를 침입하였다고 기록하였다. 『한서』 「지리지」에 나오는 유주 관할 13군의 인구가 약 4백 만에 달한 것으로 볼 때 예와 맥의 국력이 대단했음을 짐작할 수 있다. 예와 맥은 위(魏)가 강성해져 요서 · 요동지역을 침략할 무렵에도 국력이 탄탄했던 것이 『삼국지』에도 나타나 있다.

1) 중국 후한 안제의 네 번째 연호이다. 121년 7월에서 122년 3월까지 9개월 동안 사용하였다.
2) 고구려 6대 임금 태조대왕 고궁(高宮)을 말한다.
3) 『후한서』, 「제이열전」, 고구려전 참조

○ 오직 불내예후(不耐濊侯)만이 지금까지도 공조(功曹)와 주부(主簿) 등 여러 조(曹)를 두고서 모두 예(濊) 사람이 그 자리를 차지하고 있다.[1)]

唯不耐濊侯 至今猶置, 功曹主簿諸曹 皆濊民作之.

이러한 사실만 보면, 예와 맥이 강성한 나라였다고 볼 수 있다. 그러나, 중국의 사서에서 한(漢)이 지배하지 않은 이른바 동이족을 묶어 '예맥'으로 표현한 경우가 많았기에 예와 맥, 고구려 · 부여 · 옥저 등을 포함하는 말일 가능성도 있다고 본다. 그렇지 않으면 수십 만 인구를 가졌을 것으로 추정하는 예나 맥이 거대한 유주나 병주를 상대로 침범했다는 것은 이치에 맞지 않기 때문이다.

1) 『삼국사』, 「삼국사기」 권 제17, 고구려본기 동천왕 20년조에는 『위지』 「관구검전」에 나오는 내용을 싣고 있는데, 관구검이 "환도산에 이르러 불내성(不耐城)이라 새기고 돌아갔다."라고 하였다. 그곳의 산성을 옛날에는 환도성(丸都城)이라 했다. 고구려 건국 초기 도읍지와 중첩되는 것으로 보아 당시 상당한 변천이 있었거나 『삼국지』에서 말하는 예가 예 · 맥 · 고구려 등을 묶어 통칭한 것일 수도 있다고 본다. 여기서 불내는 예가 다스리던 지역을 말함이 분명해 보인다. 중국 사서에 등장하는 '불내예', '불내예후' 등의 '불내'는 지명으로 본다.(성산가야, 고령가야 등) 만약 '불내예후'를 '불내(국명)와 예의 후'로 본다면 원문 '皆濊民作之'과 호응이 안 되는 모순이 생긴다.

부여·동부여

서기전 194년, 한(漢)의 제후국 연(燕)으로부터 망명해 온 위만(衛滿)의 쿠데타에 의해 고조선 왕검성이 점령당하는 사태가 발생하였다. 『세종실록』「지리지」에 실려 있는 『단군고기(檀君古記)』에는 이 사건과 연루된 것이라고 밝혀놓지는 않았지만, 단군의 태자인 해부루(解夫婁)가 동부여를 세우고, 천제의 태자 해모수(解慕漱)가 부여의 옛 도읍지에 자리를 잡았다고[1] 기록하고 있다. 의아스러운 것은 고조선 천제의 태자를 천제에 오르게 하지 않고, 왕검성으로부터 아주 먼 곳으로 보내어 새 나라를 세우게 하고, 그 나라 이름을 '동부여'라고 한 점이다.

그리고 국호를 살펴보면, 동부여가 아닌 곳에 '부여'가 존재하고 있거나 존재했었다는 것이다. '부여'라고 하지 않고 '동'자를 붙인 것은 종주국 내지 중심 국가의 위상을 가진 '부여'가 이미 존재하고 있었다는 것이다. 아니면 천제가 다스리는 나라가 부여이었음을 방증하는 것일 수도 있다. 게다가 '태자'를 보냈다는 것은 고조선의 천제를 이어갈 수 없는 상황, 즉 위만의 쿠데타로 인하여 단군(천제)인 준(準)은 마한 땅으로,

---

1) 동부여와 구별하기 위해 '북부여'라고 일컬어지고 있지만 건국사화가 『단군고기』와 『삼국사』에 기록되어 있다. 조선(고조선)이 중간에 국호를 변경한 것으로 추정해 볼 수도 있으나 적어도 고조선이 멸망할 무렵 부여가 존재한 것으로 보아야 한다.

아들은 부여 동쪽 땅으로 간 것을 역설적으로 말해 주는 것이 된다. 그렇다면, 단군 준의 태자가 해모수로 될 수도 있을 것이다.

부여에 관한 기록은 『세종실록』 「지리지」에 실린 내용인데, 이는 고조선과 동·북부여, 그리고 고구려 건국사화(建國史話)를 담은 것으로써 『단군고기』에 나오는 내용이다.

○ 단군이 비서갑(非西岬) 하백(河伯)의 딸에게 장가들어 아들을 낳으니, 부루(夫婁)이다. 이를 곧 동부여(東扶餘) 왕이라고 이른다. 단군이 당요(唐堯)와 더불어 같은 날에 임금이 되고, 우(禹)가 도산(塗山)의 모임을 당하여, 태자(太子) 부루를 보내어 조회하게 하였다.

(중략)

부루가 아들이 없어서 금색 와형아(蛙形兒)를 얻어 기르니, 이름을 금와(金蛙)라 하고, 세워서 태자로 삼았다. 그 정승 아란불(阿蘭弗)이 아뢰기를, "일전에 하느님이 나에게 강림하여 말하기를, '장차 내 자손으로 하여금 여기에다 나라를 세우도록 할 것이니 너는 다른 곳으로 피하라. 동해(東海) 가에 땅이 있는데, 이름은 가섭원(迦葉原)이며, 토질이 오곡에 적당하여 도읍할 만하다.'고 하였습니다."하고, 이에 왕에게 권하여 옮겨 도읍하였다.

천제(天帝)가 태자를 보내어 부여(扶餘) 고도(古都)에 내리어 놀게 하니, 이름이 해모수(海慕漱)이다. 해모수가 하늘로부터 내려오는데 오룡거(五龍車)를 타고, 종자(從者) 1백여 인은 모두 백곡(白鵠)을 탔는데, 채색 구름이 그 위에 뜨고, 음악 소리가 구름 가운데에서 울렸다. 웅심산(熊心山)에서 머물러 10여 일을 지내고 비로소 내려왔다. 머리에는 오우(烏羽)의 관을 쓰고, 허리에는 용광검(龍光劍)을 찼는데, 아침이면 일을 보고, 저녁이면 하늘로 올라가니, 세상에서 이르기를, '천왕랑(天王郞)'이라 하였다.

『단군고기』에는 부여(통칭 북부여)와 동부여, 고구려가 고조선의 후예가 세운 나라라고 한 것이다. 혈통뿐만 아니라 건국한 지역이 드러나고 있는데, 『후한서』에는 "부여국은 현도(玄菟)의 북쪽 1천 리 되는 곳에 있다. 남쪽으로는 고구려와 경계를 접하였고, 동쪽으로는 읍루(挹婁)와, 서쪽으로는 선비(鮮卑)와 접하였으며, 북쪽에는 약수(弱水)가 있다. 지방이 2천 리이고, 본디 예(濊)의 땅[1]"이라고 하였는데, 이 기록은 부여가 처음 섰을 때가 아니고, 고구려가 건국한 후의 상황을 말한 것이다. 『단군고기』에는 동부여의 건국사화와 사회상을 고구려 건국사화와 함께 실었다.

○ 처음 북이(北夷)의 색리왕(索離王)이 출행(出行)하였었는데, 시아(侍兒)가 그 뒤에 임신하였다. 왕이 돌아와서 죽이려고 하자, 시아가 말하기를, "하늘로부터 계란만한 크기의 무슨 기운이 내려오는 것을 보고 임신하였습니다." 하였다. 이에 왕이 시아를 가두었는데, 뒤에 드디어 사내아이를 낳았다. 왕이 그 아이를 돼지우리에 버리게 하니 돼지가 입김을 불어넣어서 죽지 않게 하고, 다시 마구간[馬蘭]으로 옮겨 내다버렸으나 말 역시 그렇게 하였다. 왕이 이에 신령스럽게 여겨 그 어미에게 데려다가 기르게 하였는데, 이름을 동명(東明)이라 하였다.

동명은 자라나면서 활을 잘 쏘았다. 왕이 그의 용맹을 꺼려서 죽이고자 하니 동명이 남쪽으로 도망쳤다. 엄사수(淹滬水)에 이르러 활로 물을 치니, 물고기와 자라가 떼를 지어 물 위로 올라왔으므로 동명이 이를 타고 건너갔다. 이어 부여에 이르러 왕이 되었다.

동이의 지역 가운데서 땅이 가장 평평하고 넓어 오곡(五穀)이 잘 자라며, 궁실(宮室), 창고, 뇌옥(牢獄)이 있다. 사람들의 성품은 굳세고 용감하고 신중하고 관대하며, 도둑질과 노략질을 하지 않는다. 활과 화살, 칼과 창으로 병기(兵器)를 삼는다. 육축(六畜)으로 관직의 이름을 지어 마가(馬加)·우가(牛加)·구가(狗加) 등이 있으며, 읍락(邑落)은 모두 여러 가(加)에 속한다.

1) 『후한서』 권85, 「제이열전」 제75, 부여전 참조

한치윤은 『해동역사』에서 고조선에 대해서는 5문장으로 된 짧은 글로 정리하여 허황된 이야기처럼 기술했지만, 부여(북부여)와 동부여를 구분하지 않고 부여라고 하고, 중국 고금의 사서를 샅샅이 뒤져서 펼쳐 놓았다.

○『상서전』에 "무왕(武王)이 상(商)을 이기자 해동(海東)의 여러 오랑캐와 부여의 족속이 모두 길을 통하였다."라고 하였고, 『산해경』에는 "대황(大荒)의 북쪽에는 호(胡)가 있다. 불여(不與)란 나라로 성은 열(烈)이고, 기장을 먹는다."라고 하였다.

'불(不)'이 중국음으로는 '부(夫)'이니 불여국은 바로 부여국이다. 그리고 『풍속통』에는 구이(九夷)의 조목 가운데 부유(鳧臾)가 있는데, 부유 역시 부여이다. 『통지』의 「씨족략」에 나오는 '부유씨(鳧臾氏)'는 백제의 부여(夫餘)인데 음이 변하여 부유로 된 것이다. 또 기자(箕子)의 이름인 서여(胥餘)가 혹 수유(須臾)로 되어 있기도 하다. 이는 대개 부(鳧)와 부(夫)는 음이 서로 비슷하고, 유(臾)와 여(餘)는 옛날에는 서로 통용하였기 때문에 그런 것이니, 부여라는 명칭은 그 유래가 오래되었다.[1)]

『삼국지』에도 역시 부여(북부여)와 동부여를 구분하지 않고, 부여는 '진(秦)이 축성한 장성(長城)의 북쪽에 있는데, 현도에서 1천 리이고, 호구가 8만이며, 산과 구릉 및 넓은 늪이 많다. 나라에는 군왕(君王)이 있고, 읍락에는 토호가 있는데, 하호(下戶)들을 모두 노복으로 삼는다.'고 하였다. '여러 가(加)가 각각 사출도(四出道)[2)]를 주관하는데, 세력이 큰 자는 수천 호를 주관하고, 작은 자는 수백 호를 주관한다.'고 하였으니, 계급 체계가 서 있었고, 국정을 집단 체제로 운영하고 있었음을 볼 수 있

1) 한치윤, 『해동역사』 제4권, 「세기」 4, 부여편 참조
2) 부여의 왕도(王都)에서 사방으로 통하는 큰길을 중심으로 형성된 4개의 지역 단위로 나뉘어 있었다. 부여국은 각 지역에 산재하여 있는 부족을 지배하는 부족장들이 연합하여 국정을 운영하였다고 한다.

다. 나라의 기로(耆老)들이 스스로 '옛날에 망명해 온 사람이다.'라고 하였고, 나라에 오래된 성(城)이 있는데 이름을 예성(濊城)이라고 한 것은 부여 사람들은 고조선 등지에서 이주해 온 사람들로 구성되었고, 그 지역이 종래의 예·맥의 땅이었음을 추정할 수 있다.

동부여의 건국사화는 『단군고기』에 함께 나타나 있듯이 그 뿌리가 같았다고 볼 수 있으나 동부여의 건국은 단군의 태자 해부루이지만 그의 후사가 없었기에 금와왕이 왕통을 잇게 되어 단군의 혈통은 끊어졌다. 건국 초기 추모(鄒牟) 동명성왕이 동부여로부터 남하하였고, 그 아들 유리도 동부여에서 고구려로 온 것으로 나타나 있다.[1] 게다가 해모수의 아내이자 동명성왕의 모후가 동부여에서 살다가 죽고 거기서 묻혀 있던 관계로 두 나라는 각별한 관계일 것으로 생각하기 쉬우나 실제로는 그렇지 못하였다.

○ (동명성왕) 14년(서기전 24) 가을 8월에 왕의 어머니 유화(柳花)가 동부여에서 죽으니 그 왕 금와(金蛙)가 태후의 예로 장례를 치르고 마침내 신묘(神廟)[2]를 세웠다.[3]

『단군고기』에 나오는 유리명왕 이야기가 『삼국사』에 그대로 나오는 것을 보면, 『삼국사』를 편찬할 때 『단군고기』에서 인용했을 가능성이 매우 높다고 하겠다.

그리고 『단군고기』에서 "천제(天帝)가 태자를 보내어 부여(扶餘) 고도(古都)에 내리어 놀게 하니, 이름이 해모수(海慕漱)이다."라고 하였는데,

---

1) 『단군고기』와 『삼국사』, 「삼국사기」 권 제13, 고구려본기 제1, 시조 동명성왕 원년 편에 기록되어 있다.
2) 시조 동명성왕의 어머니의 묘(廟 : 사당)이다. 태후묘(太后廟)라고도 불리었다. 동부여 지역에 있어서 고구려의 왕은 그곳에 가서 제사지냈다. 10월에 사신을 부여에 보내 토산물을 주어 그 덕에 보답하였다는 기록이 있다. 『삼국사』, 「삼국사기」 권 제13, 고구려본기 제1, 시조 동명성왕 14년 10월조 참조
3) 『삼국사』, 「삼국사기」 권 제13, 고구려본기 제1, 시조 동명성왕 14년 8월조 참조

그 부여국이 멸망했는지, 동부여와 통합했는지는 알 수가 없지만, 『삼국사』 「고구려본기」 동명성왕 19년부터는 '동부여' 대신, '부여'라는 국명으로 나타나 있다.

○ (동명성왕) 19년(서기전 19) 여름 4월에 왕자 유리(類利)가 부여에서 어머니와 함께 도망쳐 오니, 왕이 이를 기뻐하고 태자로 삼았다.[1)]

동부여는 금와왕 뒤를 이어 대소(帶素)가 왕위를 계승할 무렵 고구려에도 유리명왕이 왕위에 올랐는데, 이때부터 두 나라는 원만한 관계를 이루지 못하였다.

○ 유리명왕(琉璃明王)이 즉위하였다. 이름은 유리인데 유류(孺留)라고도 이른다. 주몽(朱蒙)의 맏아들로 어머니는 예씨(禮氏)이다.[2)]

○ (유리명왕) 14년(서기전 6) 봄 정월에 부여왕 대소가 사신을 보내서 방문하여 문안하고 인질을 교환하기를 청하였다. 왕이 부여의 강대함을 두려워하여 태자 도절(都切)을 인질로 삼으려고 하였으나 도절이 두려워하여 가지 않았으므로 대소가 화를 냈다.[3)]

서기전 6년 11월에 대소가 병력 5만 명을 동원하여 고구려를 침략하였으나 큰 눈이 내려 사람이 많이 얼어죽어 돌아갔으나[4)] 그 후에도 부여가 고구려를 계속 압박했던 것으로 보인다.

○ (유리명왕) 28년(9) 가을 8월에 부여왕 대소의 사신이 와서 왕을 꾸짖어 말하기를,

---

1) 앞의 책, 시조 동명성왕 19년 4월조 참조
2) 앞의 책, 유리명왕 즉위년조 참조
3) 앞의 책, 유리명왕 14년조 참조
4) 앞의 주 참조

"나의 선왕과 당신의 선군 동명왕은 서로 사이가 좋았는데, 나의 신하들을 꾀어 도망하여 이곳에 이르러 성곽을 완성하고 백성을 모아 거주하게 하여 나라를 세웠다. 대개 나라는 크고 작음이 있고, 사람은 어른과 아이가 있다. 작은 것이 큰 것을 섬김이 예(禮)이며, 어린아이가 어른을 섬김이 순리이다. 지금 왕이 만약 예와 순리로써 나를 섬긴다면 하늘이 반드시 도와서 나라의 운수가 오래갈 것이고, 그렇지 않으면 사직을 보존하려고 하여도 어려울 것이다."

하였다. 이에 왕이 스스로 말하기를,

"나라를 세운 지가 얼마 되지 않고, 백성과 병력이 약하니 형세에 부합하여 부끄러움을 참고 굴복하여 후의 성공을 도모하는 것이 합당하다."

하였다. 이에 여러 신하들과 상의하고 회답하기를,

"과인은 바닷가에 치우쳐 있어서 아직 예의를 듣지 못하였는데, 지금 대왕의 가르침을 받고 보니 감히 명령을 따르지 않을 수 없습니다."

라고 하였다. 그때 왕자 무휼(無恤)[1]이 나이가 아직 어렸으나 왕이 부여에 회답하려 한다는 말을 듣고 스스로 그 사신을 만나 말하기를,

"나의 선조는 신령(神靈)의 자손으로서 어질고 재능이 많았는데, 대왕이 시기하여 해치려고 부왕에게 참언하여 욕되게 말[馬]을 기르게 하였던 까닭에 불안하여 도망해온 것입니다. 지금 대왕이 과거의 잘못을 생각하지 않고 단지 병력이 많은 것을 믿고 우리나라를 가볍게 여겨 멸시하니, 청컨대 사신은 돌아가 대왕에게 '지금 여기에 알들이 쌓여 있는데 대왕이 만약 그 알들을 허물지 않는다면 신은 대왕을 섬길 것이고, 그렇지 않으면 섬기지 않을 것'이라 보고하십시오."

라고 하였다.[2]

그로부터 4년 뒤에 부여가 고구려를 공격했는데, 고구려에서는 왕자 무휼로 하여금 군대를 거느리고 막게 하였다. 무휼이 병력이 적어 대적

1) 고구려 3대왕 대무신왕의 이름이다
2) 앞의 책, 유리명왕 28년 8월조 참조

할 수 없을 것을 두려워하여 뛰어난 계책을 세우고 친히 군사를 거느리고 산골짜기에 숨어 기다렸다가 부여 군사가 곧바로 학반령(鶴盤嶺) 아래에 이르자, 복병이 나가 불의에 공격하니, 부여 군사가 크게 패하여 말을 버리고 산으로 올라갔다. 무휼이 군사를 풀어 그들을 모두 죽였다고[1] 기록하고 있다.

22년 2월, 부여는 고구려 대무신왕이 직접 이끈 군대를 맞아 크게 싸우게 되었는데, 대소왕이 전사하는 상황 속에서 고구려 군대를 물리쳤다.

○ (대무신왕) 5년(22) 봄 2월에 왕이 부여 남쪽으로 진군하였다. 그 땅은 진흙이 많아 왕이 평지를 골라 군영을 만들고 안장을 풀고 병졸을 쉬게 하였는데, 두려워하는 태도가 없었다. 부여왕은 온 나라를 동원하여 출전해서 방비하지 않는 사이에 엄습하려고 말을 몰아 전진해 왔다. 진창에 빠져 나아갈 수도 물러설 수도 없었다. 왕이 이에 괴유(怪由)에게 지시하니, 괴유가 칼을 빼서 소리를 지르며 공격하니 대부분의 군대가 이리저리 밀려 쓰러지며 능히 지탱하지 못하였다. 곧바로 나아가 부여왕을 붙잡아 머리를 베었다. 부여 사람들은 왕을 잃어 기력이 꺾였으나 스스로 굴복하지 않고 여러 겹으로 포위하였다.

왕은 군량이 다하여 군사들이 굶주리므로 어찌할 바를 몰라 두려워하다가 하늘에 영험을 비니 홀연히 큰 안개가 피어나 7일 동안이나 지척에 있는 사람도 알아볼 수 없었다. 왕이 풀로 허수아비를 만들게 하여 무기를 쥐여 군영의 안팎에 세워 적의 눈을 속이는 가짜 군사를 만들어 놓고, 샛길을 따라 군대를 숨겨 밤에 나왔다.

골구천(骨句川)의 신마(神馬)와 비류원(沸流源)[2]의 큰 솥을 잃었다. 이물림(利勿林)에 이르러 병사들이 굶주려 일어나지 못하므로, 들짐승을 잡아서 급식하였다.

---

1) 앞의 책, 유리명왕 32년 11월조 참조

2) 비류수는 현재의 훈강(渾江), 발원지는 백두산 서남쪽 기슭의 노령산맥의 서북단, 즉 중국 길림성 임강현 삼자(三子) 지역이라고 한다. 『집안현문물지(集安縣文物志)』(길림 吉林, 1984)

왕이 나라에 돌아와 여러 신하를 모아 잔치를 베풀며 말하기를,

"내가 덕이 없어서 경솔하게 부여를 정벌하여 비록 그 왕을 죽였으나 그 나라를 아직 멸하지 못하였고, 또 우리 군사와 물자를 많이 잃었으니 이는 나의 허물이다."

하였다. 이윽고 친히 죽은 자와 아픈 자를 조문하고 백성들을 위로하였다. 이리하여 나라 사람들이 왕의 덕과 의(義)에 감격하여 모두 나랏일에 목숨을 바치기로 하였다.[1)]

22년 4월에 부여 대소왕의 동생은 대소왕이 전사하자 나라가 장차 망할 것으로 생각하고, 따르는 사람 백여 명과 함께 압록곡(鴨綠谷)에 이르렀다. 때마침 부여 인근의 작은 나라였던 해두왕(海頭王)[2)]이 사냥하는 것을 보고 그를 죽이고, 그 백성들을 빼앗아 갈사수(曷思水) 가에 도읍하니, 그가 갈사왕(曷思王)이었다.[3)]

그해 7월에 부여왕의 사촌동생이 만여 명과 함께 투항해 오니, 대무신왕이 그를 봉하여 왕으로 삼고 연나부(掾那部)에 두었다고 하였다.[4)]

121년 부여는 고구려 태조대왕이 행차하여 태후 사당에 제사지내는 것을 허락하였지만, 두 달 뒤에 다시 고구려와 관계가 나빠지는 상황이 되었다.

○ (태조대왕) 69년(121) 12월에 왕이 마한과 예·맥의 1만여 기병을 거느리고 나아가 현도성을 포위하였다. 부여왕이 아들 위구태(尉仇台)를 보내 병력 2만 명을 거느리고 와서 한의 병력과 힘을 합쳐 대항해 싸워서 아군이 크게 패하였다.[5)]

---

1) 『삼국사』, 「삼국사기」 권 제14, 고구려본기 제2 대무신왕 5년 2월조 참조
2) 원문에는 '해두왕'이나 이병도는 '해두국왕'으로 해석하였다.
3) 앞의 책, 대무신왕 5년 4월조 참조
4) 앞의 책, 대무신왕 5년 7월조 참조
5) 『삼국사』, 「삼국사기」 권 제14, 고구려본기 제3, 태조대왕 69년 12월조 참조

『후한서』「동이전」 부여편에는 위구태는 왕자로서 후한에 사신으로 나아가니, 안제(安帝)는 그에게 인수(印綬)와 금채(金綵)를 주었다고 하며, 그 후에도 후한과 연계하여 고구려에 대적하는 등 외교·군사적으로 활약이 많았다. 왕위에 오른 후에도 요동과 연결하여 선비·고구려를 견제하는 외교를 전개하였다. 『후한서』에 부여는 한에 조공한 것이 보이고, 111년에 부여왕이 보병과 기병 7, 8천 명을 거느리고 낙랑(樂浪)을 침략하여 관원과 백성을 살해하였고, 167년에는 부여왕 부태(夫台)가 2만여 명의 군사를 거느리고 현도를 침략하자, 현도태수 공손역(公孫域)이 이를 격파하고 1천여 급을 베었다는 기록이 있다.

『진서』「부여전」에 부여는 나라가 부유하여 선조 때부터 피폐해진 적이 없었는데, 285년에 이르러 모용외(慕容廆)에게 습격당하여 왕 의려(依慮)는 자살하고 자제들은 옥저(沃沮)로 달아나서 목숨을 보존하였다고 기록하고 있다.

○ 목제(穆帝) 영화(永和) 2년(346)에, 이에 앞서 부여가 녹산(鹿山) - 부여는 현도에서 북쪽으로 1천 리 되는 곳에 있는데, 녹산은 대개 바로 그곳이다.- 에 있다가 백제(百濟)[1]의 침입을 받아 부락이 쇠잔해지자, 서쪽으로 연(燕)과 가까운 곳으로 옮겨 갔는데, 연에 대해 방비를 하지 않고 있었다. 연왕 모용황(慕容皝)이 세자 모용준(慕容儁)을 보내어 모용군(慕容軍)·모용각(慕容恪)·모여근(慕輿根) 등 세 장군과 군사 1만 7천 명을 거느리고 가서 부여를 습격하게 하였다. 모용준은 군사에 관한 일을 모두 모용각에게 내맡겼다. 마침내 부여를 격파하고 부여왕 현(玄)과 부락 사람 5만여 명을 포로로 잡아 돌아왔다. 모용황은 부여왕 현을 진군장군으로 삼고 딸을 그의 아내로 주었다.[2]

1) 『동사강목』에서는 백제는 고구려의 오류인 듯하다고 하였고, 이병도 역시 "글자 그대로 보아서는 너무도 거리가 맞지 아니하므로 고구려의 오기임이 틀림없을 것이다."라고 하였다. 이는 요동지방이 마한과 고구려 옛 땅이었다는 『양서』의 기록으로 보아 오기가 아닌 것이다. 현도의 위치가 요서·요동 북부지역으로 비정됨과 연관하여 살펴보면, 오류가 아니다.

2) 『자치통감』 권97, 「진기」19, 효종목황제 상지상편 참조

부여의 위치를 "현도에서 북쪽으로 1천 리"라고 했는데, 현도가 요동 부근이었기 때문이었다. 그리고 "백제의 침입을 받아"라는 구절 때문에 의혹을 가질 수 있으나, 전술한 바와 같이 "백제가 요서(遼西) · 진평(晋平) 2군의 땅을 점거하여 백제군(百濟郡)을 설치하였다."[1]라는 것과 고구려와 마한(백제), 예 · 맥이 한나라를 칠 때 부여가 한나라를 도와준 과거가 있었기에 그런 일이 생겼던 것으로 본다. 수 양제(煬帝)가 고구려를 침공할 때, 총공격 명령을 내린 조서가 『삼국사』에 실려 있는데, 이 글을 통하여 부여의 위치를 비정하는 데 큰 도움이 될 것으로 보아, 숙신전에 이어 그 예문을 살펴보기로 한다.

○ (영양왕) 23년(612년) 봄 정월 임오에 황제가 조서를 내려 말하기를, "고구려 작은 무리들이 사리에 어둡고 공손하지 못하여, 발해(渤海)[2]와 갈석(碣石)[3] 사이에 모여 요동예맥[4]의 경계를 거듭 잠식하였다.(중략) 지금 마땅히 규율을 시행하여 부대를 나누어서 길에 오르되, 발해를 덮어 천둥같이 진동하고, 부여를 지나 번개같이 칠 것이다. 방패를 가지런히 하고 갑옷을 살피고, 군사들에게 경계하게 한 후에 행군하며, 거듭 훈시하여 필승을 기한 후에 싸움을 시작할 것이다.[5]"

이 글에서 "발해를 덮어 천둥같이 진동하고, 부여를 지나"라는 구절과 좌 12군 중에 '부여길'이 드러나고 있음을 볼 때, 그들이 부여를 기념하기 위해 만든 길이 아닐진대, 예로부터 부여가 고조선이나 고구려와 통행하던 길로 보아야 함이다. 6개월 뒤 수나라가 고구려를 침공하기 위해 대군을 집결할 때 군사를 거느렸던 장수들의 행로가 드러나고 있는

1) 『양서』 권54, 「제이열전」 제48, 백제전 참조
2) 발해 : 요동반도와 산동반도로 둘러싸인 바다. 현재 이름도 발해이다.
3) 갈석 : 현재의 중국 하북성 창려현 서북쪽에 있는 산의 이름이다
4) 요동과 예 · 맥, 또는 요동의 예 · 맥(요동에 있던 예 · 맥) 등으로 풀이할 수 있다.
5) 『삼국사』, 「삼국사기」 권 제20, 고구려본기 제8, 영양왕 23년 정월조 참조

데, 총대장이던 우문술(宇文述)이 이끄는 부대가 이동한 길이 '부여도'로 나온다. 아마도 평양성으로 향하던 가장 큰길이었던 것으로 추정할 수 있다.

○ 좌익위대장군 우문술은 부여도(扶餘道)로 나오고, 우익위대장군 우중문(于仲文)은 낙랑도로 나오고, 좌효위대장군 형원항(荊元恒)은 요동도로 나오고, 우익위대장군 설세웅(薛世雄)은 옥저도(沃沮道)로 나오고, 우둔위장군 신세웅(辛世雄)은 현도도로 나오고,[1)]

『자치통감』에는 384년, 모용수(慕容垂)가 군사를 이끌고 동쪽으로 갔을 때 옛 부여왕인 여울(餘蔚)을 영양태수(榮陽太守)로 삼아 창려(昌黎)와 선비(鮮卑)로 하여금 모용수에게 항복하게 하는 데 역할을 하도록 하였다. 모용수는 여울을 정동장군 통부좌사마로 삼고 부여왕에 봉하였고, 396년에 부여왕 여울이 연(燕) 나라의 태부(太傅)가 되었다는 기록이 있다. 이는 부여가 연나라에 복속되었다는 것이 아니라 부여왕을 태부로 봉했다는 기록에 불과하다.

494년 2월에 부여의 왕과 왕비, 왕자가 나라를 들어 고구려에 항복해 왔다[2)]는 기록이 있으니, 약 1세기 동안 연나라 제후국으로 전락하여 국력이 쇠미해져 있었던 것이다.

---

1) 앞의 책, 영양왕 23년 6월조 참조
2) 앞의 책, 문자왕 3년 2월조 참조

낙랑

1) 낙랑국(樂浪國)

많은 강단 사학자들은 『삼국사』에 백제 및 신라가 낙랑과 군사적 갈등을 겪은 기사가 꾸준히 등장하는 것을 두고 한의 낙랑군을 가리키는 것이라고 말하였다. 그런데, "낙랑(樂浪)의 왕 최리(崔理)"라는 구절에 말문이 막히자, '최리가 왕으로 칭하고 있으나 군(郡)의 수령을 왕으로 칭한 것이 큰 무리는 아니므로 낙랑군으로 보아야 한다.', '낙랑군의 지배자가 혼란을 틈타 잠시 왕을 칭했을 뿐이다.'는 등 비논리적인 궁색한 주장을 해 왔다.

이러한 주장들은 1세기 전후 백제와 신라의 국토 비정을 잘못한 데서 발생한 것이라고 볼 수 있다. 1세기 전후 백제는 마한과 공존하던 시기였고, 마한의 국토가 요서지역으로부터 해안으로 한반도 서해지역에 자리 잡았던 것으로 비정하지 않은 데서 온 오류이다.

○ 백제(百濟)는 그 시초가 동이의 삼한국인데 하나는 마한이요, 다른 하나는 진한이요, 또 하나는 변한이었다. 변한과 진한은 각각 12국이 있었고 마한은 54국이 있었다. 대국은 1만여 가(家), 소국은 수천 가로서 모두 10여 만 호가 되었는데, 백제는 곧 그중의 한 나라였다. 뒤에 점점 강대하여져서 여

러 작은 나라들을 합쳤다.

그 나라는 본래 구려(句麗)(고구려)와 더불어 요동(遼東)의 동쪽에 있었다. 진(晋) 나라 때에 이르러 구려가 이미 요동을 경략하자, 백제 역시 요서(遼西) · 진평(晋平) 2군의 땅을 점거하여 스스로 백제군(百濟郡)을 설치하였다.[1)]

그래서 주로 요서지방에서 백제와 갈등을 일으켰던 낙랑은 낙랑군이고, 『삼국사』에 평안도와 강원도 지방에 등장하면서 수차례 신라를 공격한 적이 있으며, 고구려 대무신왕 14년(37)에 복속된 낙랑은 낙랑국이다.[2)]

서기전 194년 위만이 쿠데타를 일으켜 집권하였고, 87년 뒤인 서기전 108년 그 손자 우거가 시해당하고 고조선이 멸망하자 그 전후로 하여 고조선의 유민들이 크고 작은 나라를 세웠는데, 낙랑국도 그 시기에 생겨난 나라 중 하나라고 보는 것이 타당하리라고 본다.

다만, 『한서』에 등장하지 않은 것은 한나라와 접촉이 없었던 반면, 강원도와 경북 지역에서 고구려 · 신라와 갈등을 일으킨 점으로 보아 낙랑국은 평안도와 강원도 일대를 국토로 했던 고대국가였다고 판단할 수 있다.

○ (혁거세거서간) 30년(서기전 28) 여름 4월 기해(己亥) 그믐에 일식이 있었다. 낙랑(樂浪) 사람들이 군대를 이끌고 침공해 왔다가 변경 사람들이 밤에도 집의 문빗장을 걸지 않고 노적가리가 들에 뒤덮여 있는 것을 보고 서로 말하기를,

"이 지방 백성들은 서로 도둑질을 하지 않으니 신라는 도(道)가 있는 나라라 할 수 있다. 우리들이 몰래 군대를 내어 습격하는 것은 도둑질과 다르지

1) 『양서』 권54, 「제이열전」 제48, 백제전 참조
2) 『북부여기』에는 서기전 195년 최숭(崔崇)이 건국하였다고 기록되어 있다. 일부 사학자들과 북한은 이 기록을 따르고 있으나 필자는 낙랑국 존재와 멸망 당시 상황을 중심으로 기술하고자 하였다.

않으니 어찌 부끄럽지 않겠는가?"

라고, 하고 물러나 돌아갔다.[1)]

○ (남해차차웅) 원년(4) 가을 7월에 낙랑의 군사들이 와서 금성(金城)을 몇 겹으로 둘러싸자 왕이 좌우 신하들에게 말했다.

"두 성인(聖人)이 나라를 버리시고 과인이 나라 사람들의 추대를 받아 그릇되게 재위에 있으니 위태롭고 두렵기가 물길을 건너는 것 같다. 지금 이웃 나라가 침공해 온 것은 바로 과인이 부덕하기 때문이다. 이를 어찌하면 좋겠는가?"

좌우 신하들이 대답해 말했다.

"적은 우리가 상(喪)을 당한 것을 다행으로 여겨 헛되이 군사로써 쳐들어왔습니다. 하늘이 반드시 돕지 않을 것이니 두려워할 바가 못 됩니다."

적이 잠시 후에 물러갔다. [2)]

○ (남해차차웅) 11년(14) 왜인이 병선 백여 척을 보내 해변의 민호(民戶)를 약탈하자 6부의 군센 병사들을 보내 이를 막았다. 낙랑은 (우리) 내부가 비었다고 여겨 매우 급하게 금성(金城)을 공격해 왔다. 밤에 유성(流星)이 나타나 적의 진영에 떨어지자 그 무리들이 두려워 물러가다가 알천(閼川) 가에 주둔하면서 돌무더기 20개를 만들어 놓고 떠났다. 6부의 군사 1천 명이 이를 추격했는데, 토함산 동쪽으로부터 알천에 이르기까지 돌무더기가 있는 것을 발견하고 적이 많다고 여겨 중단했다.[3)]

○ (유리이사금) 13년(36) 가을 8월에 낙랑이 북쪽 변경에 쳐들어와 타산성(朶山城)을 공격해 함락시켰다.[4)]

이처럼 신라 건국 초기 낙랑은 신라 변경지역을 넘보는 일이 몇 차례

1) 『삼국사』, 「삼국사기」 권 제1, 신라본기 제1, 시조 혁거세거서간 24년 4월 30일조 참조
2) 앞의 책, 남해차차웅 원년 7월조 참조
3) 앞의 책, 남해차차웅 11년조 참조
4) 앞의 책, 유리이사금 13년 8월조 참조

있었고, 금성(경주)을 공격할 정도였으니, 그 규모가 상당했던 것으로 볼 수 있지만, 대부분 그 세력과 형태가 소규모인 것으로 보아 국가 차원의 갈등으로 이어진 것은 아니었다.

○ (대무신왕) 15년(32) 여름 4월에 왕자 호동(好童)이 옥저(沃沮)로 놀러 갔을 때 낙랑(樂浪)의 왕 최리(崔理)가 출행하였다가 그를 보고서 묻기를,

"그대의 얼굴을 보니 보통사람이 아니구나. 어찌 북국(北國)[1] 신왕(神王)[2]의 아들이 아니겠는가?"

하고, 마침내 함께 돌아와서 딸을 아내로 삼게 하였다. 후에 호동이 나라로 돌아와 몰래 사람을 보내 최씨 딸에게 전하여 말하기를,

"만일 그대 나라의 무기고에 들어가 북과 뿔피리를 찢고 부수면 내가 예로써 맞이할 것이고, 그렇지 않으면 맞이하지 않을 것이다."

라고 하였다. 이에 앞서 낙랑에는 북과 뿔피리가 있어서 적의 병력이 침입하면 저절로 울었다. 그런 까닭에 이를 부수게 한 것이다. 이에 최씨 딸이 예리한 칼을 가지고 몰래 창고에 들어가 북의 면(面)과 뿔피리의 주둥이를 쪼개고 호동에게 알렸다. 호동이 왕에게 권하여 낙랑을 습격하였다. 최리는 북과 뿔피리가 울리지 않아 대비하지 못하고, 고구려 병력이 갑자기 성 밑에 도달한 연후에야 북과 뿔피리가 모두 부서진 것을 알았다. 마침내 딸을 죽이고 나와서 항복하였다.[3]

○ (대무신왕) 20년(37) 왕이 낙랑을 습격하여 멸하였다.[4]

○ (유리이사금) 14년(37) 고구려왕 무휼(無恤)이 낙랑을 습격해 멸망시켰다. 그 나라 사람 5천이 항복해 오니 6부에 나누어 살게 했다.[5]

1) 고구려를 지칭한 말이다.
2) 대무신왕을 지칭한 말이다.
3) 앞의 책, 대무신왕 15년 4월조 참조
4) 앞의 책, 대무신왕 20년조 참조. 낙랑은 5년 전에 항복한 것으로 나온다. 대개 고대국가의 경우 항복할 때는 그 직책을 그대로 두고 속국이나 속방으로 두었다가 멸망시켰던 유형으로 본다. 만약 한나라의 낙랑군이었다면, 『전한서』나 『후한서』에 나와야 하는데, 이들 책에는 나오지 않는다.
5) 『삼국사』, 「삼국사기」 권 제1, 신라본기 제1, 유리이사금 14년조 참조

호동왕자와의 사랑에 눈먼 낙랑공주가 자명고를 찢음으로써, 낙랑국은 37년 고구려 대무신왕에게 완전히 멸망당하는 설화는 『삼국사』에 바탕을 둔 것이었다.

『삼국유사』에는 '낙랑국' 이름으로 기록해 두었는데, 낙랑국과 낙랑군의 내용이 뒤섞여 있다.

○ 낙랑국(樂浪國)

전한(前漢) 때에 처음으로 낙랑군(樂浪郡)을 설치하였으니 응소(應劭)[1]는 말하기를 "옛 조선국"이라 하였다. 『신당서』 주석에 이르기를 "평양성[2]은 옛날 한나라의 낙랑군이다."라고 하였다.

『국사(國史)』[3]에 이르기를, "혁거세(赫居世) 30년에 낙랑인들이 항복해 왔다."라고 하였다. 또 제3대 노례왕(弩禮王)[4] 4년(27)에 고구려의 제3대 무휼왕(無恤王)[5]이 낙랑을 쳐서 이를 멸망시키니 그 나라 사람들이 대방(帶方) - 북대방(北帶方)이다. - 과 함께 신라에 귀순하였다. 또 무휼왕 27년(44)에 광호제(光虎帝)[6]가 사람을 보내어[7] 낙랑을 정벌하고 그 땅을 빼앗아 군현으로 삼았으니 살수(薩水) 남쪽이 한나라에 속하였다. - 이상의 여러 글에 의하면 낙랑은 곧 평양성이란 말이 옳을 듯하다. 혹은 낙랑은 중두산(中頭山) 아래 말갈의 경계라고 한다. 살수는 오늘의 대동강(大同江)이니 어느 것이 옳은지 자세하지 않다. - 백제 온조왕의 말에 동에 낙랑이 있고[8] 북에 말갈이 있다 하였으니 아마 한

1) 후한(後漢) 때 여남(汝南) 사람으로 『풍속통(風俗通)』을 찬술하여 물류(物類) · 명호(名號)를 변별하였다.
2) 당시 평양성은 요동 북서쪽, 오늘날 베이징 부근으로 비정됨을 전술하였고, 낙랑군편에 상술함.
3) 국사편찬위원회는 『삼국사』, 「삼국사기」 권 제1, 신라본기 제1, 혁거세거서간 30년(서기전 28)조의 내용과 달라서 이 책은 『삼국사』와 같은 책인지 분명하지 않다고 했는데, 이 책은 신라 거칠부가 엮은 『국사』로 보아야 한다.
4) 유리이사금으로도 일컫는다.
5) 대무신왕을 가리킨다. 『삼국사』에는 대무신왕 20년(37), 유리명왕 14년(37)에 낙랑을 멸망시켰다고 하였으니, "노례왕 4년(27)"은 오류이다.
6) '광무제'이다. 고려 혜종의 이름인 무(武)를 피휘하기 위하여 호(虎)로 썼다.
7) 『삼국사』, 「삼국사기」 권 제14, 고구려본기 제2, 대무신왕 27년 9월조에는 광무제가 '병사를 보낸 것[遣兵]'으로 기록하였다.
8) 당시 백제 땅은 요서에 있었음이 전술한 예문에 있다. 이 낙랑은 한나라 낙랑군이다.

나라 때의 낙랑군 속현의 땅일 것이다. 신라인이 또한 스스로 낙랑이라 일컬었으므로 지금도 이로 인하여 낙랑군 부인이라고 일컫고 또 태조가 딸을 김부(金傅)[1]에게 주고 낙랑공주라 하였다.[2]

이처럼 낙랑국은 한반도에 위치하고 있었다.

2) 낙랑군(樂浪郡)

서기전 108년, 한나라는 고조선을 침공하여 약 1년에 걸쳐 전쟁을 치렀지만 참패를 거듭한 끝에 화의를 요청하게 되었다. 이에 고조선의 화의론자들이 한나라에 투항하고 위만의 손자 우거(右渠) 왕을 시해함으로써 고조선이 멸망의 길을 걷게 되었다. 한나라는 고조선 땅에 낙랑군을 설치하고, 진번(眞蕃) · 임둔(臨屯) 2군의 현을 증설하였고, 이듬해에는 예 · 맥의 옛 땅 일부 지역에 현도군(玄菟郡)을 설치하였던 것으로 보인다.

한나라는 진나라가 엄중한 법치주의를 채용하여 실패했던 것을 감안하여 법제를 다소 완화하고 부분적으로 봉건제를 부활하여 군현제와 병용하는 이른바 '군국제(郡國制)'를 실시하였다. 군국제는 직할지에는 군(郡)을 설치하고, 먼 곳에는 국(國)을 두어 일족(一族)과 공신(功臣)을 제후(諸侯)로 봉하여 통치하던 제도였다.

그런데, 낙랑군을 비롯한 이른바 '한사군'은 시간이 흐를수록 고조선 유민들의 강력한 저항으로 군을 제대로 운영할 수 없었다. 이에 한은 서기전 82년에 진번과 임둔을 폐하고 진번의 속현은 낙랑군에, 임둔의 속현은 현도군에서 관할하게 되었다. 따라서 처음 11현으로 출발했던 낙

1) 신라의 마지막 왕이었던 경순왕
2) 『삼국유사』 권 제1, 「기이」 제1, 낙랑국편 참조

랑군은 진번군의 속현을 추가로 관할하게 되어 외형상 군세(郡勢)가 크게 증대되었다.

○ 낙랑군은 무제 원봉 3년(서기전 108)에 열었다. 왕망(王莽)은 낙선이라 했다. 유주에 속한다. 가구는 6만 2,812호이고, 인구는 40만 6,748명이다. 운장이 있다. 현은 25개이다. 조선, 염감, 패수인데 물이 서쪽으로 증지현에 이르러 바다로 들어간다.[1]

이처럼 시간이 흐를수록 낙랑군은 군세가 약해졌다. 남송의 범엽(范曄)이 편찬한 『후한서』「군국지」에는 낙랑군은 조선성(朝鮮城)을 비롯하여 18개의 성이 있는데, 이곳에는 가구가 6만 1,492호, 인구가 25만 7,050명이라고 했다.[2] 그 후 『진서』에 나타난 낙랑군은 종전에 비할 수 없을 정도로 작은 규모로 변했다.

○ 낙랑군은 한나라에서 설치했다. 6개 현을 다스리며 3,700호이다. 조선현은 주나라가 기자를 봉한 땅이다. 둔유현, 혼미현, 수성현은 진나라가 장성을 쌓은 시작 지점이고, 누방현, 사망현이 있다.[3]

그 후 고조선 유민이 세웠던 고구려 · 마한 · 백제 · 예 · 맥 등이 옛 땅을 되찾기 위한 강력한 광복 투쟁을 전개하자 현도군마저 군의 치소를 홍경(興京) · 노성(老城) 방면으로 옮겼고, 다시 무순(撫順) 방면으로 옮김으로써, 본래의 기능이었던 예 · 맥에 대한 통제력을 완전히 잃게 되었으니, 낙랑군과 현도군의 세력은 현저하게 위축되었다. 특히 고구려 태조대왕은 마한과 예 · 맥 유민들과 더불어 요동과 현도성 정벌에

1) 『한서』, 권28 하, 「지리지」 제8 하, 낙랑군조 참조.(원문 : 樂浪郡 武帝元封三年開. 莽曰樂鮮 屬幽州. 戶六萬二千八百一十二 口四十萬六千七百四十八. 有雲鄣. 縣二十五. 朝鮮, 䛁邯, 浿水, 水西至增地入海.)

2) 『후한서』, 「지」 제23, 군국5, 낙랑군조 참조

3) 『진서』, 「지리지」 권4 상, 낙랑군조 참조 (원문 : 樂浪郡 漢置. 統縣六 戶三千七百. 朝鮮周封箕子地. 屯有 渾彌 遂城秦築長城之所起. 鏤方 駟望)

나섰으니, 그보다 서쪽 지역에 있었던 낙랑군은 오늘날 평양과는 아무런 연관이 없었다.

1990년, 손보기(孫寶基) 선생은 “일본인 이마니시 류(今西龍)가 중국 하북성 갈석산에 있었던 ‘점제현신사비(黏蟬縣神祠碑)’[1)]를 평남 온천군으로 운반하여 한반도 내에 한사군이 설치되었다는 것을 조작하는 데 이용하였다.”라는 것을 밝힌 바 있고, 이어 1995년 북한 학자들에 의해 이 비가 일본인 이마니시 류에 의해 조작된 것이 밝혀진 바 있다.

이마니시 류는 1913년에 이 비석을 발견하였다고 발표하였으며, 평양에서 고대 유물을 발굴하여 그 증거로 삼았는데, 그것들이 거짓으로 규명되었던 것이다. 이마니시 류의 경력을 보면, 1911년부터 13년까지 중국 베이징 주변으로 유학을 다녀왔다고 했는데, 역사 조작을 위해 공작을 벌였던 기간으로 보인다. 『한서』「지리지」에 낙랑군 25현 가운데 점선(黏蟬 : 일명 점제)이라는 현이 있었는데, 이마니시 류는 평안남도 용강군을 점선(점제)으로 비정하고, 중국 하북성 갈석산에 있던 비석을 가져와서 그 증거물로 삼으려고 했던 것인데, 점선(점제)을 용강군으로 비정한 것부터 우스꽝스런 짓이었다.

○ 점선현, 수성현, 증지현은 신망이 증토현이라고 하였다. 대방현, 사망현, 해명현은 신망이 해환현이라 하였고, 열구현, 장잠현, 둔유현, 소명현은 고부도위가 다스린다. 누방현, 제해현, 혼미현, 탄열현은 여산(黎山)[2)]에서 나눠지고(경계를 이루고) 열수(列水)가 발원하는 곳이다. 열수는 서쪽으로 점선현에 이르러 바다로 들어가는데, 8백 20리를 흘러간다.[3)]

---

1) 조선총독부는 ‘점제평산군비(秥蟬平山君碑)’라고 이름을 붙였다.

2) 중국 산서성 장치현 서남쪽에 있는 산으로 흔히 ‘분려산(分黎山)’이라고 해석하고 있으나, 이는 원문 해석을 잘못한 것이다.

3) 『한서』 권28 하, 「지리지」 제8 하, 낙랑군조 참조.(원문 : 黏蟬, 遂成, 增地莽曰增土. 帶方, 駟望, 海冥莽曰海桓, 列口, 長岑, 屯有, 昭明, 高部都尉治. 鏤方, 提奚, 渾彌, 呑列 分黎山, 列水所出, 西至黏蟬入海. 行八百二十里.)

『한서』에 나온 내용을 살펴보면, 열수(列水)가 여산(黎山)을 경계로 하여 나눠지고[分], 점선현(점제)에 이르러 8백 20리를 흘러간다고 하였다. 그러나 평남 용강군은 바다와 불과 10리 길이다.

이와 같이 낙랑군은 오늘날 하북성 난하(灤河)와 갈석산 부근으로 비정됨에 따라 한반도와는 아무런 관련이 없는 것이었다.

○ (시조 온조왕) 4년(서기전 15) 가을 8월에 낙랑에 사신을 보내 우호관계를 맺었다.[1)]

○ (시조 온조왕) 8년(서기전 11) 가을 7월에 마수성(馬首城)을 쌓고 병산책(瓶山柵)을 세웠다. 낙랑태수가 사람을 보내 말했다.

"지난날 서로 사신을 교환하고, 우호관계를 맺어 한 집안과 같이 여기고 있는 터에, 지금 우리의 영역에 접근하여 성을 쌓고 목책을 세우고 있으니, 혹시 우리 땅을 점점 차지하려는 계획이 아닌가? 만일 옛날의 우호관계를 유지하려면, 성을 허물고 목책을 제거하여 억측과 의심을 하지 않도록 하라! 만약 그렇게 하지 않는다면 전투로 승부를 결정하자!"

왕이 이에 대답하였다.

"요새를 설치하여 나라를 수비하는 것은 고금(古今)의 상도(常道)이거늘, 어찌 이 문제로 화친과 우호관계에 변함이 있겠는가? 이는 당연히 그대가 의심할 일이 아니다. 만일 당신이 강한 것을 믿고 군사를 출동시킨다면, 우리 역시 대응할 뿐이다."

이로 말미암아 낙랑과 우호관계가 단절되었다.[2)]

○ (시조 온조왕) 11년(서기전 8) 여름 4월에 낙랑이 말갈(靺鞨)로 하여금 병산책(瓶山柵)을 습격해서 파괴한 다음 1백여 명을 죽이거나 사로잡았다.

○ (시조 온조왕) 11년(서기전 8) 가을 7월에 독산(禿山)과 구천(狗川) 두 곳에

1) 『삼국사』, 「삼국사기」 권 제23, 백제본기 제1, 시조 온조왕 4년 8월조 참조
2) 앞의 책, 시조 온조왕 8년 7월조 참조

목책을 설치하여 낙랑으로 가는 도로를 차단하였다.[1)]

○ (시조 온조왕) 13년(서기전 6) 여름 5월에 왕이 신하들에게 말했다.

"동쪽에는 낙랑이 있고, 북쪽에는 말갈이 있다.[2)] 그들이 변경을 침공하여 편안한 날이 없다. 하물며 요즈음에는 요사스러운 징조가 자주 보이고, 어머님이 세상을 떠나셨으며, 나라의 형세가 불안하다. 반드시 도읍을 옮겨야겠다. 내가 어제 순행하는 중에 한수(漢水)[3)]의 남쪽을 보니, 토양이 비옥하였다. 따라서 그곳으로 도읍을 옮겨 영원히 평안할 계획을 세워야겠다."[4)]

○ (시조 온조왕) 13년(서기전 6) 가을 7월에 한산(漢山) 아래에 목책을 세우고, 위례성(慰禮城)[5)]의 백성을 이주시켰다.[6)]

○ (시조 온조왕) 14년(서기전 5) 봄 정월에 도읍을 옮겼다.[7)]

○ (시조 온조왕) 17년(서기전 2) 봄에 낙랑이 침입하여 위례성을 불태웠다.[8)]

○ (시조 온조왕) 18년(서기전 1) 11월에 왕이 낙랑의 우두산성(牛頭山城)을 습격하기 위하여 구곡까지 갔다. 그러나 눈이 크게 내렸으므로 되돌아왔다.[9)]

이처럼 백제 초기는 마한과 더불어 낙랑과 격돌하였다. 중국의 사서에는 마한과 백제, 고구려, 예·맥 등과 한나라가 충돌한 내용이 많이 등장하고 있다. 이는 마한편과 예·맥편 등에 전술한 바 있는데, 그 외에도 『삼국지』와 『삼국사』에 그 내용이 많이 나타나고 있다.

1) 앞의 책, 시조 온조왕 11년 7월조 참조
2) 백제가 요서, 낙랑이 요동, 말갈이 요서와 요동 북쪽에 있었음을 단적으로 드러나는 내용이다.
3) 요서에서 '어제 순행한' 곳, 즉 하루 만에 요서지방에서 오늘날 한강에 다녀올 수 있을까? 한수는 요서지방에 있던 것이 분명하다.
4) 앞의 책, 시조 온조왕 13년 5월조 참조
5) 백제의 위치 비정을 잘못하여 많은 오류를 범하고 있다. 요서지방에 있던 한산과 위례성이다.
6) 앞의 책, 시조 온조왕 13년 7월조 참조
7) 앞의 책, 시조 온조왕 14년 정월조 참조
8) 앞의 책, 시조 온조왕 17년조 참조
9) 앞의 책, 시조 온조왕 18년 11월조 참조

○ (태조대왕) 94년(146) 가을 8월에 왕은 장수를 보내 한의 요동 서안평현(西安平縣)을 습격하여 대방령(帶方令)을 죽이고 낙랑태수의 처자를 사로 잡았다.[1]

○ (고이왕) 13년(246) 가을 8월에 위(魏) 나라 유주자사(幽州刺史) 관구검(貫丘儉)이 낙랑태수 유무(劉茂), 삭방태수(朔方太守)[2] 왕준(王遵)[3]과 함께 고구려를 공격하자, 왕은 그 틈을 이용하여 좌장 진충(眞忠)으로 하여금 낙랑의 변방 주민들을 습격하여 잡아오게 하였다. 유무가 이 말을 듣고 분개하였다. 왕이 침공을 받을까 걱정하여 잡아온 사람들을 돌려보냈다.[4]

○ (책계왕) 1년(286) 고구려가 대방(帶方)을 치자 대방은 우리에게 구원을 요청하였다. 이에 앞서 왕이 대방왕[5]의 딸 보과(寶菓)를 부인으로 맞이하였기 때문에 왕이,

"대방은 우리와 장인과 사위 관계의 나라이니, 그들의 요청을 들어 주어야 한다."

라고 말하고, 마침내 군사를 출동시켜 구원하였다. 고구려에서 이를 원망하였다. 왕은 고구려의 침략을 염려하여 아차성(阿且城)과 사성(蛇城)을 수축하여 방비하게 하였다.[6]

○ (책계왕)[7] 13년(298) 가을 9월에 한(漢)이 맥인(貊人)[8]을 이끌고 와서 침략

---

1) 『삼국사』, 「삼국사기」 권 제15, 고구려본기 제3, 태조대왕 94년 8월조 참조
2) 『삼국지』 권30, 「동이전」 제30, 한전(韓傳)에는 대방(帶方)으로 되어 있다.
3) 앞의 책에는 궁준(弓遵)으로 되어 있다.
4) 『삼국사』, 「삼국사기」 권 제24, 백제본기 제2, 고이왕 13년 8월조 참조
5) 국사편찬위원회는 대방태수라고 하였다.
6) 앞의 책, 책계왕 1년조 참조
7) 『삼국유사』, 「왕력편」에는 "병오립 치12년"이라 하여 12년으로 나온다.
8) 국사편찬위원회는 낙랑과 대방군 사람들이라고 했는데, 12년 전 책계왕이 고구려가 대방군을 침략해 왔을 때, 대방태수의 딸을 아내로 맞았던 관계로, "대방은 우리와 장인과 사위 관계의 나라이니, 그들의 요청을 들어 주어야 한다."라고 하여 구원한 적이 있었는데, 그 대방이 백제를 쳤다는 것을 이해하기 어렵다. 그리고 낙랑의 자객에게 죽었다고 해놓고, 낙랑은 백제와 인접한 나라가 아니기에 대방의 오기라고 했는데, 이는 백제 · 낙랑 · 대방에 대한 위치 비정의 오류에서 기인한 것으로 본다. 대방은 낙랑 옆에 있었기 때문이다.

하였다. 왕이 직접 나가서 방어하다가 적병에게 살해되었다.[1)]

○ (분서왕) 7년(304) 겨울 10월에 왕이 낙랑태수가 보낸 자객에게 살해되었다.[2)]

○ 신 · 구 『당서』에서는 모두 "변한(卞韓)의 후예들이 낙랑 지방에 있었다." 라고 하였다.

『신당서』에는 또 말하기를, "동쪽으로 장인(長人)과 대치하고 있는데, 장인이라는 것은 키가 3장(丈)이며, 톱날 이빨과 갈고리 손톱으로 사람을 잡아먹었다. 신라는 항상 쇠뇌[弩]를 쏘는 군사 수천 명을 주둔시켜 수비하였다."라고 하였으나, 이는 모두 전해지는 소문이지 실제적인 기록은 아니다.

살펴보건대, 『한서』와 『후한서』에는 "낙랑군(樂浪郡)은 낙양(洛陽) 동북 5천리"라 하였고, 주(注)에서는 "유주(幽州)에 속하여, 옛 조선국(朝鮮國)이다."라고 말하였다. 즉 계림(鷄林)과는 멀리 떨어져 있는 것 같다. 또한, 전래되는 말로는 동해의 외딴 섬에 대인국(大人國)이 있다고 하지만 이를 본 사람이 없으니, 어찌 쇠뇌 군사[弩士]를 두어 지키게 하는 것이 있겠는가?[3)]

낙랑군은 중국 유주에 속한 군이었기에 신라와 갈등을 일으킬 수 없었기에 신라와 갈등을 일으켰던 낙랑은 '낙랑국'이었다.

1) 『삼국사』, 「삼국사기」 권 제24, 백제본기 제2, 책계왕 13년 9월조 참조
2) 앞의 책, 분서왕 7년 10월조 참조
3) 『삼국사』, 「삼국사기」 권 제34, 잡지 제3, 지리1 신라편 참조

옥저

대개 함흥을 중심으로 함경남도 북부에서 함경북도 남부의 해안지대에 거주하던 집단은 동옥저라 불렀고, 두만강 하류와 간도(間島) 지방에 살았던 집단은 북옥저라고 했다. 일반적으로 옥저라고 할 때에는 동옥저를 가리키는 경우가 많다고 말하고 있으나, 『삼국사』에는 남옥저라는 이름도 나오고 있어 그 분포 지역의 기준과 시기에 따라 그 지칭이 달랐던 것으로 보인다. 그리고 거주지에 관해서도 상당한 차이를 보이고 있지만, 문헌에는 간단하게 적시되어 있다.

『후한서』에는 동옥저는 "고구려 개마대산(蓋馬大山)[1]의 동쪽에 있다. 개마(蓋馬)는 현의 이름으로 현도군에 속하며, 그 산은 평양성(平壤城)의 서쪽에 있다. 동쪽으로는 큰 바다에 접하였고, 북쪽은 읍루 · 부여와, 남쪽은 예 · 맥과 연접하였다."라고 하였으니, 비정하면 함경도가 아니라 요동 지방이 되어야 할 것으로 보인다.

『후한서』에는 옥저는 땅이 동서는 좁고 남북은 긴데, 긴 것을 잘라서 짧은 데 보태면 땅이 사방 1천 리가량 된다고 하였다. 토질이 비옥하며

---

1) 개마대산 : 현재의 백두산을 가리킨다는 설과 낭림산맥 일대를 가리킨다는 설이 있다. 북한의 리지린은 "개마(蓋馬)는 '곰'으로 해석되며, 곰산(熊岳)이 요동에 있다." 하였다. (『고조선연구』, 학우서방, 1964. 307쪽)

산을 등지고 바다를 향해 있어서 오곡이 잘 자라며 농사를 잘 지으며, 읍락에는 장수(長帥)가 있다.[1] 사람들의 성품은 진실하고 정직하며 강인하고 용맹스러워 창을 가지고 보전(步戰)을 잘한다. 언어와 음식, 거처, 의복은 모두 고구려와 비슷하다고 하였다.

○ 한나라 초기에 위만이 조선의 왕이 되었을 때 옥저는 모두 조선에 속하였다. 무제 원봉(元封) 3년(서기전 108)에 조선을 정벌하고는 그 지역을 나누어 사군(四郡)으로 삼은 다음 옥저성(沃沮城)을 현도군으로 삼았다. 그 뒤에 이맥(夷貊)의 침입을 받아 현도군을 고구려 서북쪽으로 옮기고 옥저는 도로 낙랑에 속하게 하였다. 뒤에 한나라에서 지역이 너무 넓고 먼 데다가 단단대령(單單大嶺)의 동쪽에 있다는 이유로 동부도위(東部都尉)를 나누어 두고는 불내성(不耐城)을 쌓아 별도로 영동의 7현을 관할하게 하였는데, 이때 옥저 역시 모두 현이 되었다.[2]

옥저는 위만이 쿠데타로 집권하자, 고조선으로부터 이탈하여 작은 나라를 세우고 살아갔던 고대국가 중의 하나였음을 알 수 있다. 일부 사서에는 작은 나라여서 군장이 없었다고 하였지만, 『삼국사』에 옥저왕이 신하로 하여금 좋은 말을 신라에 선물하고 있음이 드러나고 있다.

옥저가 자리 잡았던 지역에 대한 비정은 어렵지 않다고 본다. 『삼국지』에 "현도군을 고구려 서북쪽으로 옮기고 옥저는 도로 낙랑에 속하게 하였다."라는 내용으로 보면, 옥저는 요동 북방 지역으로 비정할 수 있다. 동옥저 편이라고 하여도 본문 내용은 북옥저인 것으로 보인다. 어디에서 보느냐에 따라 방향은 달라지기 때문이다.

---

1) 앞의 주에 "호수가 5천 호이며, 큰 군왕(君王)이 없으며, 읍락(邑落)에는 각각 장수(長帥)가 있는데, 대대로 세습한다." 하였다.
2) 앞의 주 참조

◦ 좌익위대장군 우문술(宇文述)은 부여도(扶餘道)로 나오고, 우익위대장군 우중문(于仲文)은 낙랑도로 나오고, 좌효위 대장군 형원항(荊元恒)은 요동도로 나오고, 우익위대장군 설세웅(薛世雄)은 옥저도(沃沮道)로 나오고, 우둔위 장군 신세웅(辛世雄)은 현도도로 나오고, [1]

612년 6월, 수나라가 고구려 평양성을 침공하기 위해 대군을 집결했을 때, 군사를 거느렸던 장수들의 행로가 드러나고 있는데, 여기에 부여도, 낙랑도, 현도도와 함께 옥저도가 명시되어 나오고 있다. 옥저는 압록강 서쪽에 있었던 것이 분명해 보이며, 북한 학자 리지린(李址麟)의 학설[2]과 일치함을 알 수 있다.

◦ (동명성왕) 10년(서기전 28) 겨울 11월에 왕이 부위염(扶尉猒)에게 명하여 북옥저를 정벌하여 멸망시키고 [3]그 땅을 성읍으로 삼았다.[4]

◦ (혁거세거서간) 53년(서기전 5) 동옥저의 사신이 와서 좋은 말 20필을 바치고, "저희 임금께서 남한(南韓)에 성인(聖人)이 났다는 말을 듣고 저를 보내드리도록 하셨습니다."라고 말했다.[5]

◦ (태조대왕) 4년(56) 가을 7월에 동옥저를 정벌하고 그 땅을 빼앗아 성읍으로 삼았다. 국경을 넓혀 동쪽으로는 창해(滄海)에 이르고 남쪽으로는 살수(薩水)까지 이르렀다.[6]

---

1) 『삼국사』, 「삼국사기」 권 제20, 고구려본기 제8, 영양왕 23년 6월조 참조
2) 옥저를 구분하여 옥저, 동옥저(남옥저), 북옥저의 3옥저설(리지린)과 남옥저, 북옥저의 2옥저설(이병도)의 두 가지가 있다. 리지린에 의하면, 요동반도의 동쪽 해안 지역에 있던 옥저가 위만이 정권을 차지하는 정변이 있은 시기에 함경도 방면으로 이주한 것이 동옥저, 북옥저라 한다. 북옥저의 위치는 함경북도에서 연해주에 걸친 지역이라는 설과 이병도는 함경북도 경성의 주을이 그 중심지라고 하였다.
3) 국사편찬위원회는 동옥저가 고구려에 복속된 것이 태조대왕 4년(56)인데 이보다 훨씬 전에 북옥저가 고구려에 예속되었다는 본문의 기사는 신빙성이 약하다고 하였는데, 이후 북옥저 관련 기사가 보이지 않는 것으로 보아 복속된 것으로 보인다.
4) 『삼국사』, 「삼국사기」 권 제13, 고구려본기 제1, 시조 동명성왕 10년 11월조 참조
5) 『삼국사』, 「삼국사기」 권 제1, 신라본기 제1, 시조 혁거세거서간 53년조 참조
6) 『삼국사』, 「삼국사기」 권 제15, 고구려본기 제3, 태조대왕 4년 7월조 참조

옥저는 처음 부족국가로 출발했을 때는 요동 북방 지역이었으나, 한의 공격에 의해 고조선이 멸망하자 함경도, 두만강 유역 등지로 옮겨 갔던 것으로 보인다.

읍루

읍루라고 불렸던 부족에 대한 사서의 내용을 정리하면, 당시 주위의 부족들과 문화적 차이가 많으며, 대단히 낙후된 생활을 하였던 것으로 볼 수 있다.

○ 읍루는 옛 숙신의 나라이다. 부여에서 동북쪽으로 천여 리 밖에 있는데, 동쪽은 큰 바다에 닿고 남쪽은 북옥저와 접하였으며, 북쪽은 그 끝이 어디인지 알 수가 없다.

그 지역은 산이 많고 험준하다. 사람들의 생김새는 부여 사람들과 흡사하지만 언어는 서로 다르다. 오곡과 마포(麻布)가 있으며, 적옥(赤玉)과 좋은 담비가 산출된다.

군장(君長)은 없고, 그 읍락마다 각각 대인(大人)이 있다. 그들은 산림 속에서 거주하는데, 그 지방 기후가 매우 추워서 항상 굴속에서 산다. 굴의 깊이가 깊은 것을 귀하게 여겨서, 대가(大家)는 아홉 계단을 내려가야 그 바닥에 닿을 수 있을 정도로 깊다. 돼지 기르기를 좋아하며 그 고기는 먹고 가죽은 옷을 만들어 입는다. 겨울에는 돼지기름을 몸에 바르는데, 그 두께를 몇 푼이나 되게 하여 바람과 추위를 막는다. 여름에는 알몸에다 한 자 정도의 베 조각으로 앞뒤만 가리고 다닌다. 그 사람들은 더러운 냄새가 나고 불결한데, 집 한가운데에 변소를 만들어 놓고 둥그렇게 모여 산다. [1)]

1) 『후한서』 권85, 「제이열전」 제75, 읍루전 참조

○ 『후위서』에는 말갈(靺鞨)을 물길(勿吉)로 썼다. 『지장도(指掌圖)』에 이르기를, "읍루는 물길과 함께 모두 숙신(肅愼)이다."라고 하였다. 흑수(黑水)[1]와 옥저는 동파(東坡)의 『지장도』를 보면 진한의 북쪽에 남북 흑수가 있는데, 살펴보건대 동명제(東明帝) 즉위 10년에는 북옥저를 멸망시켰으며, 온조왕 42년(24)에는 남옥저의 20여 가호가 신라로 귀순해 왔다. 또 혁거세 53년(서기전 5)에는 동옥저가 와서 좋은 말을 바쳤다고 하였는즉 또 동옥저도 있는 것이다. 『지장도』에서는 "흑수는 장성(長城) 북쪽에 있고 옥저는 장성 남쪽에 있다."라고 하였다.[2]

○ 활의 길이는 4자인데 그 위력은 쇠뇌[弩]와 같다. 화살대로는 고(楛)를 쓰는데 길이는 한 자 여덟 치나 되며, 청석(青石)으로 화살촉을 만들었다. 옛 숙신씨의 나라로 활을 잘 쏘아 사람을 쏘면 어김없이 명중시킨다. 화살에는 독약을 바르기 때문에 사람이 맞으면 모두 죽는다. 적옥(赤玉)과 좋은 담비가죽이 산출되는데, 오늘날 이른바 '읍루의 초(貂)'가 그것이다.[3]

읍루의 근거지를 『삼국유사』와 중국 사서 『후한서』·『삼국지』 등의 기록을 바탕으로 정리해 보면, 동쪽으로는 두만강 유역 북부, 서쪽으로는 헤이룽 강(牧丹江) 유역, 남쪽으로는 창바이 산맥(長白山脈)일대, 북쪽으로는 연해주 북단에 이르는 넓은 지역에 걸쳐 분포하였음을 알 수 있다.

군장국가를 이루지 못하고 산과 계곡 사이에 부족별로 흩어져 살았던 종족이었다. 산림 사이에 살면서 여름에는 소거(巢居)하고 겨울에는 혈거(穴居)했다는 기록으로 보아 여름에는 동북아시아 유목민의 주거 형태인 원두막형 초옥(草屋)에 살고, 겨울에는 시베리아 주민들의 주거 형태 중 하나였던 땅을 깊이 파고 들어간 움집과 같은 곳이나 깊은 굴속에서

1) 흑수 : 말갈 부족의 하나로 흑수말갈이라고 일컫는다.
2) 『삼국유사』 권 제1, 「기이」 제1, 말갈과 발해편 참조
3) 『삼국지』 권30, 「동이전」 제30, 읍루전 참조

살았던 것으로 짐작할 수 있다.

이들은 수렵과 함께 농경생활을 했으며, 활을 다루는 데 특히 능숙했다. 읍루족이 활촉의 재료로 썼다는 청석(靑石)은 흑요석 계통의 석재로 추정되고 있다. 기후 관계로 소나 말 대신 돼지를 많이 사육하여 고기를 먹고, 가죽으로 옷을 지어 입음으로써 겨울의 추위를 견뎠다고 하였다.

읍루는 동부여와 고구려에 인접한 부족국가로 초기에는 동부여에 복속했다가 고구려가 강성해지면서 그의 지배를 받았다. 위진남북조 시대의 문헌에 나오는 읍루는 물길과 같은 계통의 종족으로 보기도 했지만, 물길을 말갈(靺鞨)의 다른 이름으로 본다면, 읍루와 물길은 완전히 다른 종족이다.

또, 북옥저와 언어가 달랐다고 하는 것으로 보아 고대 배달겨레의 모습과는 상당히 다른 것으로서 학계에서는 이들을 고대 아시아족 내지 고대 시베리아 계통의 종족으로 추정하기도 한다.

군소국

서기전 194년, 위만이 쿠데타를 일으켜 왕검성을 점령하자, 동부여를 비롯한 여러 나라가 생겨나고, 이어 서기전 108년, 고조선이 멸망한 후 군소국(群小國)이 더욱 많이 생겨났다. 『삼국사』와 중국의 사서에 나오는 나라는 10여 국가이다.[1)]

이들 나라에 대한 기록은 단편적인 내용이어서 종합적인 검토를 할 수가 없기에 문헌에 나오는 것을 그대로 정리하였다.

1) 갈사국(曷思國)

○ (대무신왕) 5년(22) 여름 4월에 부여왕 대소(帶素)의 동생이 갈사수(曷思水) 가에 이르러 나라를 세우고 왕을 칭하였다. 이 사람이 부여왕 금와의 막내아들인데 역사책에는 그 이름이 전해지지 않는다.

처음에 대소가 죽임을 당하자 나라가 장차 망할 것을 알고, 따르는 사람 백여 명과 함께 압록곡(鴨綠谷)에 이르렀다. 해두왕(海頭王)이 나와서 사냥하는 것을 보고 마침내 그를 죽이고 그 백성을 빼앗아 이곳에 와서 비로소 도읍하였는데 이 사람이 갈사왕(曷思王)이 되었다.[2)]

1) 강원도와 삼남지방에 수십 개의 군소국이 존재했던 것은 확인되지만, 그 시기가 분명하지 않고, 성읍국가를 이루었는지도 불분명한 것이어서 제외하였다.

2) 『삼국사』, 「삼국사기」 권 제14, 고구려본기 제2, 대무신왕 5년 4월조 참조

○ (대무신왕) 5년(22) 가을 7월에 부여왕의 사촌동생이 나라 사람들에게 말하기를,

"나의 선왕이 죽고 나라가 망하여 백성들이 의지할 데 없는데 왕의 동생이 도망쳐 갈사에서 도읍하였다. 나도 역시 못나고 어리석어 다시 일으킬 수가 없다."

라고, 하였다. 마침내 만여 명과 함께 투항해 오니, 왕이 봉하여 왕으로 삼고 연나부(掾那部)에 두고, 그의 등에 줄무늬가 있었으므로 낙(絡)씨 성을 주었다.[1)]

○ (대무신왕) 16년(68) 가을 8월에 갈사왕의 손자 도두(都頭)가 나라를 들어 항복해왔다. 도두를 우태(于台)[2)]로 삼았다.[3)]

2) 개마국(蓋馬國)

○ (대무신왕) 9년(26) 겨울 10월에 왕이 친히 개마국(蓋馬國)을 정벌하여 그 왕을 죽이고 백성을 위로하여 안정시켰다. 노략질하지 못하게 하고 단지 그 땅을 군현으로 삼았다.[4)]

3) 구다국(句茶國)

○ (대무신왕) 9년(26) 12월에 구다국(句茶國)의 왕이 개마국이 멸망한 것을 듣고 해(害)가 자신에게 미칠 것을 두려워하여 나라를 들어 항복해왔다. 이로써 땅을 개척하여 점차 넓어졌다.[5)]

---

1) 앞의 책, 대무신왕 5년 7월조 참조
2) 고구려 초기 10관등 중, 여섯 번째 관등이다.
3) 『삼국사』, 「삼국사기」 권 제15, 고구려본기 제3, 태조대왕 16년 8월조 참조
4) 앞의 책, 고구려본기 제2, 대무신왕 9년 10월조 참조
5) 앞의 책, 대무신왕 9년 12월조 참조

4) 다물국(多勿國) · 비류국(沸流國)

○ 이때 주몽의 나이가 22세로, 한(漢) 효원제 건소(建昭) 2년(서기전 37), 신라 시조 혁거세(赫居世) 21년 갑신년이었다. 사방에서 듣고 와서 복종하는 자가 많았다. 그 땅이 말갈(靺鞨)[1] 부락에 잇닿아 있어 침입하여 훔쳐 피해를 입을까 두려워하여 마침내 그들을 물리치니, 말갈이 두려워 복종하고 감히 침범하지 못하였다.

왕이 비류수 가운데로 나뭇잎이 떠내려오는 것을 보고 다른 사람이 상류에 있는 것을 알고, 사냥하며 찾아가서 비류국(沸流國)에 도착하였다. 그 나라 왕 송양(松讓)이 나와서 보고 말하기를,

"과인(寡人)이 바다의 깊숙한 곳에 치우쳐 있어서 일찍이 군자를 보지 못하였는데 오늘 서로 만나니 또한 다행이 아닌가? 그러나 그대가 어디서 왔는지 알지 못하겠다."

라고 하였다. 답하여 말하기를,

"나는 천제의 아들이고 아무 데에 와서 도읍하였다."

라고 하였다. 송양이 말하기를,

"나는 여러 대에 걸쳐 왕노릇을 하였다. 땅이 작아 두 주인을 받아들이기에는 부족하다. 그대는 도읍을 세운 지 얼마 되지 않았으니 나에게 딸려 붙는 것이 어떠한가?"

하였다. 왕이 그 말을 분하게 여겨 그와 더불어 말다툼을 하고 또한 서로 활을 쏘아 재주를 겨루었는데, 송양이 대항할 수 없었다.[2]

○ (동명성왕) 2년(서기전 36) 여름 6월에 송양(松讓)이 나라를 들어 항복해오니, 그 땅을 다물도(多勿都)로 삼고 송양을 봉하여 임금으로 삼았다. 고구려

1) 국사편찬위원회는 몇 사람의 논문을 예로 들어 말갈을 "퉁구스 계통의 종족으로 중국 사서에서 진 · 전한 대에는 숙신, 후한 · 위 대에는 읍루, 북위 대에는 물길이라 하였다. 말갈은 수 · 당 대에 불렸던 명칭으로 중국 기록에 처음으로 보이기 시작한 것은 『북제서』부터이다. 따라서 본문에서 동명왕 대에 이미 고구려가 말갈과 접촉한 것으로 쓰고 있는 것은 사실과 맞지 않는 것이다."라고 주를 달았으나, 『삼국사』에는 수없이 등장하고 있다.

2) 『삼국사』, 「삼국사기」 권 제13, 고구려본기 제1, 시조 동명성왕 1년조 참조

말에 옛 땅을 회복하는 것을 다물이라 한 까닭에 그렇게 지칭[1]한 것이다.[2]

○ (유리명왕) 2년(서기전 18) 가을 7월에 다물후(多勿侯)[3] 송양의 딸을 맞아들여 왕비로 삼았다.[4]

○ (대무신왕)이 즉위하였다. 대해주류왕(大解朱留王)[5]이라고도 한다. 이름은 무휼(無恤)이고 유리왕의 셋째 아들이다. 나면서부터 총명하고 지혜가 있었다. 성장하여서는 영웅호걸로 큰 지략이 있었다. 유리왕이 재위 33년 갑술에 태자로 삼았는데 그때 나이가 11세였다. 이에 이르러 즉위하니, 어머니는 송(松) 씨로서 다물국왕 송양의 딸이다.[6]

○ (대무신왕) 15년(32) 봄 3월에 대신(大臣) 구도(仇都)·일구(逸苟)·분구(焚求) 등 세 사람을 좇아내어 서인(庶人)으로 삼았다.

이 세 사람은 비류부장(沸流部長)[7]이 되었는데 본래 욕심이 많고 야비하여 남의 처첩, 우마, 재화를 빼앗고 자기 하고 싶은 대로 하여, 주지 않는 자가 있으면 그를 매질하였으므로 사람들이 모두 분하고 원망스럽게 여겼다. 왕이 이 말을 듣고 그들을 죽이고자 하였으나, 동명성왕의 옛 신하였던 까닭에 차마 극형에 처하지 못하고 내좇았을 뿐이었다.

마침내 남부(南部)[8] 사자(使者) 추발소(鄒勃素)로 하여금 대신 부의 장을 삼았다. 추발소가 부임하여 별도로 큰 집을 짓고 거처하였는데, 구도 등 죄

1) 송양의 나라가 있던 땅을 '다물도'라 한 연유를 설명하는 말인데, 동명성왕의 입장에서가 아니라 송양의 입장에서 볼 때, 자신의 나라를 들어 동명성왕에게 투항했다가 동명성왕에 의해 다시 그 곳의 우두머리로 봉해졌으므로 이를 다시 찾은 것과 같다는 뜻으로 쓴 말이다.
2) 앞의 책, 시조 동명성왕 2년 6월조 참조
3) 송양의 땅 다물도(多勿都)의 우두머리란 의미이다. 국사편찬위원회는 "'후(侯)'란 중국 주대(周代)에 칭해진 작위의 하나인데, 당시 고구려에서 이러한 작위제를 채택하여 사용하였을지는 의문이다."라고 했는데, 중국의 작위제는 상(商) 나라 때 자작을 받았던 기자 등 많았고, 그 기원은 하(夏) 나라 때로 보고 있다. 당시 실제로 존재했을 가능성이 높다.
4) 앞의 책, 유리명왕 2년 7월조 참조
5) '광개토대왕릉비'에는 대주류왕(大朱留王)이라고 하였고, 소수림왕을 소해주류왕(小解朱留王)이라고 기록하였다.
6) 『삼국사』, 「삼국사기」 권 제14 고구려본기 제2, 대무신왕 1년 10월조 참조
7) 비류부 : 종래의 비류국이 있었던 다물도를 다물부로 바꾼 것으로 본다.
8) 5부 중의 하나로 처음에는 관노부(灌奴部)라 불렀다. 방위에 따라 부를 칭한 것은 2세기 후반이므로 본문 표기는 후대의 방식을 따른 것이다.

인을 당(堂)에 오르지 못하게 하였다. 구도 등이 앞에 나와 고하기를,

"저희들은 소인이어서 왕법을 범하여 부끄럽고 후회스러움을 이기지 못하겠습니다. 원컨대 공께서 과오를 용서하여 스스로 새롭게 할 수 있도록 해주시면 죽어도 한이 없겠습니다."

하였다. 추발소가 그들을 이끌어 올려 같이 앉아 말하기를,

"사람이 과오가 없을 수 없습니다. 과오를 고칠 수 있으면 선(善)함이 막대한 것입니다."

하고 그들과 더불어 친구가 되었다. 구도 등이 감격하고 부끄러워서 다시는 악을 행하지 않았다. 왕이 이 말을 듣고 말하기를

"추발소가 위엄을 쓰지 않고 지혜로써 악을 징계할 수 있으니 가히 능력이 있다고 말할 수 있다."

하고는 성(姓)을 주어 대실씨(大室氏)라 하였다.[1)]

5) 행인국(荇人國)

○ (동명성왕) 6년(서기전 32) 겨울 10월에 왕이 오이(烏伊)와 부분노(扶芬奴)[2)]에게 명하여 태백산 동남쪽에 있는 행인국(荇人國)을 쳐서 그 땅을 빼앗아 성읍(城邑)으로 삼았다.[3)]

6) 황룡국(黃龍國)

○ (유리명왕) 27년(8) 봄 정월에 태자 해명(解明)이 옛 도읍에 있었는데, 힘이 있고 매우 용감하였다. 황룡국(黃龍國)의 왕이 이 말을 듣고 사신을 보내 강한 활을 선물하였다. 해명이 그 사신을 마주하여 그것을 당겨 부러뜨리고 말하기를,

1) 앞의 책, 대무신왕 15년 3월조 참조
2) 오이(烏伊)와 부분노(扶芬奴)는 『세종실록』 「지리지」에 실린 『단군고기』에서 추모(주몽)와 행동을 같이했던 인물로 등장하고 있다.
3) 『삼국사』, 「삼국사기」 권 제13, 고구려본기 제1, 시조 동명성왕 6년 10월조 참조

"내가 힘이 센 것이 아니라 활이 굳세지 못할 뿐이다."

하였다. 황룡국왕이 부끄럽게 여겼다. 왕이 이를 듣고 화를 내며 황룡국왕에게 알려 말하기를,

"해명이 자식으로서 효도를 하지 않았으니 과인을 위해서 그를 죽여주기를 청합니다."

라고 하였다.[1]

○ (유리명왕) 27년(8) 3월에 황룡국왕이 사신을 보내 태자와 만나기를 청하였다. 태자가 가려고 하니 건의하는 자가 있어 말하기를,

"지금 이웃 나라가 이유도 없이 만나기를 청하니 그 뜻을 헤아릴 수 없습니다."

라고 하였다. 태자가 말하기를,

"하늘이 나를 죽이려고 하지 않는데 황룡국왕이 나를 어떻게 하겠느냐?"

하고 마침내 갔다.

황룡국왕이 처음에 모략을 꾸며 죽이려고 하였으나 만나서는 감히 해치지 못하고 예를 갖추어 보냈다.[2]

○ (유리명왕) 28년(9) 봄 3월에 왕이 사람을 보내 해명에게 말하기를,

"나는 도읍을 옮겨서 백성을 편안하게 하고 나라를 튼튼하게 하고자 하였다. 너는 나를 따르지 않고 힘이 센 것을 믿고 이웃나라와 원한을 맺으니, 자식의 도리가 이럴 수 있느냐?"

하고 칼을 주어 스스로 목숨을 끊게 하였다. 태자가 곧 자살하려고 하자 혹자는 말리며 말하기를,

"대왕의 장자가 이미 죽어 태자께서 마땅히 뒤를 이어야 하는데, 이제 사자가 한 번 온 것으로 자살한다면, 그것이 속임수가 아닌지 어떻게 알겠습니까?"

---

1) 앞의 책, 유리명왕 27년 3월조 참조

2) 앞의 책, 유리명왕 28년 3월조 참조

하였다. 태자는 말하기를,

"지난번에 황룡국왕이 강한 활을 보냈을 때, 나는 그것이 우리나라를 가볍게 여기는 것이 아닌지 의심되어 활을 당겨 부러뜨려 보복하였다. 뜻밖에 부왕으로부터 책망을 듣고 지금 부왕께서 나를 불효하다고 하여 칼을 주어 스스로 목숨을 끊게 하니, 아버지의 명령을 어떻게 피할 수 있겠는가?"

라고 하였다. 마침내 여진(礪津)의 동쪽 들판으로 가서 창을 땅에 꽂고 말을 타고 달려 찔려 죽었다. 그때 태자의 나이가 21세였다. 태자의 예로써 동쪽 들[東原]에 장사지내고 사당을 세우고 그 땅을 일컬어 창원(槍原)이라 하였다.[1)]

1) 앞의 책, 유리명왕 28년 3월조 참조

2부
우리나라 역사서

광개토대왕비

옛 기록

1) 고조선 원년

『세종실록』「지리지」에 실린 『단군고기』에는 천제 환인(桓因)의 아들 환웅(桓雄)이 태백산 신단수(神檀樹) 아래에 강림하여 홍익인간의 이념으로 개국의 터전을 닦고, 그 후손 단군이 나라를 세웠다고 하였다. 배달겨레는 『단군고기』의 내용을 국조 신앙(國祖信仰)처럼 여겨 천손국가의 구성원이라는 자긍심으로 수천 년 동안 살아왔다.

단군의 건국 시기는 여러 문헌으로 인해 완전하게 일치하지는 않는다. 우선 『고려사』「열전」의 '백문보전'에 백문보가 공민왕에게 단군 이후로 3,600년이 되었음을 주장했는데, 그 시기를 환산하면 서기전 2240년 무렵이다. 조선 성종 때 양성지(梁誠之) 상서 중에 단군 이후로 3,900년, 『제왕운기』는 서기전 2313년으로 계산되지만 단군 원년이 무진년이라는 내용과 달라서 일반적으로 1028년을 1048년의 잘못으로 보고 건국 원년을 2333년으로 본다. 안정복(安鼎福)은 『동사강목』에서 "『동국통감』과 『고려사』「지리지」에 모두 '당요(唐堯)[1] 무진년에 단군

1) 당요 : 요(堯) 임금을 달리 이르는 말.

이 평양[1]에 도읍하였다.'라고 하였는데, 요임금의 즉위가 상원갑자(上元甲子) 갑진에 있었으니 무진은 곧 25년"이라고 하여 서기전 2333년을 단군의 원년으로 삼았다.

2) 고조선 역사서

최근 고조선과 그 이전의 역사까지 기록한 『환단고기』[2]가 나왔다. 이 책은 1911년에 계연수(桂延壽)가 편찬하고 이유립(李裕岦)이 복원한 것으로 안함로(安含老)·원동중(元董仲)의 『삼성기』[3], 이암(李嵒)의 『단군세기』, 범장(范樟)의 『북부여기』, 이맥(李陌)의 『태백일사』 등을 묶은 것이라고 한다.

안함로는 신라 승려로 『해동고승전』에 나오는 인물이고, 이암과 범장은 고려 공민왕 때 각각 문화시중과 사관을 지낸 학자였으며, 이맥은 조선 중종 때 대사간을 역임했던 학자였으니, 실존했던 인물이 쓴 역사서이고, 거의 천 년에 걸친 사서들을 하나의 책으로 묶은 것이라고 한다. 이 책은 기존의 국내외 사서에 없는 것들이 많아 학계에 비상한 관심을 끈 바 있고, 아직까지 연구 검토가 계속되고 있는데, 오류가 적은 것이 특징이라고 평하는 학자가 많은가 하면, 위서(僞書)라고 보는 학자들도 있어 여기서는 언급하지 않는다.

고조선 역사를 기록한 것으로 『세종실록』「지리지」에 상당히 많은 분량으로 실려 있는 『단군고기』, 『신지비사』[4]가 있고, 책 이름으로 보

1) 오늘날 북한 평양이 아니다. 이 책 여러 곳에서 상술하였다.
2) 일제강점기에 이 책을 보관해 온 이유립은 고성이씨 35세손이다. 그의 선조 이암(9세)·이맥(13세) 등이 엮은 책을 애국지사 이기(李沂)(27세)가 교열했다고 하는데, 그 책을 이기의 제자 계연수가 편찬한 후 그의 제자 이유립이 보관해 왔다고 한다. 그 내용은 이 책에서 거론하지 않기로 한다.
3) 『삼성기(三聖記)』: 세조와 예종이 수거했던 역사서로 『조선왕조실록』 세조 3년 5월 26일조, 같은 책, 예종 원년 9월 18일, 12월 9일조 참조
4) 『신지비사』: 『삼국유사』 권 제3, 흥법조 참조

아 고조선 역사서로 추정할 수 있는 것으로는 『배달유기』[1], 안함로 · 원동중의 『삼성기』, 표훈(表訓)의 『삼성밀기』[2], 『조대기』[3] 등이 있다.

특히 『단군고기』는 『세종실록』 「지리지」에 실었다는 것은 당시 실록 편찬자들로부터 인정을 받았던 역사서였다는 것을 반증하는 것으로 본다. 그리고 『신지비사』는 고조선 건국사화와 관련이 깊은 내용이 담겨 있을 뿐만 아니라, 연개소문과 관련된 기록도 있으며, 고려 숙종 원년(1096년) 김위제(金謂磾)는 이 책과 『삼각산명당기』 등을 바탕으로 남경(南京:한양漢陽)으로 도읍을 옮길 것을 주청했고, 이에 왕이 직접 그곳으로 가서 지세를 둘러보고 궁궐을 짓도록 했다는 기록도[4] 보인다. 『신지비사』는 중국의 『위서(緯書)』와 같이 유가(儒家)의 경전인 경서(經書)에 대응되던 예언서로서 조선 초기까지 서운관(書雲觀)[5]에 보관하고 있었다. 그리고 『배달유기』는 고구려를 거쳐 조선 초기까지 전승되었던 것으로 보인다.

3) 고대국가 역사서

『삼국사』에 나타난 역사서에 관한 기록은 백제 근초고왕 30년(375) 때의 『서기(書記)』가 가장 먼저 나온다. 『백제기』 · 『백제본기』 · 『백제신

---

1) 『배달유기』 : 『삼국사』, 「삼국사기」 권 제20, 고구려본기 제8, 영양왕 11년조에 "국초부터 문자를 사용하기 시작하여 어떤 사람이 국사(國史) 100권을 기술하여 책 이름을 『유기(留記)』라고 하였다."라고 기록했는데, 이 책과 『유기』는 같은 책일 가능성이 높다. 옛 기록은 약자로 쓴 경우가 많았기 때문이다.

2) 『삼성밀기』 : 세조와 예종이 수거했던 역사서로 『조선왕조실록』 세조 3년 5월 26일조에는 『표훈삼성밀기』로 나오고, 예종 원년 9월 18일, 12월 9일조에는 『삼성밀기』로 기록되어 있어 있다. 표훈은 『해동고승전』에 나오는 대사로 신라 경덕왕 때 불국사 주지였다. 띄어쓰기를 하지 않은 한문의 배열로 보고, 모두 표훈의 『삼성밀기』로 파악하였다.

3) 『조선왕조실록』, 세조 3년 5월 26일조 참조

4) 『고려사』 권122, 「열전」 제35, 김위제조 참조

5) 서운관 : 고려 말부터 조선 초까지 천문(天文) · 역수(曆數) · 측후(測候) · 각루(刻漏) 등의 일을 맡아보던 관청이었다.

찬』 등이 편찬되어 그 내용이 『삼국사』와 일본 역사서[1]에도 등장하고 있으나 현전하지 않고 있다.

○ 고기(古記)에 이르기를, "백제는 개국 이래 아직 문자로 사실을 기록한 일이 없더니, 이에 이르러 박사 고흥(高興)을 얻어 비로소 『서기』를 가지게 되었다."라고 하였다.[2]

신라 때는 전술한 바와 같이 안함로·원동중의 『삼성기』와 표훈대사의 『삼성밀기』 등 단군과 고조선 역사서가 신라시대 고승들에 의해 편찬되었던 것으로 보인다.

특히 진흥왕 6년(584)에 거칠부(居柒夫) 등에게 『국사(國史)』를 편찬할 것을 명한 기록과 그 책의 내용 중, 일부가 『삼국사』와 『삼국유사』에 인용되어 전해 오고 있다.

고구려는 영양왕 11년(600)에 이문진(李文眞)이 종래의 역사서인 『유기(留記)』[3] 100권을 편집하여 『신집(新集)』 5권으로 엮었고, 『고구려고기(高句麗古記)』라는 책의 일부 내용이 『삼국유사』에 인용되어 있으나 모두 현전하지 않고, 『삼국사』·『삼국유사』 등에 녹아 있다.

○ 태학박사 이문진이 고사(古史)를 축약하여 『신집』 5권을 만들었다. 국초부터 문자를 사용하기 시작하여 어떤 사람이 국사 100권을 기술하여 책 이름을 『유기』라고 하였는데, 이때에 이르러 그것을 산수(刪修)[4]하였던 것이다.[5]

역사서 외에 「광개토대왕비문」에는 고구려 시조 추모(鄒牟:주몽)의 건국 과정이 새겨져 있고, 그 내용은 『단군고기』와 『삼국사』 「고구려본

1) 『일본서기』 속에 『백제기』·『백제본기』·『백제신찬』 등에서 인용한 기록들이 많이 나온다.
2) 『삼국사』, 「삼국사기」 권 제24, 백제본기 제2, 근초고왕 30년조 참조
3) 『유기』: 앞의 주에서 밝혔듯이 고조선 또는 고구려 초기에 편수했다는 『배달유기』일 가능성이 높아 보인다.
4) 산수(刪修): 책의 내용을 줄여서 엮었다는 의미이다.
5) 『삼국사』, 「삼국사기」 권 제20, 고구려본기 제8, 영양왕 11년조 참조

기」의 내용과 거의 일치한다.

○ 옛날에 시조인 추모왕이 터전(나라)을 열었으니, 북부여로부터 나왔다. 추모왕은 천제의 아들이요, 모후는 하백의 딸이며, 알에서 세상에 태어나서 성덕이 높았다. 추모왕은 모후의 명을 받들어 동부여를 떠나 남쪽으로 내려오는 길에 부여의 엄리대수(奄利大水)[1)]에 이르렀다.

그 외에도 「광개토대왕비문」에는 많은 내용이 실렸는데, 그중 논란이 되고 있는 것 중 하나가 광개토대왕이 '17세손'이라고 기록한 부분이다.

○ 추모왕이 세자로 정했던 유류왕(儒留王 : 유리명왕)은 도의로써 다스려 나라를 흥하게 하였다. 대무신왕은 뒤를 이어 더욱 번성하게 하였다.

답지(遝至)하여 17세손인 국강상광개토경평안호태왕은 18세에 즉위하여 연호를 영락(永樂)이라 하였다.

顧命世子儒留王 以道興治 大朱留王 紹乘基業.
遝至十七世孫 國岡上廣開土境平安好太王 二九登祚 號爲永樂

이 글에서 '답(遝)'은 '뒤섞이다'의 뜻이다. '답지(遝至)하여'의 사전적 의미는 '뒤섞여 이어', '한군데로 몰려들어' 라는 뜻인데, 함축적 의미는 왕위가 적자뿐만 아니라 형제나 숙질간에 이어지기도 하였다는 의미이다.

그리하여 광개토대왕은 족보상으로는 대무신왕의 10세손이나 왕위순으로 따져서 17세손에 해당하는데, 여기서는 후자의 표현으로 보아야 한다. 학자들 중에 '고구려 시조의 조상 4대조나 추모왕 이전에 고구려의 존재가 더 있지 않았겠느냐' 하는 의문을 제기하기도 하지만, 이는 원

1) 『단군고기』에는 "개사수(蓋斯水)"로, 『삼국사』, 「삼국사기」 권 제13, 고구려본기 제1, 시조 동명성왕편에는 "엄사수(淹漲水 : 일명 개사수蓋斯水)"라고 기록하였다.

문에서 세(世)의 기준이 대무신왕(비문에서는 대주류왕大朱留王)인 것을 살피지 못한 데서 기인한 것이다. 즉 3대 이후부터 계산을 했기에 이런 표현이 나온 것으로 본다.

부여에 관한 역사서는 대부분 고조선, 고구려와 관련된 책에 실려 있다. 부여(북부여)의 옛 땅을 해모수(解慕漱)가 다스리고, 동부여의 시조 해부루(解夫婁)의 건국은 『삼국유사』와 『제왕운기』, 『세종실록』에 나타나 있는데, 그 내용은 대부분 일치하고, 범장(范樟)의 『북부여기』와 『가섭원부여기』에 보다 구체적으로 실려 있다.

○ (단군이) 나라를 세우고 이름을 조선이라 하니, 조선, 시라(尸羅), 고례(高禮), 남 · 북옥저(南北沃沮), 동 · 북부여(東北扶餘), 예(濊)와 맥(貊)이 모두 단군의 다스림이 되었다.

단군이 비서갑(非西岬) 하백(河伯)의 딸에게 장가들어 아들을 낳으니, 부루(夫婁)이다. 이를 곧 동부여(東扶餘) 왕이라고 이른다.

(중략)

부루가 아들이 없어서 금색 와형아(蛙形兒)를 얻어 기르니, 이름을 금와(金蛙)라 하고, 세워서 태자(太子)를 삼았다. 그 정승 아란불(阿蘭弗)이 아뢰기를,

"일전에 하느님이 나에게 강림하여 말하기를, '장차 내 자손으로 하여금 여기에다 나라를 세우도록 할 것이니 너는 다른 곳으로 피하라. 동해(東海) 가에 땅이 있는데, 이름은 가섭원(迦葉原)이며, 토질이 오곡에 적당하여 도읍할 만하다.'고 하였습니다."

하고, 이에 왕을 권하여 옮겨 도읍하였다.

천제(天帝)가 태자를 보내어 부여 고도(古都)에 내리어 놀게 하니, 이름이 해모수(海慕漱)이다.[1]

---

1) 『세종실록』, 「지리지」, 평안도 평양부편에 『단군고기』가 실려 있다.

부여는 서기전 2세기경부터 494년에 멸망한 부여(북부여)의 모습을 통하여 어느 정도 살펴볼 수 있다.[1)]

그러나 고구려 뒤를 이어 '해동성국'이라는 이름을 얻은 바 있던 발해(688~926) 역사는 『삼국사』와 『삼국유사』에 단편적인 내용만 보이고, 『제왕운기』에는 10줄의 7언시 가운데 "향국(享國) 242년"이라는 구절이 보인다.

조선 후기 유득공이 우리나라와 중국 · 일본의 사서들을 참고하여 『발해고』를 편찬하였고, 정약용이 『아방강역고』 「발해고」에서 발해의 지명을 비정하여 발해의 역사를 살펴보는 자료가 되고 있다.

한편, 여진족 출신 김/금(金) 태조 완안아골타(完顔阿骨打)(1068~1123)는 요나라 수도였던 상경임황부(上京臨潢府)를 점령하자 단군의 후손이기에 단군묘(檀君廟)를 세워 제사를 지냈다는 기록뿐만 아니라, 자신의 조상이 신라인 김함보(金函普)임을 『김사/금사(金史)』에 밝혔으며, 고조선 · 고구려 · 발해 역사와 관련된 것들을 그들의 역사로 정리하였다.

그리고 신라를 자신들의 뿌리로 여긴 그들은 원류를 찾고자 중국의 역대 사서에서 만주와 한반도에 관련된 자료를 발췌하고 그들의 관점에서 고증한 『만주원류고』를 편찬하였다. 이 책은 1777년 청나라 건륭제의 지시에 의해 많은 학자가 참여하여 만주 · 발해 · 백제 · 부여 · 숙신 · 삼한 · 신라 · 예 · 옥저 등의 부족 · 강역 · 산천 · 국속(國俗) 등 4개 부문으로 나누어 총 20책으로 편찬한 것이기에 고조선 이후 고구려와 발해를 구성했던 중추 부족의 모습을 그들 입장에서 더듬어 볼 수 있는 역사서이다.

---

1) 학계의 주장 : '부여는 285년 선비족 모용씨의 침입을 받아 수도가 함락되자 북옥저 방면으로 피난했다가 진(晉)의 지원을 받아 선비족을 물리치고 본토로 돌아왔는데, 일부가 그곳에 남아 부여를 칭하게 되자, 이를 구별하여 북옥저 방면의 부여를 동부여로, 원래의 부여를 북부여로 불렀다.'고 하지만, 『단군고기』 등에 의하면, 부여는 해모수, 동부여는 단군의 태자 해부루가 세운 나라로 분명하게 나온다.

고려 때는 예종 원년(1106)에 김인존(金仁存) · 최선(崔詵) 등으로 하여금 음양 · 지리에 해박한 사람들의 기록을 편찬케 하여 사명(賜名 : 임금이 책이름을 지음)으로 나온 『해동비록(海東秘錄)』[1]이 조선 초까지 전래되다가 세조 때 수거되었다.

『삼국사』는 고려 인종 23년(1145) 김부식(金富軾)의 주도도 11인의 편수관들이 편찬했다.[2] 이 책은 50권에 이르는 방대한 분량이고, 시간적으로는 1~3천년의 장구한 세월의 기록이니만큼 많은 사료를 바탕으로 편찬했음이 분명해 보인다.

훗날 중간된 판본의 내용 속에 『고기(古記)』[3] · 『삼한고기』 · 『신라고기』 · 『신라고전』 · 『신라별기』, 김대문(金大問)의 『고승전』 · 『화랑세기』 · 『계림잡전』, 최치원(崔致遠)의 『제왕연대력』 등과 중국의 『삼국지』 · 『후한서』 · 『진서』 · 『위서』 · 『송서』 · 『남북사』 · 『구당서』 · 『신당서』 · 『자치통감』 등 20여 역사서를 참고하여 편찬한 것이 분명해 보인다.

그런데, 조선 시대 위정자들에 의해 몇 차례 중간되면서 많이 수정된 것이 현재의 모습인데, 인용한 내용 중에 원전을 제시한 방식이 독특하고, 녹여서 기술한 것이 대부분이어서 그 원전을 찾기가 쉽지 않다.

예를 들면, '이차돈(異次頓)[4]의 순교' 내용을 기록하면서, "이는 김대문의 『계림잡전』의 기록에 의거한 것인데, 한나마(韓奈麻)[5] 김용행(金用行)이 찬(撰)한 아도화상비(我道和尙碑)에 적은 바와 다르다."라는, 형식으로 원전을 드러내고 있다. 화랑과 관련된 내용이 많이 나오지만 『화

1) 『고려사』 권12, 「세가」 권 제12, 예종 원년 3월조와 같은 책 권96, 「열전」 권 제9, 제신 김인존조 참조

2) 『삼국사』는 본래의 책이름이었기에 『고려사』, 『조선왕조실록』 등에는 『삼국사』라고 하였다. 『삼국사기』라는 용어는 식민 사학자들이 만든 것이다. 후술하였다.

3) 책명일 수도 있고, 옛 기록이라는 보통명사일 수도 있다.

4) 이차돈 : 실명은 박염촉(朴厭觸)이다.

5) 한나마 : 신라 관등 '대나마(大奈麻)'이다. '한'은 '크다'는 의미로 음차한 것이다.

랑세기』나 화랑과 관련된 사료를 구체적으로 밝힌 경우가 극히 드물다. 거칠부 등이 편찬한 『국사』 등을 참고했을 것이지만 이것을 찾기가 쉽지 않다.

그러나 『삼국사』보다 반세기 뒤에 나온 『해동고승전』과 약 140년 뒤에 나온 『삼국유사』에는 『국사』, 『신라고기』 등에서 인용했다고 그 출처를 분명하게 밝힌 경우가 많다.

『삼국사』는 명종 4년(1174)에 송나라에 보냈다는 기록이 『옥해(玉海)』[1)]에 실려 있는데, 이 판본은 국내에는 현전하지 않고, 2차 판각은 13세기 후기로 추정되고 있고, 그 후 수차례 중간한 것으로 보고 있다. 현전하는 판본 가운데 가장 오래된 것으로는 일본 궁내청에 소장되어 있다고 하는데, 그 자세한 내용은 파악되지 않고 있다.

『삼국사』에는 『세종실록』「지리지」에 실린 『단군고기』의 내용 중 일부가 실려 있다.

○ 주몽이 그 말을 얻어 가지고 그 바늘을 뽑고 더욱 잘 먹여서 몰래 오이(烏伊)·마리(馬離)·협부(陜父) 등 3인과 결탁하여 남행(南行)해서 개사수(蓋斯水)에 이르렀는데,[2)]

○ (동명성왕) 6년(서기전 32) 겨울 10월에 왕이 오이(烏伊)와 부분노(扶芬奴)에게 명하여 태백산 동남쪽에 있는 행인국(荇人國)을 쳐서[3)]……

두 인용문에 나오는 '오이(烏伊)'는 동명성왕과 함께 한 인물이다. 그리고 『삼국사』「고구려본기」 동천왕 21년(248) 2월조에 단군왕검에 대한 편린이 있지만, 부여·예·맥·옥저 등의 역사에 대한 것은 찾기 힘

1) 남송 왕응린(王應麟)이 편찬한 책이다.
2) 『단군고기』의 내용이다. 『세종실록』, 「지리지」, 평안도 평양부편 참조
3) 『삼국사』, 「삼국사기」 권 제13, 고구려본기 제1, 시조 동명성왕 6년 10월조 참조

들며, 가야 · 삼한의 경우는 피상적인 내용만 실은 것은 『삼국사』가 고구려 · 백제 · 신라 중심의 역사서이기도 하지만, 편찬 당시 김/금나라[大金]의 눈치를 봐야 했고, 조선 초기에는 명나라에 지나치게 사대를 하는 바람에 『삼국사』를 고치고, 이를 다시 『삼국사절요』로 만들었고, 『고려실록』을 없애고, 『고려사』와 『고려사절요』를 편찬하는 등 많은 수정이 있었기 때문이다.

단군·고조선 역사서

1) 역사 조작의 시초

고조선 건국과 관련한 기록은 그 시기가 너무 오래된 것이어서 그 원전을 볼 수가 없고, 또한 그 기록들이 후대의 역사서에 녹아들어 갔을 것으로 추정할 수 있다. 사가들은 현전하는 기록으로는 『삼국유사』에 수록된 것이 가장 오래되었다고 한다. 이 책은 고려 충렬왕 7년(1281) 무렵에 보각국사 일연(一然)이 고조선 · 부여 · 삼한 · 고구려 · 백제 · 신라 등의 '유사(遺事)'를 모아서 엮은 역사서로 보고 있다.

조선은 개국 직후 『고려왕족실록』을 없애고, 『고려사』를 편찬했다가 다시 고쳐서 종래의 자주적인 내용을 제후국에 맞도록 편찬하고, 특히 충렬왕 이후 사적을 완전히 고쳤다. 심지어 『고려사』 · 『고려사절요』 속에 등장하는 우왕과 창왕을 '신우왕' · '신창왕'이라 하여 신돈(辛旽)의 아들로 만들어 놓고, 이성계를 '아 태조(我太祖)'라고 기술하였다. 그리고 『삼국사』, 『삼국유사』 등 몇몇 사서만 남기고, 전래해 오던 역사서를 모조리 수거하여, 『동국사략』, 『삼국사절요』, 『동국통감』 편찬에 활용한 후 폐기하였다.

1457년 세조는 역사서를 편찬한다는 명목으로 고기류(古記類)를 수거하면서, 역사서는 개인이나 사찰에서 소장하지 말도록 하고, 자진해서 바치는 자는 서책을 선물하겠다고 하였다.

○ 8도 관찰사에게 유시하기를,

"『고조선비사(古朝鮮秘詞)』[1]·『대변설(大辯說)』·『조대기(朝代記)』·『주남일사기(周南逸士記)』·『지공기(誌公記)』, 표훈(表訓)의 『삼성밀기(三聖密記)』, 안함로(安含老)·원동중(元董仲)의 『삼성기(三聖記)』, 『도증기(道證記)』·『지리성모(智異聖母)』·『하사량훈(河沙良訓)』, 문태(文泰)[2]·왕거인(王居人)·설업(薛業) 등이 쓴 『수찬기소(修撰企所)』의 1백여 권, 『동천록(動天錄)』·『마슬록(磨蝨錄)』·『통천록(通天錄)』·『호중록(壺中錄)』·『지화록(地華錄)』·『도선한도참기(道詵漢都讖記)』[3] 등의 문서는 마땅히 사처(私處)에 간직해서는 안 되니, 만약 간직한 사람이 있으면 진상하도록 허가하라. (진상을) 자원하는 자는 서책을 회사(回賜)할 것이니, 그것을 관청·민간 및 사사(寺社)에 널리 효유하라." 하였다.[4]

고서 이름을 보면, 세조 때까지 단군에 관한 역사서는 상당히 있었던 것으로 보인다. 이듬해 세조는 『삼국사』와 『고려사』를 합쳐 『동국통감』으로 편찬할 것을 지시하였다. 이에 동국통감청을 설치하여 양성지(梁誠之)로 하여금 이를 주관하게 하였다.

그 후 예종은 고서를 바친 자나 숨긴 것을 고발한 자에게 품계를 2등급 올려주거나 큰 상을 주겠다고 하면서, '고서를 숨긴 자는 참형에 처한다.'는 엄명을 내려 또 고서를 수거하였다.

예종은 세조보다 더 심한 역사서 수거령을 내려 역사서를 모조리 수거

1) 『고조선비사』: 이성계의 조선 건국으로 인해 책명도 그에 따른 것으로 보인다. 원명은 『조선비사』이다.

2) 본래 문태산(文泰山)이지만 『조선왕조실록』, 예종 원년 9월 18일, 12월 9일조에는 문태(文泰)로 기재되어 있어 이를 따랐다.

3) 도선(道詵)의 『한도참기(漢都讖記)』로도 볼 수 있다.

4) 『조선왕조실록』, 세조 3년 5월 26일조 참조

하는 조선판 '분서갱유(焚書坑儒)'가 있었던 것이니, 목숨을 걸고 역사서를 비밀리 소장한 경우는 무척 드물었을 것이지만, 그렇다고 모든 역사서가 수거되었다고 할 수도 없다.

○ "『주남일사기』·『지공기』, 표훈의 『천사(天詞)』[1]·『삼성밀기』, 『도증기』·『지리성모(智異聖母)』·『하사량훈(河沙良訓)』, 문태·왕거인·설업 3인의 기록 1백여 권과 『호중록』·『지화록』·『명경수(明鏡數)』 및 모든 천문·지리·음양에 관계되는 서적들을 집에 간수하고 있는 자는 경중(京中)에서는 10월 그믐날까지 한정하여 승정원에 바치고, 외방(外方)에서는 가까운 도는 11월 그믐날까지, 먼 도는 12월 그믐날까지 거주하는 고을에 바치라. 바친 자는 2품계를 높여 주되, 상 받기를 원하는 자 및 공사 천구(公私賤口)에게는 면포(綿布) 50필을 상주며, 숨기고 바치지 않는 자는 다른 사람의 진고(陳告)를 받아들여 진고한 자에게 위의 항목에 따라 논상(論賞)하고, 숨긴 자는 참형에 처한다. 그것을 중외(中外)에 속히 유시하라."[2]

그리하여 성종 7년(1476) 12월, 『삼국사절요』를 완성하였다. 이 책은 『삼국사』를 기본으로 하고 수집된 고서와 『삼국유사』·『수이전』·『동국이상국집』·『고려사』와 『세종실록』의 「지리지」 등의 내용도 기록하였다. 전체 14권 7책인데, 삼국 이전의 상고사는 「외기(外紀)」로서 권수에 포함되지 않았으니, 실제로는 15권이다. 그 내용은 신화·전설·민담 등은 물론이고,

1) 『표훈천사』·『삼성밀기』로 되어 있으나 『조선왕조실록』 세조 3년 5월 26일조에 『표훈삼성밀기』로 되어 있어 지은이와 책 이름이 붙은 것으로 보고 이를 분리하였다.
2) 『조선왕조실록』 예종 1년(1469) 9월 18일조 참조

풍속 · 방언 · 축성 · 전란 · 천재지변 · 종교행사 등 국가의 흥망과 백성의 안녕에 관계되는 사건을 상세히 수록하였다. 그러나 고조선 역사를 언급하지 않았으며, 불교에 관련된 것은 싣지 않았다.

2) 본격적인 역사 조작

성종 15년(1484)에 『동국통감』이 편찬되었는데, 이듬해 이를 수정하여 편찬하였다.[1] 이 책은 삼국의 건국부터 신라 문무왕 9년(669)까지를 「삼국기」, 669년에서 고려 태조 18년(935)까지를 「신라기」, 935년부터 고려말까지를 「고려기」로 구분하여 서술했지만, 고조선부터 삼한까지는 「외기」로 다루었다.

그리고 382편의 「사론(史論)」을 실었는데, 그중 178편은 기존 사서에서 뽑은 것이고, 나머지는 편찬자들이 쓴 것이었다. 사론의 대부분은 사실에 대한 포폄(褒貶)과 관련된 것인데, 명나라 눈치를 보느라고 기자(箕子)를 찬양하는 것은 많았지만, 당시 명나라 지역에 존재했던 고조선의 역사와 함께 부여 · 고구려의 건국사화(建國史話)는 없애버린 것이었다. 그러다 보니 이른바 삼성(三聖) 중, 단군만 남기고 모두 삭제했으며, 고조선의 도읍지를 아사달(阿斯達)에서 평양으로 고치는 등 그 내용을 바꾸고 일부만 실었다. 그 책보다 불과 30여 년 전인 단종 2년(1454)에 편찬한 『세종실록』 「지리지」 내용과는 판이하게 달랐다. 그 내용도 단군의 건국 과정을 조작하였으니, 고조선은 한반도 안에만 존재했던 고대국가 형태로 만들고 말았다.

『동국통감』에 실린 고조선 건국사화 전체 내용을 실어 보면, 짤막한 5개 문장으로 이루어져 있다.

1) 이 책을 『신편동국통감』이라고 한다.

○ 동방에는 처음에 군장(君長)이 없었다. 신인(神人)이 있어 단목(檀木) 아래에 내려오자, 나라 사람들이 세워 임금으로 삼으니 이분이 단군이다. 나라 이름을 조선이라 하였으니 요임금 무진년이다. 처음에 평양에 도읍을 하였다가 나중에 백악(白岳)으로 천도하였다. 상(商) 무정 8년 을미년 아사달산(阿斯達山)으로 들어가 신(神)이 되었다.

『삼국유사』는 고려시대에 간행된 것은 발견되지 않고, 완본으로는 『삼국사』와 같이 조선 중종 7년(1512) 경주부윤 이계복(李繼福)이 중간한 것이 가장 오래된 것으로 알려져 있다. 이 책의 중간본보다 50여 년 앞서 편찬된 『세종실록』 「지리지」에는 『단군고기(檀君古記)』에서 인용했다고 명시했는데, 『삼국유사』 중간본에는 '고기(古記)'라고 하여 책 이름도 밝히지 않고 얼버무린 채 『위서(魏書)』의 내용을 그 첫머리에 수록하였다. 이는 『단군고기』와는 완전히 달랐다. 단군 이름부터 지명까지 한자가 다른 것으로 바꾸었으니 창작 수준이었다. 그 원문을 살펴보면,

○ 古朝鮮 王倹朝鮮[1)]

魏書[2)]云 乃往二千載有壇君[3)] 王倹. 立都阿斯達[4)] －経云無葉山 亦云

1) 『삼국유사』가 처음 편찬되었던 고려 때는 이성계의 조선이 없었기에 분명히 '조선'으로 표기했을 것이다. 이 판본을 흔히 서울대 규장각본(국보 306-2호)이라고 한다. 학계에서는 "위만조선 등과 구분하기 위해 '고조선'이라 불렀다."라고 설명하고 있다. 굳이 구분하려고 했다면, 기자를 임금으로 생각했으니, '기자조선', '위만조선'처럼 첫 임금의 이름을 딴 '단군조선'이 타당했을 것이다. '고(古)'는 '현(現)'에 대응되는 한자이기 때문에 중간할 당시 국호 '조선'보다 앞에 있었던 '옛날 조선'이라는 의미에서 붙여진 이름이라고 본다. 그래서 단군이 세웠던 조선을 '왕검조선'이라고 한 것 같다. 현재의 조선에 대응되는 국호가 고조선이고, 중간 당시 고조선 속에 왕검조선 · 기자조선 · 위만조선이라고 붙였던 것으로 판단한다.

2) 정인보 선생은 탁발씨(拓拔氏)가 쓴 『위서』가 아니라 왕심(王沈)이 쓴 『조위서(曹魏書)』를 가리킨다고 했다. 그 이유로 『위서』는 『위지』와 구별하지 않고 사용되었는데, 『삼국유사』에는 이를 엄격히 구별했기 때문이라고 하였다.

3) 『제왕운기』와 『세종실록』 「지리지」에서 인용한 『단군고기』에는 단군(檀君)으로 되어 있다. 그러나 경주부윤이 중간할 때 『세종실록』 「지리지」와 다르게 간행한 것은 정부에서 중간한 것이라고 보기 어려울 정도로 위작 흔적이 많다.

4) 『제왕운기』에는 황해도 문화현 구월산을 가리킨다고 하였다. 이곳이 원문이 뜻하는 장소로 보기 어렵다. 최근 북부여 수도였던 곳으로 추정하는 중국 상춘(常春)이라는 주장도 있고, 원시 알타이어로 재구성하여 '황홀한 평원', '신성한 도시'를 뜻한다는 학자도 있다.

白岳 在白州地. 或云在開城東 今白岳宮 - 是開國號朝鮮 與高[1]同時

古記云 昔有桓國[2] - 謂帝釋也 - 庶子桓雄 數意天下 貪求人世 父知子意 下視三危太伯[3] 可以弘益人間 乃授天符印三箇 遣往理之雄[4] 率徒三千降於太伯山頂 - 太伯 今 妙香山 - 神壇樹[5]下 謂之神市 是謂桓雄天王也. 將風伯雨師雲師 而主穀主命主病主刑主善惡 凡主人間三百六十餘事 在世理化時 有一熊一虎同穴而居 常祈于神雄願化爲人 時神遺靈 艾一炷蒜二十枚曰 爾輩食之 不見日光百日 便得人形 熊虎得而食之 忌三七日 熊得女身 虎不能忌 而不得人身 熊女者無與爲婚 故每於壇樹[6]下呪願有孕 雄乃假化而婚之孕生子 號曰壇君[7]王倹 以唐高[8]即位五十年庚寅 - 唐尭即位元年戊辰 則五十年丁巳非庚寅也 疑其未實 - 都平壤城 - 今西京 - 始稱朝鮮 又移都於白岳山阿斯達 又名弓 - 一作方 - 忽山 又 今旀達 御國一千五百年 周虎王[9]即位己卯 封箕子於朝鮮[10] 壇君[11]乃移於藏唐京 後還隱於阿斯達爲山神 壽[12]一千九百八歲.[13]

○『위서』에 이르기를,

“지금으로부터 2천 년 전에 단군왕검이 있었다. 그는 아사달 - 『경(經)』에

---

1) 고려 3대 임금인 정종의 이름인 요(堯)를 피한 휘(諱)이다. 요임금을 가리킨다. 정식 호칭은 제요도당씨(帝堯陶唐氏)인데, 당요(唐堯)라고 일컫기도 했다.

2) 뒤 본문에서 상술하였다.

3) 서울대 규장각본에는 대(大)로 되어 있다. 대(大)는 태(太) 대신 많이 쓰였으나 잘못 새긴 것으로 본다.

4) 서울대 규장각본에는 환(桓)이 빠져 있다. 잘못이라기보다 앞에 환웅(桓雄)이 나왔으므로 환(桓)을 성(姓)으로 생각하여 웅(雄)만 판각한 것이다.

5) ‘단(壇)’ : 『제왕운기』와 『세종실록』「지리지」에서 인용한 『단군고기』에는 단(檀)으로 되어 있다.

6) 앞의 주 참조

7) 앞의 주 참조

8) 고려 3대 임금인 정종의 이름인 요(堯)를 피한 휘(諱)이다.

9) 주호왕 : ‘호(虎)’는 고려 혜종의 이름인 무(武)를 휘피한 것이다.

10) 첫머리처럼 고조선(古朝鮮)이라 하지 않았다.

11) 앞의 주6 참조

12) 『세종실록』「지리지」에는 ‘향국(享國)’으로 기록했고, 정인보 선생은 고조선의 역년(歷年)을 단군의 향년(享年)으로 본 것은 잘못이라고 지적했다.

13) 『삼국유사』 권 제1, 「기이」 제1, 고조선 왕검조선편 참조

는 무엽산이라 하고 또는 백악이라고도 하니 백주[1]의 땅에 있었다. 혹은 또 개성의 동쪽에 있다고도 하니 이는 바로 지금의 백악궁이다. - 에 도읍을 정하고 새로 나라를 세워 국호를 조선이라고 불렀는데 고(高)와 같은 시기였다."

○『고기』에 이르기를,

"옛날에 환국(桓国) - 제석(帝釋)을 일컫는다. - 의 서자(庶子)[2]인 환웅이 천하에 자주 뜻을 두어, 인간 세상을 구하고자 하였다. 아버지가 아들의 뜻을 알고 삼위태백을 내려다보니 인간을 널리 이롭게 할 만한지라, 이에 천부인 세 개를 주며 가서 다스리게 하였다. 환웅이 무리 삼천을 거느리고 태백산 정상 - 태백(太伯)은 지금의 묘향산(妙香山)이다. - 신단수 밑에 내려와 신시라 하고 이에 환웅천왕이라 하였다. 풍백 · 우사 · 운사를 거느리고 곡식 · 생명 · 질병 · 형벌 · 선악 등 무릇 인간의 360여 가지의 일을 주관하며 세상을 다스리고 교화하였다. 이때에 곰 한 마리와 호랑이 한 마리가 있어 같은 굴에 살면서[3] 항상 신(神) 환웅에게 기도하되 화(化)하여 사람이 되기를 원했다. 이에 신 환웅은 신령스러운 쑥 한 묶음과 마늘 스무 개를 주면서 말하기를, '너희들이 이것을 먹고 백일 동안 햇빛을 보지 않으면 곧 사람의 형체를 얻을 수 있으리라.'라고 하였다. 곰은 그것을 먹으면서 기(忌)한 지 삼칠일(三七日 : 21일)만에 여자의 몸을 얻었으나, 범은 기하지 않아 사람의 몸을 얻을 수 없었다. 웅녀는 혼인할 사람이 없었으므로 매양 단수(檀樹) 아래서 잉태하기를 빌었다. 환웅이 이에 잠시 사람으로 화하여 그녀와 혼인하였다. 웅녀가 잉태하여 아들을 낳으니, 단군왕검이라 하였다. 요임금이 즉위한 지 50년인 경인년 [4]- 요임금 즉위 원년은 무진년인즉 50년은 정사년이지 경인년이 아니다. 사실일까 의심스럽다. - 평양성 - 지금의 서경 - 에 도읍하고 비로소 조선이라 하였다. 또 도읍을 백악산 아사달에 옮겼는데, 궁(弓) - 혹은 방(方)

1) 이곳은 원문이 뜻하는 장소로 보기 어렵다.
2) 둘째 이하의 아들
3) 곰과 호랑이를 토템으로 하는 부족이 한 지역에 거주했다는 의미로 본다. 고조선 이후 부여의 부족으로 저가(猪加) · 구가(狗加) · 마가(馬加) · 우가(牛加) 등이 있었음을 유추해 볼 수 있다.
4) 한치윤, 『해동역사』에는 "당요씨(唐堯氏)가 천하의 임금으로 있은 지 29년째인 무진(戊辰)"이라고 했다.

- 이라고 한다. 홀산이라고도 하며 또는 금미달이라고도 한다. 그 후 1,500년 동안 나라를 다스렸다. 주의 무왕이 즉위한 기묘에 기자를 조선에 봉하니 단군은 곧 장당경(藏唐京)[1]으로 옮겼다가 뒤에 아사달에 돌아와 은거하여 산신이 되었으니, 조선의 역사는 1,908년이다."

라고 하였다.

중종 7년(1512)에 중간했다고 알려진 『삼국유사』의 서울대 규장각본과 만송본에는 "석유환국(昔有桓国)"으로 되어 있다. 이것은 중간하면서 '석유환인(昔有桓因)'을 잘못 판각한 것이라고 생각한다.

왜냐 하면, 판본에 나온 대로 해석하면 환웅(桓雄)의 아버지가 '환인(桓因)'이 되어야 원문 주(註)의 내용 '위제석야(謂帝釋也)'와 호응이 된다. 그러나 '옛날 환국(환이라는 나라)이 있었으니'로 되면, 주의 내용 '제석(帝釋)을 일컫는다.'와 호응이 되지 않는다. 즉 나라를 제석이라고 할 수 없기 때문이다. 더구나 삼성(三聖)은 다른 문헌에 모두 환인 · 환웅(단웅) · 단군이기 때문이다.

그리고 『세종실록』「지리지」가 편찬되기 2년 전인 1452년, 경창부윤 이선제(李先齊)가 단종에게 상서했는데, 여기에는 『삼국유사』에 나오는 이른바 '고기(古記)'의 전문과 주(註)의 일부가 실려 있다.

○ 신 이선제가 『삼국유사』를 상고하니 이에 이르기를,

"'고기(古記)에 이르기를, 옛적에 환인(桓因)의 서자(庶子) 환웅(桓雄)이 있어 자주 천하에 뜻을 두어 인간 세상을 탐구(貪求)하므로 아비가 아들의 뜻을 알고 삼위태백(三危太伯)을 내려다보니 인간을 널리 이롭게 할 만하였다.'

(중략)

1) 『고려사』「지리지」에는 "유주(儒州) 장장평(庄庄坪)은 '세상에서 전하기를 단군이 도읍한 곳이다. 즉, 당장경의 잘못이다.'"라고 하였고, 『세종실록』「지리지」 황해도 문화현편에는 "장장평은 현의 동쪽에 있고 세상에서 전하기를 단군이 도읍한 곳으로서, 즉 당장경이 잘못 전해진 것이다."라고 기록되어 있으나 최근 중국 심양(審陽)이라는 주장이 나와 주목을 받고 있다.

『삼국유사』의 주(註)에서 말한 환인천제(桓因天帝)는 곧 유관(柳觀)의 상서[1]에서 말한 단인(檀因)이고, 환웅(桓雄)은 천제의 서자(庶子)이니, 곧 이른바 단웅(檀雄)이라 하겠습니다."[2]

위에서 보면, '환국(桓国)'이 아니라 '환인(桓因)'으로 나와 있고, 『삼국유사』의 주(註)에서 말한 "환인천제(桓因天帝)"라는 구절로 보아 그 당시 『삼국유사』에는 환인에 대한 주에 천제라고 명시되어 있었는데, 이것을 60년 뒤인 1512년에 중간했다고 하나 현재 발견된 내용은 너무나 다르기 때문에 조작한 것이 거의 확실하다고 판단한다.

3) 『단군고기』 왜곡 역사서

(1) 『제왕운기(帝王韻紀)』

충렬왕 14년(1287) 이승휴(李承休)가 『제왕운기』라는 서사시 형태의 역사서를 지어서 왕에게 올렸다. 상권은 송나라 유서(劉恕)가 편찬한 『통감외기』 속에 나오는 반고(盤古)의 이야기로부터 김나라/금나라까지 중국의 역사를 읊었으며, 하권은 1 · 2부로 나누어 고조선부터 충렬왕 때까지의 역사를 서술했다. 1부는 전조선 · 후조선 · 위만조선 · 한사군 · 삼한 · 신라 · 고구려 · 백제 · 후고구려 · 후백제 · 발해의 사적을 7언시로, 2부는 고려 건국부터 충렬왕 때까지를 5언시로 기록하였다.

이승휴는 '국사(國史)'[3]에 의거하고, 각 본기(本紀)와 『수이전』에 실린 바를 채록하였으며, 요순 이래 경전과 모든 사서를 참조하였다고 밝혔다. 이 책은 1295년경 초간본이 나왔고, 5년 뒤인 공민왕 9년과 조선 태

1) 세종 때 우의정을 지낸 유관(柳觀)의 상서를 말한다.
2) 『조선왕조실록』, 단종 즉위년 6월 28일조 참조
3) 당시 '국사'는 김부식 등이 편찬한 『삼국사』로 추정한다.

종 17년(1417) 경주에서 중간되었다. 현전하는 판본은 중종 7년(1512) 중간본이다.

김경수(金慶洙) 역주 『제왕운기』[1]의 원문은 한문에 한글 토를 단 '현토문(懸吐文)'인 것으로 보아 한글 창제 이후에 중간한 것은 분명하지만, 그 구체적 연대를 밝혀두지 않았다. 특히 현토문으로 된 원문이 현대적 표기에 가까워서 그 간행 연도는 근세였을 것으로 판단한다.

이 책에 나온 원문에는 단군이 세운 조선의 역사를 '전조선기(前朝鮮記)'라는 제목으로 읊었고, 2개의 주를 달아놓았다.

○ 처음에 어느 누가 나라를 열었던고
석제(釋帝)[2]의 손자로 이름은 단군(檀君)일세 ①
요임금과 같은 무진년에 나라 세워
순임금 시대 지나 하(夏) 나라까지 왕위에 계셨도다.
상(商) 나라 무정 8년 을미년에
아사달산(阿斯達山)②에 들어가서 신선이 되었으니
향국(享國)이 일천스물여덟 해[3]인데
그 조화 상제(上帝)이신 환인(桓因)이 전한 일 아니랴

① 본기(本紀)[4]에 이르기를, "상제(上帝) 환인(桓因)은 서자(庶子)가 있었으

---

1) 김경수 역주, 『제왕운기』(도서출판 역락, 1999) 판본은 현토문으로 되어 있다. 이 책에는 이승휴가 지원(至元 : 원 세조 연호) 24년(1287)에 지었고, 영락(永樂 : 명 성조 연호) 정유년(丁酉年)(1417) 이지(李輊)가 발(跋)한 판본도 영인하여 실었다. 본문에 실린 원문은 발문과 관계없이 근세본으로 판단한다.

2) 원문에 석제(釋帝)라는 것은 1512년 간행된 정덕본 『삼국유사』와 유사하다. 전래되던 『단군고기』 속에 나오는 '천제(天帝)'를 '釋帝(=帝釋)'로 바꾼 것이 이승휴가 사찰(삼척 천은사에서 『제왕운기』를 씀)의 영향인지 알 수가 없지만, 내용은 『세종실록』 「지리지」에 나온 『단군고기』와 매우 다르다.

3) 본문에는 1028년, 주에는 1038년으로 판각되어 있다.

4) 본문 '釋帝之孫名檀君' 아래에 '본기(本紀)'라는 주를 달았다. 1454년에 나온 『세종실록』 「지리지」에 실린 『단군고기』 내용과 대부분 일치한다. 결국, 이 판본은 1417년에 나온 것이라고 했지만, 1454년 『세종실록지리지』에 나온 『단군고기』의 내용과 1512년 『삼국유사』 중간본에 나온 용어인 '석제(釋帝=帝釋)'가 모두 나와 있다.

니 이름이 웅(雄)이었다. 환인이 웅에게 말하기를, '지상의 삼위태백(三危太白)에 내려가서 크게 인간을 이롭게 할지어다.'라고 하였다. 이리하여 환웅이 천부인 3개를 받고 귀신 3천을 거느려 태백산 마루에 있는 신단수(神檀樹) 아래에 내려왔다. 이 분을 단웅천왕(檀雄天王)이라 한다. 손녀에게 약을 먹여 사람이 되게 하여 단수신(檀樹神)과 결혼시켜 아들을 낳으니 단군이라 이름하였다. 조선의 땅을 차지하여 왕이 되었다. 이런 까닭에 시라(尸羅), 고례(高禮), 남·북옥저, 동·북부여, 예(濊), 맥(貊)은 모두 단군이 다스렸다.[1] 1038년을 다스리다가 아사달산에 들어가 신이 되었으니 죽지 아니하였던 까닭이다

② 지금의 구월산이다. 딴 이름은 궁홀(弓忽), 또는 삼위(三危)라 하며, 사당이 지금도 있다.

『제왕운기』는 『삼국사』·『삼국유사』가 고구려·백제·신라를 중심으로 하고, 고조선·삼한·발해 등에 대해 소홀했던 것에 비하면 대단히 획기적인 일이었다. 특히 주(註)의 내용이 『단군고기』 내용과 같이 '환인의 아들 환웅이 손녀에게 약을 먹여 사람으로 만든 후 단수신(檀樹神)과 혼인하여 단군을 낳았다고 한 것'이니, 단군은 환웅의 아들이 아니라 단수신의 아들인 셈이니 『삼국유사』의 내용과 큰 차이가 나는 것이었다.

(2) 『응제시주(應製詩註)』

세조 7년(1461)에 권근(權近)의 『응제시주』가 나왔는데, 단군은 요임금과 같은 날에 나라를 세웠고, 처음 평양에 도읍을 정하고 후에 백악으로

1) 원문 중, 불분명한 "皆檀君之?也"를 "皆檀君之壽也"로 보고 '모두가 단군의 후손이다'로 해석하는데, 『세종실록지리지』에는 『단군고기』를 인용하여 "皆檀君之理"(모두 단군의 다스림이 되었다)로 기록하였다.

옮겼으며, 동부여왕 해부루는 단군의 아들이라 하였다. 아사달은 지금의 황해도 문화현 구월산이고, 그 묘가 지금도 있으며, 향년(享年)이 1천48년까지 살았는데, 그 뒤 164년 기묘년에 기자가 와서 왕으로 봉해졌다고 했으니, 단군의 조선 건국사화에 기자가 끼어 든 것이 특이하다. 게다가 기자가 왕으로 봉해졌다고 했으니, 그가 "평양은 옛날 기자의 봉국이다."라고 시를 읊었던 것과 궤를 같이 한 것이다.

이 책은 조선시대 이른바 '기자조선'이라는 허수아비 나라를 만들게 했고, 나아가 조선 사회에 '기자 광풍'의 씨를 뿌린 왜곡서(歪曲書)였다.

4) 단군 · 고조선 무시한 역사서

실학이 꽃을 피운 시기가 정조 때였다. 한치윤(韓致奫)은 족형(族兄) 한치응(韓致應)이 청나라에 사신으로 갈 때 따라가서 청나라 문물을 접하고 귀국하면서 많은 중국 사서를 구해 왔다.

그는 수백 종의 방대한 사서를 바탕으로 우리나라 역사의 참모습을 찾기 위한 노력 끝에 『해동역사(海東繹史)』 본편 70권을 저술하고 생을 마쳤다. 미처 마무리하지 못한 「지리고」 15권은 그에게서 학문을 익힌 조카 한진서(韓鎭書)가 속편으로 완성하였다.

본편 70권은 우리나라 기존의 역사서와 『김사/금사』 · 『사기』 · 『삼국지』 등 중국 역사서 523종과 『일본서기』 · 『유취일본국사』 등 일본 역사서 22종에서 우리 역사의 파편들을 찾아내어 고조선부터 고려까지 기전체 형식으로 기술했는데, 자신이 주석을 세밀하게 달았다.

그는 고조선 · 부여 · 삼한 · 고구려 · 백제 · 신라 · 말갈 · 예 · 맥 · 옥저 · 발해 등 배달겨레의 역사와 관련된 내용을 전부 찾다시피 하여 펼쳐 놓았고, 발해가 고구려를 계승했음과 아울러 그 구성원의 중심이 말갈족이며, 그들이 김/금과 청을 세운 여진족임을 정리하였다.

그러나 고조선을 '단군조선', '기자조선', '위만조선'으로 구분하고, 기자조선을 비중 있게 다루었는데, 이는 기자를 성인으로 숭배하던 당시의 사대모화 사상이 반영되었던 것으로 보인다.

그는 『삼국유사』에 실린 이른바 '고기(古記)'에 전한다는 단군의 건국 사화를 아예 16세기 말 명나라 오명제(吳明濟)가 편찬한 『조선세기』[1]에 나온 것을 실었다.

○ 당요씨(唐堯氏)가 천하의 임금으로 있은 지 29년째인 무진년에 단군씨(檀君氏)가 서서 처음으로 도읍을 다스렸는데, 평양에다 도읍을 정하고 국호를 조선이라고 하였다. 이것이 단군조선이다. 환웅은 천신(天神) 환인의 아들이다. 태백산의 박달나무 아래로 내려와 사람으로 변하여 웅녀와 합하여 아들을 낳았는데, 박달나무 아래에서 낳았으므로 인하여 단군이라고 하였다. 단군의 이름은 검(儉)으로, 나면서부터 신명하여 구이(九夷)가 임금으로 삼았다. 은씨(殷氏)[2] 무정 8년 을미에 단군이 구월산으로 들어가서 신이 되었다고 한다. 나이가 1천 48세였다. (『조선세기』)[3]

한치윤은 조선을 단군조선이라고 했고, 『삼국유사』에 아사달에 도읍을 정했다고 한 것과 달리, 왜곡서 『동국통감』에 따라 평양에 도읍을 정했다고 하였다. 또한, 단군의 이름을 검(儉)이라고 하였으며, 『조선세기』에 나온 '고조선의 도읍지 태백산이 중국 요녕성에 걸쳐 있었다.'는 사실과 『세종실록』 「지리지」에 나온 『단군고기』와 『삼국유사』의 내용을 대부분 무시하거나 왜곡한 것이었으니, 이승휴에 이어 안정복과 같은 부류의 인물이었다.

1) 명나라의 오명제(吳明濟)가 편찬한 책으로 연대는 미상이나 16세기 말로 추정하고 있다. 『한서』, 『삼국유사』, 『동국통감』을 뒤섞은 내용이었다.
2) 은나라, 즉 상나라를 사람으로 파악한 오류이다.
3) 한치윤, 『해동역사』 제2권, 「세기 2」 단군조선편 참조

5)『단군고기(檀君古記)』

1454년에는『세종실록』「지리지」[1]가 편찬되었는데, 여기에는 단군의 조선 건국사화(建國史話)가 실렸다. 시기적으로『삼국유사』와『제왕운기』가 먼저 나왔기에 이들 책의 내용을 상당히 수용했을 것으로 예단할 수 있지만, 실제로는『단군고기』에서 가져 왔음을 밝히고 있다. 그 내용을 살펴보면, 단군의 조선과 부여·동부여, 고구려 건국사화가 함께 실려 있어『삼국유사』나『제왕운기』에 비교할 수 없을 만큼 분량이 많고, 구체적이다.

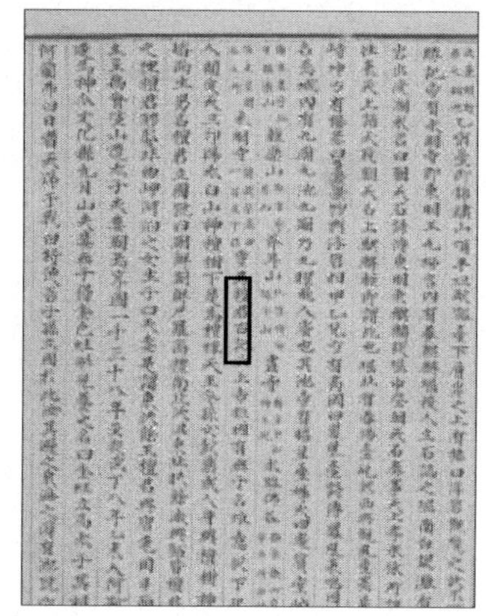

『단군고기』에 고조선 외 이들 나라가 함께 나온 것은 단군의 혈통이 이들 나라에 이어졌음을 밝힌 것이었다. 즉 단군의 자손인 해부루가 동부여를 세웠고, 부여 해모수의 아들 추모(주몽)가 고구려를 세워 나라를 이어갔음을 밝힌 것이니, '기자'나 '위만'은 정통이 아니라는 것을 간접적으로 말함이었다.

○『단군고기』에 이르기를,

"상제(上帝) 환인(桓因)이 서자(庶子)가 있었으니, 이름이 웅(雄)인데, 세상에 내려가서 사람이 되고자 하여 천부인 3개를 받아 가지고 태백산 신단수(神檀樹) 아래에 강림하였으니, 이가 곧 단웅천왕(檀雄天王)이 되었다. 손녀로 하여금 약을 마시고 인신(人身)이 되게 하여, 단수(檀樹)의 신과 더불어 혼

1) 원래는『세종실록』의「지리지」인데, 1937년 조선총독부에서 별책으로 만들어『교정세종실록지리지』를 간행했고, 뒤에 실록 국역 사업의 일환으로 세종대왕기념사업회에서 이를 우리말로 번역,『세종실록지리지』로 간행하였다.

인해서 아들을 낳으니, 이름이 단군이다. 나라를 세우고 이름을 조선이라 하니, 조선, 시라(尸羅), 고례(高禮), 남 · 북옥저, 동 · 북부여, 예(濊)와 맥(貊)이 모두 단군의 다스림이 되었다.

단군이 비서갑(非西岬) 하백(河伯)의 딸에게 장가들어 아들을 낳으니, 부루(夫婁)이다. 이를 곧 동부여왕이라고 이른다. 단군이 당요(唐堯)와 더불어 같은 날에 임금이 되고, 우(禹)[1]가 도산회의(塗山會議)[2]를 할 때 태자(太子) 부루를 보내어 조회하게 하였다. 나라를 누린 지 1천38년 만인 상나라 무정 8년 을미에 아사달(阿斯達)에 들어가 신이 되니, 지금의 문화현 구월산이다.[3]"

(이하 생략)

환인은 상제(上帝:천제)이고, 그의 아들 웅은 단웅천왕이라 하였으며, 단군은 웅의 아들이 아니라 환인의 손녀(단웅천왕의 딸)와 단수신이 혼인하여 탄생하였다고 하였다.

이는『제왕운기』와 같으나 혼인 과정에서 환인의 손녀가 인신으로 변하는 과정이 없다. 우(禹)가 도산에서 회동할 때 단군은 태자 부루를 보내 조회하였다는 것은 새로운 것이었다.

1) 우 : 중국 고대 하(夏) 왕조의 시조. 곤(鯀)의 아들로서 치수에 공적이 있어서 순(舜)으로부터 왕위를 물려받아 하나라를 세웠다고 한다. 왕에 오르기 전이니, '우(禹)'라고 기록한 것으로 본다.
2) 서기전 2267년경 요순시대 9년 대홍수의 치수를 위한 도산회의 때 태자 부루가 조선의 사자(使者)로서 회의를 주관했던 곳으로 중국 절강성 소흥현 서쪽이라는 주장과 회수(淮水)의 하류에 위치한 산이라는 주장이 있다.
3)『세종실록』,「지리지」, 평안도 평양부편 참조. 부록의 전문 참조

원구단 천제

고려말 삼은(三隱) 중의 한 사람으로 일컬어지고 있는 목은(牧隱) 이색(李穡)은 세태가 변하여 도의가 무너진 시대를 한탄하며 그 마음을 다음과 같이 읊었다.

요 임금이 즉위하던 무진년에
동방에 처음 임금이 있었으니
그때에는 하늘과 서로 통하여
괴이한 일들이 삼분(三墳)[1]을 이뤘는데
천재에 이르도록 장수를 누리며
동해 가의 땅을 다 점유했으니
질박하여 예는 간략하게 행하고
거칠어서 말은 꾸미지를 않았네.
어찌하여 내가 태어난 지금은
세상 변천이 뜬구름 같단 말인가[2]

---

1) 삼분(三墳) : 삼황(三皇)의 글을 가리킨 것으로, 아주 먼 옛날의 서적을 의미하고, 하늘과 서로 통했다는 것은 단군이 천제(天帝) 환인(桓因)의 외손자이었다는 『단군고기』의 내용을 두고 이른 말이다.
2) 이색, 『목은집』, 「목은시고」 제23권, 시편 참조

1392년 7월 17일, 고려국왕 뒤를 이어 등극한 이성계는 이듬해 정월 초하루, 근정전에서 신하들로부터 조하(朝賀)를 받은 후에 원구단(圓丘壇)에 가서 친히 제사를 지냈다. 과거 우리나라에서는 단군 때로부터 하늘에 제사를 지내어 근원에 보답하였으며, 부여 · 삼한 · 예 · 맥 · 고구려 · 백제 · 신라 등의 나라로부터 고려에 이르기까지 하늘에 제사를 지냈기 때문이었다.

이성계가 등극한 뒤 옛 제도를 모방하여 남교(南郊)에다 원구단을 쌓고 곡식이 잘 되기를 빌었는데, 명나라로부터 국호를 조선으로 낙점을 받은 후 국가의 사전(祀典)을 정비해가던 태조 2년 이후, '천자가 아니면 하늘에 제사지낼 수 없다'는 성리학자 중심의 중신들에 의하여 마침내 원구단에서 제사를 지낼 수 없게 되었다. 성리학적 명분론에 따라 제후국인 조선에서 '천자의 제천의례'인 원구제(圓丘祭)를 거행할 수 없다고 했던 것이다.

○ 노(魯) 나라 경대부 계손씨(季孫氏)가 태산에 산신제를 올렸다. 공자가 계씨의 가신으로 있던 제자 염유(冉有)에게 꾸짖어 말했다.

"네가 말릴 수 없었느냐?"

염유가 대답했다.

"말릴 수 없었습니다."

공자가 말하기를,

"오호 슬프다. 태산의 산신령이 예(禮)의 본질을 물었던 임방(林放)만도 못하다고 생각했단 말이냐? 제후만이 지낼 수 있는 사직제사를 대부가 참람하게 올리는데 태산의 산신령이 어찌 흠향하겠느냐?"[1]

○ 공자가 노나라 시조인 주공을 합제하는 천제[禘]를 지내는데 강신례(降神禮)가 이미 끝나자 퇴장하면서 말했다,

1) 『논어』, 「팔일」, 제6장 참조

"나는 그것을 더 이상 보고 싶지 않다."[1)]

공자가 노나라의 '체제(禘祭)'에 참관했으나 중간에 퇴장한 사건을 간략히 기록하고 있다. 그런데 체제란 천자만이 할 수 있는 것이므로 반역에 해당되는 것이지만 제후국인 노나라에 경대부 계손씨가 체제를 지낸 것은 노나라 시조인 주공(周公)을 합제하는 것이었기에 가능했던 것이다. 『예기』 대전편에는 "천왕(천자)이 아니면 천제께 제사하지 못한다.(不王不禘)"[2)]라고 못을 박고 있기 때문이었다.

사직의 제사는 제후가 지낼 수 있어도 하늘에 제사하는 체(禘)는 천자(황제)만의 특권이자 중대한 정치행사였던 것이다. 천자가 천제(天祭)에 조상신을 배제(配祭)하여 합제(合祭)하는 것도 체를 올리는 것에 해당하지만, 자기 조상이 나온 곳임을 천명하는 것이기 때문에 가능하다고 하였다. 이처럼 조선 초 성리학자들은 공자가 강조한 하늘제사인 체를 '제후국 조선' 태조에게 들이밀어 마침내 국가행사로서의 천제는 사라지게 되었다.

○ 원구(圜丘)[3)]는 천자가 하늘에 제사지내는 예절이니, 이를 폐지하기를 청합니다.

(중략)

조선의 단군(檀君)은 동방에서 처음으로 천명을 받은 임금이고, 기자(箕子)는 처음으로 교화를 일으킨 임금이오니, 평양부로 하여금 때에 따라 제사를 드리게 할 것입니다.[4)]

---

1) 앞의 책, 제10장 참조

2) 여기서 왕은 천자를 말함이다.

3) 원구 : 원구제(圜丘祭)의 준말로 조선 초기까지 국왕이 동지(冬至) 또는 정월 보름에 하늘에 제사를 지냈으나 그 후 폐지하였다가 1897년 '대한'의 광무황제가 원구단을 세우고 황제 즉위식을 거행하였다.

4) 『조선왕조실록』, 태조 1년 8월 11일조 참조

그러나 태종은 한때 원구단에 제사를 지내기도 하였으나 중신들이 반대를 거듭하자 이를 중지하고, 날씨가 오랫동안 가물어 모내기를 할 수 없을 경우에는 중신에게 명하여 산이나 절에 가서 기우제를 지내게 하였으니, 종전의 원구제와는 성격이 다른 것이었다.

세종 때에도 가뭄이 심하게 들자 고심하던 중신들은 기우제를 지낼 수 있는 명분을 찾으려고 애를 썼다. 그리하여 '진(秦) 나라는 서쪽에 있었기 때문에 백제(白帝)[1]에게만 제사를 지냈다. 우리나라는 동쪽에 있으니 마땅히 청제(靑帝)[2]에게 제사를 지내야 한다.'는 견해가 대두되어 격론을 벌인 후, 큰 가뭄이 심할 때는 '기우제 형식'으로 하늘에 제사를 지내기로 하고, 헐었던 원구단을 다시 쌓고 제사를 지냈지만 천손으로서 하늘에 제사를 지냈던 과거 의식과는 다른 것이었다.

세조가 즉위하던 때도 가뭄이 심하게 들자 중신들 사이에 다시 천제를 지내자는 의견이 대두되어 해마다 정월 보름에 이를 지내기로 정했다. 그러나 원구단에서 제사를 지냈지만 단군께 제사를 지낸 게 아니라 천신께 제사를 지낸 것이었다.

○ 예문관 제학 변계량(卞季良)이 아뢰기를,

"제후로서 하늘에 제사지낸 것은 노(魯), 기(杞), 송(宋)이 이런 경우입니다. 우리 동방은 단군이 하늘에서 내려왔으니 천자로부터 봉지(封地)를 나누어 받은 땅이 아닙니다. 그러므로 고황제(高皇帝)[3] 역시 우리나라가 하늘에 제사지내는 것을 알면서도 의식은 본조(本朝)의 풍속대로 따르고 법은 구장(舊章)을 지키도록 허락했던 것이니, 대개 해외(海外)[4]의 나라로서 애

1) 백제 : 가을을 맡은 신
2) 청제 : 봄을 맡은 신. 푸른색이 5행(五行)에서 봄에 해당되므로 쓰는 말이다. '춘위동제 우위청제(春爲東帝又爲靑帝)'(『상서위尙書緯』)에서 온 말이다.
3) 명나라 태조 주원장(朱元璋)을 가리킨다.
4) 크게는 중국에서 말하는 동해(東海 : 우리의 황해. 서해), 작게는 발해만의 동쪽 나라를 통칭하는 말이다.

초에 하늘로부터 명을 받았기 때문이었습니다."

하니, 태종이 그 말을 따라 다시 원구에 제사를 지냈다.

세종 초년까지만 하여도 원구에서 비를 빌었으나, 의논하는 자가 끝내 불편하다고 하였으므로 없애고 거행하지 않은 지 몇 년이 되었다. 이때에 이르러 상이 양성지(梁誠之)의 상소 중, '천지신명께 제사지내야 한다.'는 말을 깊이 받아들여 원구에 제사를 지내기로 결정하고, 유사에게 명하여 의주(儀註)를 마련하게 하였으며, 시일은 중국을 모방하여 정월 보름으로 정하였다.

상이 재계하고 면복을 갖추어 입고 단에 나아가 제사를 행하기를 의식대로 하였다.[1)]

태종 이후부터 세조 즉위 초에 조정에서 있었던 천제와 기우제에 관한 기록이 비교적 상세하게 드러나 있지만, 환인 · 환웅 · 단군, 즉 삼성에 대한 제사 얘기는 사당을 구월산에 세우고, 평양에 있던 단군 사당의 예에 따라 해마다 향과 축문을 보내어 제사지내게 한 것은 성종 3년이었다.

그 후 영조는 단군과 기자 및 신라 · 백제 · 고구려 시조의 능을 보수하도록 명하고, 삼성묘(三聖廟)에 독(櫝)[2)]을 설치하여 제사를 지내도록 하였으며, 정조는 단군께 제사지내는 의식을 바로잡고자 하였다. 특히 기자 예찬론자들로부터 귀찮은 소리를 듣지 않고 천제를 지낼 수 있게 '원구단'의 이름을 '남단(南壇)'으로 고치기까지 하였다.

○ "지금의 남단(南壇)은 바로 옛날 하늘에 제사지내던 원구단이다. 예(禮)에, 사서(士庶)는 오사(五祀)에 제사지내지 못하고, 대부(大夫)는 사직(社稷)에 제사지내지 못하며, 제후는 천지에 제사지내지 못한다고 하였다. 우리나라의 건국은 단군(檀君)에게서 시작되었는데, 역사책에 '하늘에서 내려왔으

---

1) 『국조보감』, 제10권. 세조 2년조 참조

2) 독(櫝) : 신주를 넣어두는 궤. 여기서는 제단을 의미한다.

므로 돌을 쌓아 하늘에 제사지내는 의식을 행하였다.'고 하였다. 그 후로도 모두 그대로 따른 것은 중국의 모토(茅土)를 받지 않는 것이 크게 참람한 데에 이르지 않기 때문이었다.

우리 조정에 이르러서 혐의를 구별하고 은미함을 밝히고자 하여 원구단의 명칭을 남단으로 고쳤으니, 대개 군국(郡國)과 주현(州縣)이 제각기 풍사(風師)·우사(雨師)에게 제사지내는 제도를 쓴 것이었다. 그러나 지극히 경건하고 지극히 정결하게 하는 정성이 어찌 원구단과 남단의 명칭이 다르다고 해서 차이가 있겠는가?

그러나 문헌이 없어져서 근래에 행해지는 규정은 도리어 농잠(農蠶)이나 석채(釋菜)만도 못하게 되고 말았다. 옛날에 정1품이었던 헌관(獻官)의 작품(爵品)이 지금은 종2품이 되고 옛날에 3색(色)으로 했던 대갱(大羹)·화갱(和羹)이 지금은 새끼 양과 돼지의 2색이 되어 『오례의』에 기재된 내용과 크게 어긋난다. 대신에게 의논해서 바로잡도록 하라."[1]

1) 『국조보감』 제73권, 정조 16년조 참조

단군에 대한 인식

태종 때 예조 우참의(右參議) 허조(許稠)가 명나라를 다녀와서 상서하기를, 명나라 조정에서 요임금께 제사하듯 그에 준하는 예로 기자(箕子)께 제사를 지낼 것을 건의하였다.

○ "명나라 동평주(東平州)의 관리가 말하기를, '고을에 요임금의 사당이 있는데, 조정에서 해마다 사람을 보내어 제사한다.'고 하였습니다. 경사(京師)[1]에 이르니, 이부상서 건의(蹇義)가 신 등에게 묻기를, '기자의 후손이 있는가?' 하였습니다. 신이 대답하기를, '후사(後嗣)는 없다. 그러나 본국에서 소재지 고을의 수령에게 명하여 행한다.'고 하였습니다. 신은 생각건대, 본국에서 기자가 있는 것이 중국에서 요임금이 있는 것과 같습니다. 빌건대, 기자 사당은 조정에서 요임금을 제사하는 예에 의하여 제사하소서."

예조에 이를 내리라고 명하였다.

하륜(河崙)이 또한 일찍이 건의하여 조선의 단군을 제사하도록 청하였다. 예조에서 참상(參詳)하기를,

"기자의 제사는 마땅히 사전(祀典)에 싣고, 춘추에 제사를 드리어 숭덕(崇德)의 의를 밝혀야 합니다. 또 단군은 실로 우리 동방의 시조이니, 마땅히 기자와 더불어 한 사당에 제사지내야 합니다."

1) 명나라 수도 남경

하니, 그대로 따랐다.[1)]

그리하여 단군은 기자 제사상에 숟가락을 들고 앉게 되었다. 그런데, 세종 때 사온서 주부(注簿) 정척(鄭陟)이 제례와 신위의 배향에 있어서 기자에 비해 단군이 홀대받고 있는 것을 바로잡아 줄 것을 상서하였다.

○ "신의 어리석은 소견으로 단군은 요임금과 같은 시대에 나라를 세워 스스로 국호를 조선이라고 하신 분이고, 기자는 주나라 무왕의 명을 받아 조선에 봉하게 된 분이니, 역사의 햇수를 따지면 요임금에서 무왕까지가 무려 1천2백30여 년입니다. 그러니 기자의 신위를 북쪽에 모시고, 단군의 신위를 동쪽에 배향하게 한 것도, 실로 나라를 세워 후세에 전한 일의 선후에 어긋남이 있다고 생각 합니다.

(중략)

우리 태조 강헌대왕(康獻大王)께서 명나라 태조 고황제에게 국호를 정하는 일을 청했을 때, 태조 고황제는 조선이라는 명칭을 이어받기를 명하였던 것이고, 그 뒤로 중국 사신으로서 평양을 지나는 자가 혹 사당에 가서 배알하게도 된 것이니, 그런즉 명칭은 기자 사당으로 되어 있는데, 단군 신위를 모시는 것은 진실로 미편(未便)한 일입니다.

신이 또 들으니, 기자 사당에는 제전(祭田)이 있고 단군을 위해서는 없기 때문에, 기자에게는 매달 초하루와 보름마다 제물을 올리되, 단군에게는 봄가을에만 제사한다 하옵니다. 현재 단군 신위를 기자 사당에 배향하게 되어서 한 방에 함께 계신데 홀로 단군에게는 초하루 · 보름 제물을 올리지 아니한다는 것은 또한 미안하지 않을까 합니다.

신의 생각에는 단군의 사당을 별도로 세우고, 신위를 남향하도록 하여 제사를 받들면 거의 제사 의식에 합당할까 합니다."

하니, 이 글을 예조에 내리어 그대로 이행하도록 명하였다.[2)]

---

1) 『조선왕조실록』, 태종 12년 6월 6일조 참조
2) 『조선왕조실록』, 세종 7년 9월 25일조 참조

기자 신위는 기자의 사당이니만큼 주인 대접을 받게 되었지만, 단군 신위는 남의집살이와 같은 신세인데다가 기자 신위는 제수 마련을 위한 제전(祭田)이 있어서 매달 초하루와 보름에 제사를 받지만, 단군 신위는 1년에 두 번 제사를 받고 있었음을 볼 때, 큰 차별을 받고 있었음을 알 수 있다. 그리고 신패(神牌)를 살펴보면, 기자에 비해 단군은 매우 홀대받았음을 알 수 있다.

○ 평안도.

나라에서 행하는 평양부의 평양강은 중사(中祀)이고, 단(壇)의 위판(位版)은 평양강지신이라 쓰고, 기자는 중사이고, 전(殿)의 위판은 '조선 시조 기자(朝鮮始祖箕子)'라 쓰고, 단군은 중사이고, 고구려 시조는 중사이니, 전의 단군 위판은 '조선 단군(朝鮮檀君)'이라 쓰고, 고구려 위판은 '고구려 시조(高句麗始祖)'라 쓸 것.[1)]

(이하 생략)

세종 19년에는 각도의 강과 바다, 도랑과 산, 단묘(壇廟)와 신패의 제도를 정비하게 하였는데, 세종은 예조가 올린 안을 그대로 재결을 하니, 그때부터 단군은 고조선의 시조 자리를 기자에게 빼앗기게 되었다.

○ 경창부윤(慶昌府尹) 이선제(李先齊)가 상서하였다.

(전략)

"대저 단군이 평양을 떠난 지 4백여 세에 돌아와 아사달에 숨어 신이 되었으니, 여기에서 임금 노릇을 하였고 여기에서 신이 되었으니, 이 땅을 싫어하지 않은 것은 분명합니다. 기자가 40대(代)를 전하고, 연나라 사람 위만이 왕검성에 도읍하여 2세(世)를 전하였고, 고구려는 7백5년을 전하였으며, 신라는 병합한 지 2백여 년이고, 고려 왕씨는 4백여 년을 전하였으니, 단군

1) 『조선왕조실록』, 세종 19년 3월 13일조 참조

이 평양을 떠난 것은 아득하게 먼데, 평양을 돌아보고 연연하겠습니까? 또 산신이 되어 토인(土人)의 높이고 제사하는 것을 받았으니 어찌 평양에 즐겁게 옮기어 동명왕(東明王)과 사당을 함께 하려고 하겠습니까?

(중략)

신의 어리석은 생각으로는 예전 당(堂)을 수리하고 새로 신상(神像)을 만들기를 엄연히 중국 조천궁(朝天宮)에 있는 열수(列宿)[1]의 상과 같이 하거나 또 삼차하(三叉河) 해신(海神)의 모양과 같이 하여 좌우에 나누어 앉히어서 존경하기를 예전과 같이 하며, 조관(朝官)을 명하여 보내어 성당(聖堂)에 고해서 가만히 돕도록 빌면 어찌 밝게 이르러 복을 내리는 것이 없겠습니까?

혹자는 말하기를, 천제가 단수(壇樹)[2] 아래에 내려와 단군을 낳았다는 것은 일이 괴탄(怪誕)한 데에 가까워서 족히 믿을 것이 못 된다 합니다. 그러나 신인(神人)의 출생은 상민(常民)과 다릅니다. 간적(簡狄)은 검은 새의 알을 삼키고 설(契)을 낳았고, 강원(姜嫄)은 천제의 발자국을 밟고 후직(后稷)을 낳았으니, 이것은 중국의 상고의 일입니다. 어찌 용이하게 의논하겠습니까? 우리나라의 일로 말하면 신라 처음에 양산(陽山) 기슭에 말이 있어 꿇어 울기에 사람이 가서 보니 말은 홀연히 보이지 않고, 다만 큰 알이 있었습니다. 깨뜨리니 어린아이가 껍질 속에서 나왔는데, 나이 10여 세가 되니 대단히 숙성하였습니다. 육부(六部) 사람들이 신이(神異)하게 여기어 추존하여 세워서 임금을 삼았으니, 곧 시조 박혁거세입니다. 북부여의 국상(國相) 아

---

1) 열수 : 여러 성인

2) 단수(壇樹) : 실록의 원문에는 단수(檀樹)인데 국사편찬위원회가 번역할 때 일제 식민사학자들과 이병도, 최남선 등의 무리가 주장하는 한자어로 둔갑시켰다.

란불(阿蘭弗)의 꿈에 천제가 내려와서 말하기를, '장차 내 자손으로 하여금 여기에 나라를 세우겠으니 너는 피하라.' 하였으니, 이것은 동명왕이 장차 일어날 조짐입니다.

(중략)

이것이 모두 상류(常類)와 달라서 혹자들이 함께 의심하는 것입니다. 그러나 고적(古籍)에 써서 사람들이 다른 말이 없는데, 어찌 홀로 단군을 괴이하다 하여 강구하지 않겠습니까?"[1]

단종 즉위년 여름, 황해도 지방에 괴질(怪疾)이 돌아 많은 사람이 숨지자, 이선제가 단군의 위판을 구월산 삼신당에서 평양의 기자의 사당에 모셔 놓은 것과 단군의 위판을 기자의 사당에서 동명성왕 사당에 옮겨 놓은 것을 지적하고 있다. 단군의 위판이 남의집살이를 하는 것이 이치에 맞지 않으니, 차라리 중국 조천궁(朝天宮)에 있는 여러 성인처럼 모시는 것이 어떻겠느냐고 색다른 방안을 제시하고 있다.

그리고 중국 역대 임금과 신라 · 고구려 시조의 탄생 사화(史話)를 예로 들며, 유독 단군의 건국과 관련된 이야기만 괴이하다 하여 나라에서 소홀하게 하는 처사가 옳지 않음을 지적하고 있다.

○ '조선 단군' 신주(神主)를 '조선 시조 단군지위(朝鮮始祖檀君之位)'로, '후조선 시조 기자'를 '후조선 시조 기자지위'로, '고구려 시조'를 '고구려 시조 동명왕지위'로 고쳐 정하였다.[2]

위패에 단군은 '조선 단군'으로, 기자는 '후조선 시조 기자'로 되어 있던 것을 바로 잡았다고 했다. 단군의 위상이 기자에 늘 미치지 못하다가 겨우 동급이 된 셈이다.

---

1) 『조선왕조실록』, 단종 즉위년 6월 28일조 참조
2) 『조선왕조실록』, 세조 2년 7월 1일조 참조

○ 중추원 의관 백호섭(白虎燮)이 상소하기를,

(전략)

"단군은 가장 먼저 출현하시어 태고(太古) 시대에 처음으로 나라를 여시었는데, 건국은 도당씨(陶唐氏) 요임금과 연대를 나란히 하고 천세의 긴 보력(寶曆)을 누리셨습니다. 지금 능(陵)이 강동군 읍치(邑治)에서 서쪽으로 5리 떨어진 태백산(太白山) 아래에 있는데, 이것은 해당 고을의 '읍지(邑誌)'와 『관서문헌록』에 소상히 기재되어 있고, 고(故) 상신(相臣) 허목(許穆)이 찬술한 『단군세가』에 '송양(松壤) 서쪽에 단군 무덤이 있는데, 송양은 지금의 강동현이다.' 라고 하였으니, 확실한 증거가 분명하게 드러나 있습니다.

그리고 그 산 아래에 거주하는 인민들은 그 땅에 들어가서 밭을 갈거나 호미질을 하지 않고 나무하거나 소 먹이는 것을 삼간 지가 지금 4천 년에 이르는데, 우러르고 공경함이 떳떳한 본성에서 나왔기 때문에 도모하지 않고도 같은 마음이 된 것입니다. 해당 고을의 사림(士林)들이 봉식(封植)해 달라는 뜻으로 관찰부와 군에 누차 청한 사실이 문서에 누적되어 있는데, 누가 시켜서 그렇게 했겠습니까?

우리 성조(聖朝)에서 숭보(崇報)의 전례를 거행하는 데에 정성을 다하여 지난 기축년(1889년)에 봉축(封築)한 기자릉(箕子陵)과 신묘년(1891년)에 봉축한 동명왕릉(東明王陵)의 상설(象設)을 똑같은 규모로 하시니 귀신과 사람이 모두 기뻐하였습니다. 세 성인이 서로 나라를 이은 순서로 볼 때 당연히 이 두 성인보다 먼저 단군묘(檀君墓)를 높여 단군릉(檀君陵)을 봉축했어야 하는데도 아직까지도 이처럼 하지 못하니 어찌 숭보하는 거조(擧措)에 흠이 되지 않겠습니까?

(중략)

삼가 바라건대, 황상께서는 이 천한 사람의 말을 굽어 살피시고 조정에서 의견을 널리 모으시어 특별히 본도 도신으로 하여금 강동의 단군묘를 기자릉과 동명왕릉의 전례에 의거하여 똑같이 높여 단군릉을 봉축하게 하여 성인을 높이는 의리를 밝히시고 백성의 마음을 달래 주소서."

하였는데, 받든 칙지에,

"상소를 보고 잘 알았다. 숭보의 논의가 오히려 늦었다고 하겠다. 하지만 사체 상 신중하게 해야 하니 의정부로 하여금 품처하게 하겠다."

하였다.[1)]

단군릉에 대한 기록이 분명하고, 능 주변 사람들이 4천 년 동안 성스럽게 지켜온 바를 자세하게 말하고 있다. 특히 단군릉을 먼저 봉축했어야 하는데, 아직 봉축하지 않았으니, 단군릉을 기자와 동명성왕의 능처럼 단장해 주기를 바라는 글이니, 단군은 조선 5백 년 동안 천덕꾸러기 신세였다.

---

1) 『승정원일기』, 광무 3년(1899년) 12월 29일조 참조

매장한 고조선의 역사

현존하는 『삼국유사』에서 국호부터 '조선'이라 하지 않고 '고조선'이라고 한 것은 전 주(註)에서 언급했듯이 그 책이 중종 7년(1512) 경주부윤 이계복의 책임 아래에 중간한 것이었기 때문이다.

그의 발문(跋文)에 의하면, 당시 경주부에는 옛 책판(冊板)이 보관되어 있었지만, 1행 중 겨우 4, 5자를 판독할 수 있을 정도로 마멸이 심하였기에 완전한 인본을 구해서 책판을 개간(改刊)할 때 전체 책판 290매 중 약 40매는 구각판(舊刻板)을 그대로 사용하고, 나머지는 다시 새겼다고 했다.

당시 국호가 조선이었기에 개간할 수밖에 없었을 것이니, 궁여지책이었을 것이다. 내용도 1454년에 나온 『세종실록』「지리지」의 『단군고기』와 비교했을 때 그 내용의 차이는 엄청나다. 따라서 많은 주석은 원본의 것일 수도 있지만, 중간본을 낼 때 많이 고쳤음이 분명하다. 이런 책을 일제강점기 전후 식민 사학자들과 그들의 앞잡이들은 우리 역사 왜곡의 바탕서로 삼았던 것이다.

적어도 조선 세종 때까지 전해오던 『단군고기』가 사라지고 없기에 고조선에 대한 역사서로 『삼국유사』가 가장 오래된 책이 되고 말았다.

그러나 원본이 없고, 중간본이 분명한데도 불구하고 최근 이 판본인 정덕본(正德本)[1]을 비롯한 여러 판본의 낱권까지 이 국보나 보물로 지정하였으니, 한마디로 어처구니가 없다.

고조선의 건국 연대, 단군의 치세, 영토의 범위 등에 대한 견해는 아직도 완전하게 해결되지 못한 실정이지만, 고조선의 건국 연대는 서기전 2333년이라는 것이 대체적인 공통 견해였기에 1948년 9월 25일 대한민국 법률 제4호 「연호에 관한 법률」에서,

"대한민국의 공용 연호는 단군기원으로 한다."

라고 하고, 그 부칙에서,

"본법은 공포한 날로부터 시행한다."

라고 하였지만, 실제로는 그 법률이 제정되기 전부터 널리 사용되기 시작하였다. 1948년 8월 15일이 정부수립일인데 그에 앞서 헌법 제정을 하고, 그 전문(前文)에 이미 단군기원을 사용한 바 있었다.

전문

유구(悠久)한 역사와 전통에 빛나는 우리들 대한민국은 기미 3·1운동으로 대한민국을 건립하여 세계에 선포한 위대한 독립정신을 승계하여, 이제 민주 독립국가를 재건함에 있어서 정의 인도와 동포애로써 민족의 단결을 공고히 하며, 모든 사회적 폐습을 타파하고 민주주의 제제도(諸制度)를 수립하여, 정치, 경제, 사회, 문화의 모든 영역에 있어서 각인의 기회를 균등히 하고, 능력을 최고도로 발휘케 하며, 각인의 책임과 의무를 완수케 하여, 안으로는 국민생활의 균등한 향상을 기하고, 밖으로는 항구적(恒久的)인 국제평화의 유지에 노력하여, 우리들과 우리들의 자손의 안전과 자유와 행복을 영원히 확보할 것을 결의하고, 우리들의 정당 또 자유로이 선거된 대표로서 구

1) 중종 7년(1512) 판본을 말한다. 정덕(正德)은 명나라 무종(武宗) 때의 연호이다.

성된 국회에서 단기 4281년 7월 12일 이 헌법을 제정한다.

단기 4281년 7월 12일
대한민국 국회의장 이승만

그러나, 5·16 군사정변 후 1961년 12월 2일부 법률 제775호「연호에 관한 법률」에서,

"대한민국의 공용 연호는 서력기원으로 한다."

라고 하고, 다시 그 부칙에서,

"본법은 서기 1962년 1월 1일부터 시행한다. 법률 제4호에 관한 법률은 이를 폐지한다. 본법 시행 당시의 공문서 중, 단기로 표시된 연대는 당해 연대에서 2,333년을 감하여 이를 서력 연대로 간주한다."

라고 하여, 법제화함으로써 단군기원은 폐지되고 서력기원이 채택되었다.

최근 고조선과 관련하여『환단고기』의 내용을 바탕으로 단군과 고조선의 역사를 구체적으로 논증한 논저가 많이 나오고 있다. 특히 이 책이 어느 역사서에서 볼 수 없는 내용이 담겨 있고, 인용된 주요 역사서가 수천 년에 걸쳐 있는 것이라는 점과 어느 역사서에 비해 오류가 적은 점에 학자들은 놀라움을 금치 못하고 있는 실정이지만, 이른바 '위서(僞書)'라고 주장하는 학자들도 상당하다.

건국사화는 역사적인 사실 그 자체도 중요하고, 그 속에 내재된 역사성도 중시해야 한다. 손바닥 크기 분량의 글에서 건국의 과정과 수천 년 역사가 옹근 모습으로 담겼다고 생각하는 것 자체가 어리석은 것이 아닐까? 이는 헌법 전문으로써 헌법 전체 내용을 파악하려고 덤비는 것과 무엇이 다르랴!

우리 민족의 건국사화는 현재 『세종실록』 「지리지」에 인용된 『단군고기』가 가장 공인된 기록으로 봐야 한다.

수천 년 전부터 단군의 역사는 우리 민족으로 하여금 천손(天孫) 단군의 자손이라는 선민의식과 함께 반만년 역사를 지닌 민족이라는 긍지를 갖게 했으며, 우리 민족이 수천 년 동안 천재지변이나 수많은 외침을 당했을 때마다 민족의 단합을 하게 만든 구심체 역할을 해 온 것으로 그 의의를 찾아야 할 것이다.

3부
사대모화의 폐해

최익현이 유배지 흑산도에 새긴 글
“기봉강산 홍무일월(箕封江山 洪武日月)”
‘기자를 봉한 땅, 홍무의 명나라 땅’
그런데, “최익현 선생이 일제에 비분강개하여 조선 독립을 주장한 글”
이라니…….

조선과 서여(胥餘)

서기전 1120년경 상(商) 나라의 종친인 서여(胥餘)는 기국(箕國)이라는 작은 나라의 자작(子爵)으로 있었다. 그는 '기국의 자작'을 줄여서 "기자(箕子)"라 불리었고, 미국(微國)의 자작인 "미자(微子)", 상나라 왕 태정(太丁)의 아들이자 주왕(紂王)의 숙부인 "비간(比干)"[1]과 함께 상나라 말기 3명의 어진 사람으로 일컬었다.

상나라 서여와 관련된 '조선'이란 이름이 나오는 중국의 사서를 살펴보면, 사서 편찬 시기에 따라 행정구역과 인구가 다소 차이가 있음을 알 수 있다.

○ 낙랑군은 무제 원봉 3년(서기전 108)에 열었다. 왕망(王莽)은 낙선정이라 했다. 유주에 속한다. 가구는 6만 2,812호이고, 인구는 40만 6,748명이다. 운장이 있다. 현은 25개이다. 조선, 염감, 패수는 물이 서쪽으로 증지현에 이르러 바다로 들어간다.

樂浪郡 武帝元封三年開. 莽曰樂鮮亭 屬幽州. 戶六萬二千八百一十二, 口四十萬六千七百四十八. 有雲鄣. 縣二十五 朝鮮, 䛁邯, 浿水 水西至

1) 이름은 비(比)이고, 간(干)이라는 나라에 봉해진 주왕의 숙부이다.

增地入海.[1]

남송의 범엽(范曄)이 편찬한 『후한서』「군국지」에는 낙랑군에는 조선성(朝鮮城)을 비롯하여 18개의 성이 있는데, 이곳에는 가구가 6만 1,492호, 인구가 25만 7,050명이라고 했다.[2] 그리고 『진서』[3]에는 "조선현(朝鮮縣)은 주나라가 기자를 봉한 땅"이라고 하였다.

○ 낙랑군은 한나라에서 설치했다. 6개현을 다스리며 3,700호이다.

조선현은 주나라가 기자를 봉한 땅이다. 둔유현, 혼미현, 수성현은 진나라 장성이 시작된 곳이다. 누방현, 사망현이 있다.

樂浪郡 漢置. 統縣六, 戶三千七百.

朝鮮周封箕子地. 屯有, 渾彌, 遂城秦築長城之所起. 鏤方, 駟望[4]

조선현은 진(晉) 나라와 한(漢) 나라 때는 낙랑군에 속했는데, 뒤에 폐지했다가 북위(北魏) 태무제 때는 북평군에 속한 현이었다.

○ 북평군은 진(秦) 나라 때 설치하였고, 2개의 현을 거느렸다.

조선현은 이한[5](二漢 : 전한 · 후한) 때와 진(晉) 나라 때 낙랑군에 속했으나 후에 폐지하였다. 연화[6] 원년 조선현 사람들을 비여(肥如)로 옮겨서 다시 조선현을 설치하였다.

---

1) 『한서』 권28 하, 「지리지」 제8 하, 낙랑군조 참조. 『한서』는 『전한서』 · 『서한서』라고도 한다. 유방이 전한을 건국한 서기전 206년부터 왕망의 신나라가 멸망한 24년까지 역사서로 82년경 반고(班固)가 편찬하였다. 주석은 당나라 안사고(顔師古)가 부각(付刻)한 이후 청나라 말기에 왕선겸(王先謙)이 집대성하여 『한서보주』로 편찬하였다.

2) 『후한서』, 「지」 제23, 군국5 낙랑군조 참조

3) 『진서』는 중국 진나라(265~418)의 기록을 담은 역사서이다. 648년 당나라 태종 때에 방현령 · 이연수 등 20여 명의 학자가 편찬하였다.

4) 『진서』, 「지리지」 권4 상, 낙랑군조 참조. (원문 : 樂浪郡 漢置. 統縣六 戶三千七百. 朝鮮周封箕子地. 屯有 渾彌 遂城秦築長城之所起. 鏤方 駟望)

5) 이한 : 돌궐의 사타족(沙陀族) 출신 유지원(劉知遠)은 후진이 거란에 망하자 이 틈을 타서 후한(後漢)을 세웠다. 후세의 사가들은 유방이 세웠던 한나라를 전한(前漢)이라 일컬었다.

6) 연화(延和) : 북위 태무제 때의 연호로 432년이다.

北平郡秦置領縣二.

朝鮮二漢晉屬樂浪後罷. 延和元年徙朝鮮民於肥如復置屬焉.[1)]

조선현은 『한서』「지리지」와 『진서』「지리지」, 『후한서』「군국지」 등에 모두 낙랑군에 속한 현이었고, 『위서』「지형지」에서 북위 태무제 때는 북평군에 속했음이 명백하게 기록되어 있다.

『사기』에 "무왕이 주를 정벌하고서 기자를 조선에 봉하였다.", 『한서』에 "현도와 낙랑은 본디 기자가 봉해진 곳이다."라는 구절에만 함몰되어 다른 내용을 간과했던 오류가 천 년을 이어 온 것이다. 『사기』에 나온 조선은 '조선현'이지, 국명을 뜻하는 것이 아님을 명백하게 드러나고 있다.

그리고 『동사강목』은 안정복(安鼎福)이 정조 2년(1778)에 저술한 역사서인데, 이른바 '기자조선'부터 고려에 이르는 통사를 다루었다.

○ 『사기』「미자세가(微子世家)」에,

"무왕이 기자를 조선에 봉했다."

하였고, 『서경』「홍범대전(洪範大傳)」에,

"무왕이 상나라를 이기고 갇혀 있는 기자를 석방하니, 기자는 주나라의 석방을 차마 그대로 받아들이지 못하여 조선으로 달아났는데, 무왕이 이를 듣고 곧 가자를 조선에 봉했다."

하였고, 『한서』「지리지」에는,

"상나라 국운이 쇠하자 기자는 조선으로 갔다."하였고, 『후한서』에도,

"기자가 쇠한 상나라 운수를 저버리고 조선으로 피신하였다."

하였다.[2)]

---

1) 『위서』, 「지형지」, 북평군조 참조. 『위서』는 『북위서』라고도 한다. 554년 북제의 위수(魏收)가 편찬했고, 1144년 남송 때 중간, 이후 명 · 청대에 중간되었다.

2) 안정복, 『동사강목』, 「부록」 상권 상, 고이편 참조

안정복은 '기자'에 관하여 후대로 내려올수록 부풀려지고 누적된 중국 사서의 내용을 본집과 부록에서 자세히 실었지만, 그가 주나라 무왕을 피해 조선현(당시는 고조선 땅)으로 달아나서 이른바 '구이(九夷)'라고 일컬었던 지역의 많은 제후국을 거느렸던 막강한 조선을 정복했을 가능성은 매우 희박하다고 본다.

왜냐하면, 중국에는 하(夏) 나라 때부터 귀족은 공(公)·후(侯)·백(伯)·자(子)·남(男)의 5등급으로 구분하였고, 그 후 나라마다 유사한 관작 명칭이 있었다. 'O공', 'O후', 'O백', 'O자' 등인데, 자작은 겨우 50~100리 정도의 봉토(封土 : 식읍食邑)를 받았기 때문에 그 힘으로 어찌 거대 조선(고조선)을 정복할 수 있었겠는가?

원문 사료의 왜곡

현존하는 『삼국유사』에서 국호부터 '조선'이라 하지 않고 '고조선'이라고 한 것은 조선 중종 7년(1512) 경주부윤 이계복(李繼福)이 중간했기 때문인가? 그의 발문(跋文)에 의하면, 전체 책판 290매 중 약 40매는 구각판(舊刻板)을 사용하고, 나머지는 다시 새겼다'고 했는데, 이때 많은 내용이 첨삭되었던 것으로 판단한다고 전술한 바 있다.

중국 사서에는 단군이 세웠던 조선을 생략했거나 '고려'로, 고구려를 '고려'·'구려(句麗)' 등으로 지칭하기도 했지만, 『구당서』「배구전(裵矩傳)」에서 "주(周)가 기자(箕子)를 봉하고 조선이라 하였다."라고 했으니, 단군이 세운 조선은 날아가 버린 터무니없는 내용을 실었다. 또 고죽국(孤竹國)이 고조선 시대에 요서(遼西) 지역에 위치했던 나라로 서기전 664년 제(齊) 나라에 의해 멸망되었는데, 『삼국유사』에는 황해도 해주에 있었다고 얼토당토 않는 주를 달아놓았다.

○ 당나라의 「배구전」에 이르기를,

"고려는 본시 고죽국(孤竹國) - 지금의 해주(海州) - 인데 주(周)가 기자를 봉하고 조선이라 하였다. 한(漢)이 3군(郡)으로 나눠 설치했으니, 현도·낙랑·대방 - 북대방(北帶方) - 이다."

라고 하였으며, 『통전』[1]에도 역시 이 설명과 같다. -『한서』에는 곧 진번 · 임둔 · 낙랑 · 현도의 4군인데, 여기서는 3군이라 하며 또 이름도 같지 않으니 무슨 까닭인가? -[2]

여기에 인용된 당의 「배구전」은 『구당서』에 나오는 내용이다. 배구(557~627)는 중국 수 · 당에 걸쳐 활약한 정치가로서 수 문제(文帝)에게 고구려가 본래 고죽국이고, 주나라가 기자를 봉했음을 말하면서, 고구려를 쳐서 복속시키기를 권하는 글 속에 있는 내용이었다.

○ 고려는 본래 고죽국(孤竹國)이다. 주나라 때는 기자를 봉하였고, 한나라 때는 3군으로 나눠 다스렸고, (중략)

진나라 때는 요동(遼東)을 (두어) 통치하였다.

이 글에는 기자와 고구려와의 관계, 이른바 한사군의 위치에 대한 간단한 내용이 나온다. 이것을 『삼국유사』에서 인용한 것인데, 뒷 구절을 빼고 주를 마구 달았으니 그 내용이 매우 다르다.

이처럼 『삼국유사』를 중간하면서 지적 수준이 낮고 역사의식이 부족한 사람들이 원문을 고치고, 엉터리 주를 마구 달았기 때문에 원래의 모습과는 상당히 다른 것으로 추정할 수 있다.

고려 때 '기자' 서여(胥餘)에 대한 기사가 『고려사』 · 『고려사절요』에 처음 등장한 것은 숙종 7년이었다. 그 당시 고려는 해동통보(海東通寶)를 만들어 시장경제가 활성화되던 시기로 비교적 문물이 융성하던 때였다.

○ (숙종) 7년(1102) 겨울 10월에 예부에서 아뢰기를,

"우리나라가 예의에 교화되기는 기자(箕子)로부터 시작되었는데, 아직도 사당(祠堂)이 없고 사전(祀典)에도 빠졌사오니, 분묘를 찾게 하고 사당을 세

1) 당(唐)의 두우 (杜佑)가 편찬한 역대 문물 · 제도를 기록한 책
2) 『삼국유사』 권 제1, 「기이」, 고조선 편 참조

워서 제사지내기를 청합니다."

하니, 그 말을 따랐다.[1)]

고려에서 기자 무덤을 만들고, 기자의 사당인 기자묘(箕子廟)를 만든 직후인 1123년 중국 송나라 사신 서긍(徐兢)이 고려에 와서 보고 들은 것을 그림을 곁들여서 기록한 책이 『선화봉사고려도경』인데, 흔히 줄여서 『고려도경』이라 부른다.

이 책에는 기자가 사람의 이름이 아니라고 하면서도 기자의 벼슬 '자작(子爵)'에서 성(姓)을 따와서 자(子)씨라고 하고, "자성(子姓)이 나라를 차지한 지 8백여 년"라고 하였다. 이 말은 '기자가 자씨인데, 그 자씨가 나라(조선)을 차지한 지 8백여 년'이란 뜻이다. 이것은 그 당시보다 700년 전에 『후한서』에 기록된 "기자가 죽은 뒤 40여 세대가 지나서"라는 내용을 엄청나게 바꾼 것이었다.

옛날에는 시간의 흐름을 나타내는 단위로 '세대'와 '갑자(甲子 : 육십갑자의 준말)'를 주로 사용하였다. 당시 한 세대는 20년, 갑자는 60년으로 계산했다. 『후한서』에서 '세대'의 의미를 시간의 흐름으로 기록하였는데, 『고려도경』에는 시간의 흐름과 핏줄의 흐름을 합친 개념으로 만들어서 이른바 '기자'의 후손이 8백여 년 동안 조선의 국왕이었다는 의미로 기술하였다.

이른바 '기자조선'이라는 나라가 처음으로 등장한 셈인데, 서긍이 고려에서 보고 들은 바를 적은 것이라고 한 말에 주목하면, 고려 때 누군가에 의해 조작한 것이 분명하다.

○ 『후한서』에는 기자가 죽은 뒤 40여 세대가 지나서 조선후(朝鮮侯) 준(準)이 스스로 왕이라고 칭하였다.[2)]

---

1) 『고려사절요』 제6권, 숙종 명효대왕 7년 10월조 참조
2) 한치윤, 『해동역사』 제2권, 「세기」 2, 기자조선편 참조

○ 고려의 선조는 대개 주(周) 무왕이 조선에 봉한 기자서여(箕子胥餘:기는 봉지, 서여는 이름)이니, 성(姓)은 자(子)이다. 주(周) · 진(秦)을 지나 한(漢) 고조 12년(서기전 195)에 이르러 연(燕) 나라 사람 위만(衛滿)이 망명할 때 무리를 모아 추결(椎結 : 상투)하고 와서 동이(東夷)를 복속시켜 차차 조선 땅을 차지하고 왕 노릇을 하였다. 자성(子姓)이 나라를 차지한 지 8백여 년 만에 위씨(衛氏)의 나라가 되었고, 위씨가 나라를 차지함이 80여 년이었다.[1)]

자작(子爵)의 준말 '자(子)'가 어느새 성(姓)으로 바뀌어 서여의 이름이 자서여가 되었고, 우리나라의 기원을 단군이 세웠던 조선(고조선)으로 하지 않고, 기자가 들어온 그때부터 시작된 것이 되고 말았으며, 그 이후에 나온 중국사서는 이 책을 따랐으니, 단군이 세웠던 조선은 역사에서 사라지게 되었다.

조선후기 순조 때 한치윤(韓致奫)은 기자와 이른바 기자조선에 관한 중국 후대의 자료를 그대로 뽑아서 펼쳐놓았다. 그는 중국의 방대한 자료들을 발췌, 정리하면서 '안서(按書)'를 병기(倂記)하여 바로잡거나 자기의 의견을 곁들이는 방법을 취하였지만, 개인으로서는 한계가 있었기 때문에 많은 오류를 남겼다.

○ 『위략』[2)]에는 기자가 죽은 뒤에 조선후(朝鮮侯)는 주나라가 쇠약해지자 연나라가 스스로를 높여서 왕이라 하면서 동쪽으로 치려고 하는 것을 보고는 또한 스스로 왕이라 칭하면서 군사를 일으켜 연을 쳐서 주나라 왕실을 높이 받들고자 하였다. 그러다가 대부 예(禮)가 간하자 중지하였다. 그리고 예로 하여금 연나라로 가서 유세하게 하니, 연나라도 멈추고서 공격하지 않았다. 그 뒤에 자손들이 점점 교만해지자, 연나라에서 장수 진개(秦開)를 보

1) 서긍, 『고려도경』 제1권, 「건국」, 시봉편 참조
2) 『위략』: 『위략집본』의 준말이다. 서진(西晉)의 무제(武帝) 태강(太康) 연간에 위(魏)의 낭중이었던 어환(魚豢)이 편찬한 위나라의 사서인데, 원문은 전하지 않고, 다른 책들에 흩어져 있는 것을 묶어서 청나라의 장붕일(張鵬一)이 25권으로 엮었다.

내어 서쪽 지방을 공격하여 2천여 리의 지역을 차지한 다음 만반한(滿潘汗)으로 경계를 삼았다. 이에 조선이 비로소 약해졌다.

진나라가 천하를 통일하고서 몽념(蒙恬)을 시켜서 장성(長城)을 쌓아 요동에까지 이르게 하였다. 이때에 조선왕 비(否)가 즉위하고는 진나라가 습격할 것이 두려워 진나라에 복속되기는 하였으나 조회(朝會)하려고 하지 않았다. 비가 죽고 그의 아들 준(準)이 즉위하였는데, 20여 년 만에 진섭(陳涉)과 항적(項籍)이 기병(起兵)하였다. 천하가 어지러워지자 연(燕)·제(齊)·조(趙)의 백성들이 이를 근심하여 점점 도망쳐 조선의 준에게 귀화하였다. -『후한서』에는 도망친 자가 수만 명이었다고 하였다. - 준은 이들을 서쪽 지방에서 살게 하였다.

『삼국지』에는 조선후 준이 이미 참호(僭號)하여 왕이라 칭하다가 위만에게 공격당하여 나라를 빼앗겼다. 이에 부하들과 궁인들을 거느리고 바다로 들어가서 한(韓) 땅에 살면서 스스로 한왕(韓王)이라고 칭하였다.

『박물지』에는,

"기자가 조선에 살았다. 그 뒤에 연(燕)을 정벌하고 다시 조선으로 갔다가 도망하여 바다로 들어가서 선국사(鮮國師)가 되었다. 두 처(妻)는 묵색(墨色)이고, 두 마리의 푸른 뱀을 귀에 걸치고 있으니, 대개 구망(句芒)[1]이다."

하였다.[2]

게다가 중국의 고서에 "조선왕(朝鮮王) 비(否)", "조선후(朝鮮侯) 준(準)"이라는 말이 나오는 것뿐인데, "기자가 죽은 뒤 40여 세대(世代)가 지나서 조선후(朝鮮侯) 준(準)"이란 구절을 『고려도경』에서 "자성(子姓)이 나라를 차지한 지 8백여 년"라고 바꿔놓은 것을 바탕으로 이성계 조선의 각종 역사서에는 비(否)와 준(準)을 아예 기자의 후손으로 만들었다. 그리하여 '기자(箕子)'의 성(姓)을 기(箕)씨로 생각하여 고조선의 왕을 '기비(箕

1) 구망 : 고대인이 믿던 '봄의 신'으로 나무를 관장하는 신을 말한다.
2) 한치윤, 『해동역사』 제2권, 「세기 2」, 기자조선편 참조

否)', 기준(箕準)으로 만들었다.

고려 때 유학자들은 기자 서여(胥餘)에게 '기(箕)라는 땅을 봉지로 받은 자작으로 자(子) 씨' 라고 하여 '자서여(子胥餘)'이라고 했는데, 조선 유학자들은 기자의 성을 '기(箕)' 씨로 새로 만들어 주었으니, 이런 것을 역사라고 해야 하나, 코미디라고 해야 하나?

허수아비를 초월적인 존재로

1) 기자조선 조작의 뿌리

고려 숙종 7년(1102) 서여(胥餘)를 기자(箕子)라고 일컫고, 그의 사당(祠堂)을 세웠으며, 평양성 밖에 기자 무덤을 만들었다. 그리고 '기자조선'이라는 용어가 만들어지기 이전이었기에 기자에게는 왕(王)을 붙이지 않은 상태였고, 무덤도 '기자묘(箕子墓)'라고 일컬었다.

○ 기자묘(箕子墓)는 부(府 : 평양부) 북쪽 토산(土山)에 있다. 동명왕묘(東明王墓)는 평양부 동남쪽 중화군 경계 지역인 용산(龍山)에 있는데, 속칭 진주묘(珍珠墓)라고 부른다. 또 인리(仁里)라는 마을에 사우(祠宇 : 사당)가 있다.[1)]

그런데, 충렬왕 13년(1287) 이승휴(李承休)가 『제왕운기』를 저술하였다. 그는 7언시로 된 「후조선기(後朝鮮紀)」에서 종전의 사서 내용과는 달리 단군이 세운 조선을 '전조선'이라 하고, 기자는 '후조선'을 세운 시조였다고 기술하였다.[2)] 특히 주 무왕(호왕으로 휘피함)이 "기자를 왕으로

---

1) 『고려사』 권58, 「지」 권 제12, 지리3 참조
2) 『제왕운기』는 1295년경 간행된 후 태종 17년(1417년) 중간되었고, 그 후 '현토문(懸吐文)'으로 중간된 것이 널리 보급되어 조선시대 '기자 광풍'을 일으키는 데 일조하였다.

봉하여 조서를 보냈다."라고, 조작하였고, 『삼국지』 「동이전」에 "기자가 죽은 뒤 40여 세대(世代)가 지나서 조선후(朝鮮侯) 준(準)"으로 된 내용을 "41대 손자는 이름이 준"으로 창작했으니, 실로 엄청난 조작이었다.

이는 조선시대 '기자 광풍'의 뿌리가 되었고, 북한 사학계가 지금도 사용하는 역사 용어의 기원이 되게 한 『제왕운기』 12줄의 내용이다.

○ 후조선의 시조는 기자인데
주 호왕(周虎王)[1] 즉위 원년 기묘년 봄
망명하여 이곳으로 와서 나라를 세웠도다.
주 호왕이 왕으로 봉하여 조서(詔書)를 보냈네.
답례하여 찾아가서 배알했더니
홍범구주(洪範九疇) 인륜을 물었구나.
41대 손자는 이름이 준(準)으로
남에게 나라 잃고 백성마저 떠났도다.
928년이란 오랜 세월 다스렸으니
기자가 남긴 풍교(風敎) 찬연히 전하도다.
나라 잃은 준왕은 금마군(金馬郡) 옮겨가서
도읍 이뤄 다시 임금이 되었도다.

이승휴가 이 책을 낸 후 권력의 중심에서 활약하다 보니, 그 여파가 매우 컸다. 고려 말 최고의 문인으로 손꼽히는 이제현(李齊賢)(1287~1367)마저 『익재집』 「익재난고」 제2권에서 우리나라를 '기자(箕子)의 봉국(封國)'이라는 뜻으로 읊고, "세 조정을 내려오면서 은총을 받았다."라고 칭송하였다. 그는 충선왕의 부름을 받아 원의 수도 연경(燕京)으로 가서 만권당(萬卷堂)에 머물면서 원나라 생활을 오랫동안 했고, 돌아와

1) 주(周)의 무왕(武王)을 말한다. 고려의 혜종의 이름에 무(武)자가 있으므로 이를 피한 휘(諱)이다.

서 문화시중을 지냈다.

2) 기자조선 몸통 만든 위인들

조선 개국공신 정도전(鄭道傳)은 『삼봉집』에서 이른바 '3조선(三朝鮮)'을 칭하지 않고, 국호는 '조선'이라고 하였다. 이는 "박씨 · 석씨 · 김씨가 서로 이어 신라라고" 일컬은 것과 같다는 의미로 사용하였지만, '기자 외는 중국의 명령을 받지 않고 몰래 세운 나라'라고 했으니, 몰역사적인 사대주의가 드러나고 있다.

○ 해동(海東)은 그 국호가 일정하지 않았다. 조선이라고 일컬은 이가 셋이 있었으니, 단군 · 기자 · 위만이다. 박씨 · 석씨 · 김씨가 서로 이어 신라라고 일컬었으며, 온조는 앞서 백제라고 일컫고, 견훤은 뒤에 후백제라고 일컬었다. 또 고주몽은 고구려라고 일컫고, 궁예는 후고구려라고 일컬었으며, 왕씨는 궁예를 대신하여 고려라는 국호를 그대로 사용하였다.

이들은 모두 한 지역을 몰래 차지하여 중국의 명령을 받지 않고서 스스로 명호를 세우고 서로를 침탈하였으니 비록 국호를 칭한 것이 있다손 치더라도 무슨 취할 게 있겠는가? 단 기자만은 주 무왕의 명령을 받아 조선후(朝鮮侯)에 봉해졌다. 지금 천자가,

"오직 조선이란 칭호가 아름다울 뿐 아니라, 그 유래가 구원하다. 이 이름을 그대로 사용하고 하늘을 본받아 백성을 다스리면, 후손이 길이 창성하리라."

라고 명하였는데, 아마 주 무왕이 기자에게 명하던 것으로 전하에 명한 것이리니, 이름이 이미 바르고 말이 이미 순조롭게 된 것이다.

기자는 무왕에게 홍범(洪範)을 설명하고 홍범의 뜻을 부연하여 8조의 교(敎)를 지어서 국중에 실시하니, 정치와 교화가 성하게 행해지고 풍속이 지극히 아름다웠다. 그러므로 조선이란 이름이 천하 후세에 이처럼 알려지게 된 것이다. 이제 조선이라는 아름다운 국호를 그대로 사용하게 되었으니,

기자의 선정 또한 당연히 강구해야 할 것이다. 아! 명 천자의 덕도 주 무왕에게 부끄러울 게 없거니와, 전하의 덕 또한 어찌 기자에게 부끄러울 게 있겠는가?[1)]

변계량(卞季良)(1369~1430)은 여말선초 문인으로 조선조에서 대제학과 예조판서 등을 거쳤는데, 20여 년간 대제학을 지내면서 주로 외교문서를 맡았고, 국가적인 행사의 문서도 담당하였다.

그가 초헌관이 되어 마리산(摩利山)[2)] 참성단(塹城壇) 초례(醮禮)에서 삼헌 청사(三獻靑詞)[3)]를 올렸는데, 그 제문을 보면 가히 놀랍다. 단군이 하늘에 제사지내던 참성단에서 기자 홍범(洪範)이 나오는 것을 보면, 당시 단군과 단군이 세웠던 조선의 위상을 짐작할 수 있다.

○ 기자 홍범(洪範)의 모든 허물된 조짐을 깨끗이 없애어 앞으로 편안하고 즐겁게 하시고, 『주역』의 큰 복을 성하게 보호하시어 오래 살고 건강하며, 전쟁이 없고 시대가 화평하며, 풍년이 들어 물자가 풍부하게 해 주시기를 바라나이다.[4)]

1428년 세종은 변계량 등의 요청에 따라 기자묘(箕子墓)에 비를 세우고 비문을 짓게 하였으니, 이 비문은 조선시대 기자를 찬양하는 전범(典範)이 되었다.

○ 선덕(宣德)[5)] 3년 무신년 여름 4월 갑자일에 국왕 전하가 전지(傳旨)를 내려 이렇게 말씀하셨다.

---

1) 정도전, 『삼봉집』 제13권, 「조선경국전」 상, 국호편 참조
2) 마리산 : 현재 마니산(摩尼山)이라 부르고 있다.
3) 청사 : 도교(道敎)의 제사에 쓰는 문체와 문장을 말한다. 청등지(靑藤紙)라는 청지에 주자(朱字)로 쓰기 때문에 청사라고 한다.
4) 서거정 등, 『동문선』 제115권, 「청사」편 참조
5) 선덕 : 명나라 제5대 황제 선종(宣宗)의 연호이다.

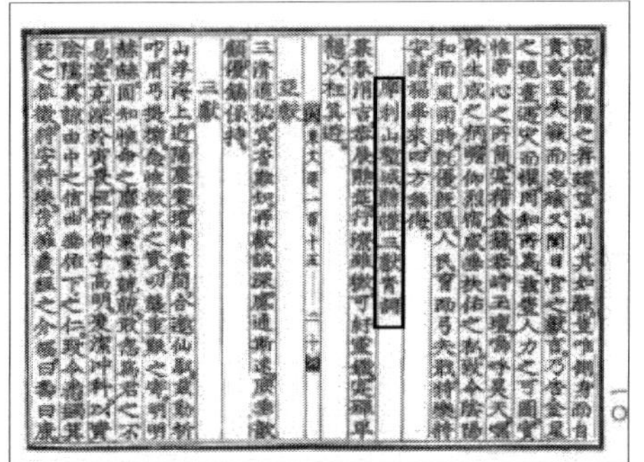

『동문선』 제115권. 「마리산참성삼헌청사」 편

"옛날 주 무왕이 상나라를 정벌해 이기고, 상나라의 태사(太師)[1]를 우리나라에 봉하여 그가 주나라에 신하 노릇하지 않으려고 하는 뜻을 이루게 하였다. 우리나라가 문물과 예악이 중국과 같이 비길 수 있음이 지금에 이르기까지 2천여 년이 되는데, 이는 오직 기자의 가르침에 힘입은 것이다."

(중략)

신은 그윽이 생각하오니, 공자는 문왕과 기자를 『역경』 「명이괘」의 상사(象辭)에서 열거하였으며, 또 상나라에는 삼인(三仁)으로 미자(微子)·기자(箕子)·비간(比干)을 일컬었으니, 기자의 덕은 너무 커서 칭찬할 수도 없다. 옛날 우(禹) 임금이 홍수와 토지를 다스릴 때 하늘이 홍범(洪範)을 내려주셔서 떳떳한 인륜이 베풀어졌다. 그러나 그 말은 일찍이 우(虞) 나라나 하(夏) 나라의 글에는 한 번도 보이지 않았고, 천여 년을 지난 기자에 이르러서 비로소 발설되었다. 그때에 기자가 무왕을 위하여 진술하지 않았다면 낙서(洛書)의 하늘과 사람에 관계된 학문을 후인들이 어디에서 알았겠는가? 기자가 사도(斯道)에 공을 세운 것이 어찌 우연한 일이겠는가?

기자라는 이는 무왕의 스승이다. 무왕이 그를 다른 곳에 봉하지 아니하고 우리 조선에 봉하였으므로, 조선의 사람들은 아침저녁으로 친히 기자의 교화를 받아, 군자는 큰 도(道)의 요점을 얻어 들을 수 있었고, 백성들은 지극한 다스림의 은택을 입을 수 있어서, 그 교화가 길에 떨어진 물건을 줍지 않는 데까지 이르렀으니, 이 어찌 하늘이 우리나라를 후하게 하여 어질고 착한 이를 주어 이 백성들에게 은혜를 베푼 것이 아니겠는가![2]

1) 태사 : 기자가 주 무왕에게 불려가서 홍범구주를 설명하였다고 하여 '황제의 스승'으로 미화한 용어인데, 그 이후 기자의 직위가 되었다.

2) 서거정 등, 『동문선』 제121권, 비명편 참조

영민했던 세종마저 『제왕운기』 속의 기자가 창작된 것을 모르고 찬양하였으니, 고관대작과 유학자들의 기자 칭송은 두말할 나위가 없었다.

그 후 문묘(文廟)와 학궁(學宮), 묘궁(廟宮:종묘)을 중수하게 되자 세종은 또 변계량으로 하여금 비문을 쓰게 했는데, 그 비문에도 기자의 공적이 약방의 감초처럼 들어가 있다.

○ 우리나라는 옛날부터 풍속은 예의를 숭상하고 기자 8조의 가르침에 심복하여 떳떳한 인륜이 펴지고 전장(典章)과 문물의 갖춤이 중국에 필적하여 우리 부자(夫子 : 공자)께서 일찍이 살고 싶었던 나라였다.

이 비문의 이름은 '유명조선국학신묘비명(有明朝鮮國學新廟碑銘)'인데, 풀이해 보면, '명나라 제후국 조선 국학 새 묘비명'이다. 조선 국호 앞에 명나라를 앞세워 스스로 '명나라 속국 내지 제후국'임을 자랑하는 꼴을 연출한 것이니 해괴하기 짝이 없다.

일부 사람들은 '유(有)'는 존경을 의미하는 '발어사(發語辭)'라고 하지만, 일반문에는 발어사 기(其), 유(維), 각설(却說) 등을 사용했고, 비문에는 전혀 보이지 않았으니, 참으로 부끄러운 일이 아닐 수 없다. 게다가 유학자들의 지존(至尊)인 공자마저 군자국에 가서 살고 싶다고 했는데, 그 군자국은 곧 기자가 베푼 나라라고 했으니, 유학자 중심의 조선 사회는 '기자 열풍' 속으로 빠져들었다.

이성계 조선의 개국공신으로 대제학, 대사성을 지낸 바 있는 권근(權近)(1352~1409)이 평양부윤 이원(李原)을 전송하는 시의 서문에서,

"평양은 옛날 기자의 봉국이다."

라고 하여, 그 후 이른바 '기자조선'의 도읍지는 북한의 평양으로 굳어지게 되었다.

3) 전설로 변한 단군의 조선

서거정(徐居正)(1420~1488) 등이 엮은 『동문선』에는 하륜(河崙)의 글이 「잡저」에 실렸는데, '기자조선이 천년이나 되었다.'고 하였다. 하륜은 태종 때 좌·우의정을 지낸 문인으로 권근(權近)·이첨(李詹)과 더불어 『동국사략』을 저술했던 정치가였는데, 단군이 세웠던 조선의 역사는 문적(文籍)이 없는 전설로 만들고 말았다.

○ 우리 동방을 말하면, 단군 때의 조선은 상고할 만한 문적(文籍)이 없으니 말할 수 없고, 기자조선과 혁거세의 신라는 모두 국운이 천년이나 되니 그도는 무엇 때문이며, 또 궁예의 고구려와 견훤의 백제는 모두 잠깐 동안에 망하였으니, 그 까닭은 무엇인가?

게다가 서거정이 『삼국사절요』 서문에서도 『동국사략』처럼 "단군이 나라를 세운 일은 아득하여 알 수가 없다."라고 일축한 반면, 기자에 대해서는 "주나라로부터 책봉을 받아서는 팔조법금(八條法禁)으로 교화하여 존신(存神)의 오묘함이 있었다."라고 했다. 그리고 중국 사서에 나온 '조선왕 준(準)'을 창작한 『제왕운기』 내용대로 기자의 후손인 것처럼 "기준(箕準)"으로 기록한 것이 그의 문집 『사가집』에 드러나 있다.

○ 우리나라는 단군이 나라를 세운 일은 아득하여 알 수가 없고, 기자가 주나라로부터 책봉을 받아서는 팔조법금으로 교화하여 존신의 오묘함이 있었다. 당시에 필시 역사를 담당하는 관리가 있어서 언행을 기록했을 터인데, 지금 남아 있는 것이 없으니, 참으로 한탄스러울 뿐이다. 위만(衛滿)이 나라를 탈취하고 기준(箕準)이 망명하자, 한나라가 4군(四郡)과 2부(二府)를 설치하니, 나라의 형세가 중간에 단절되었다.[1)]

---

1) 서거정, 『사가집』, 「사가문집」 제4권, 서편 참조

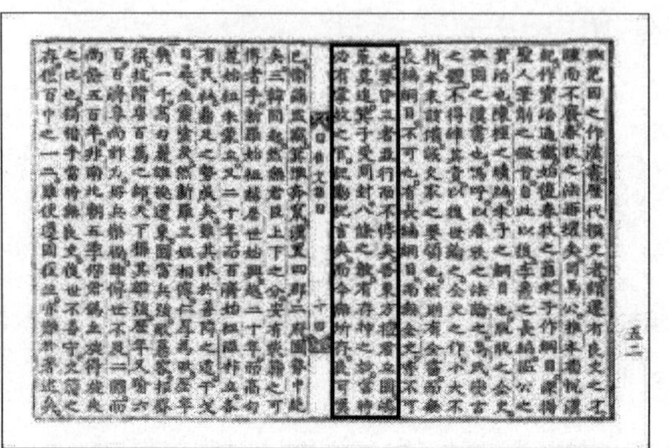

서거정, 『사가집』, 「사가문집」 제4권

중종 12년(1517), 생원 권전(權磌)이 짓고 성균관 유생들이 연명으로 올린 상소에서 당시 젊은이들의 사고를 짐작하게 한다.

> ○ 신 등이 삼가 생각하건대, 우리 동방은 중국에서 멀리 떨어진 외지여서 단군시대는 아득하여 징험(徵驗)할 수조차 없고, 기자가 봉해지면서 겨우 문자는 통했으나 삼국 이전은 대개 논할 만한 것이 없었습니다.
>
> 臣等竊念, 惟我東方 邈在藩服, 若檀君之世 鴻荒不徵. 箕子肇封 僅通文字, 三國以前 槩無足論.[2)]

성균관 유생들이 "우리 동방은 중국에서 멀리 떨어진 외지(外地)"라고 하여 중국 입장에서 말하였고, "단군시대는 아득하여 징험할 수조차 없다."라고 하여 아예 제외시켰다. 그러나 "기자가 조선에 봉해지면서 겨우 문자가 통했다."라고 하여 단군이 세웠던 조선시대는 문자조차 없던 문맹시대로 인식하고 있었다.

---

2) 『대동야승』, 「기묘록별집」, 제현봉사편 참조

4) 기자동래설(箕子東來說)의 일반화

『대동야승』 '신명인전(申命仁傳)'에는 중국의 고사를 인용하면서 단군이 세운 '조선'을 아예 '동국(東國)'이라 하였고, 기자를 봉한 제후국으로 만들었다. 조선 중기로 들면서 이른바 '기자동래설'이 일반화되는 시기로 접어들었다.

○ 아, 이윤(伊尹)은 성(聖)을 맡은 이로서 태갑(太甲)을 동궁(桐宮)으로 추방하였고, 비간(比干)은 죽고, 미자(微子)는 떠나갔으며, 기자(箕子)는 거짓 미쳤다가 동국(東國)에 봉(封)함을 받았다.[1)]

태갑은 상(商) 나라의 제2대 임금 태종의 이름인데, 그가 즉위하여 3년 동안 포학하고 방탕하였으므로 재상 이윤에게 추방되었다가 3년 뒤에 개과하고 돌아와서 선정을 베풀었다고 한다. 비간은 상나라의 충신으로 주왕(紂王)의 숙부인데, 주왕의 음란함을 간하다가 죽음을 당하였고, 미자는 주왕의 동모서형(同母庶兄)으로 미국(微國)의 자작이었는데 달아났고, 기자는 미친 체하여 옥에 갇혔다가 주 무왕이 풀어주자 조선으로 도망갔는데, 무왕은 그곳에 봉했다는 고사인데, 이 고사를 유학자들은 자신들의 조상 고사처럼 여겼다.

최립(崔岦)(1539~1612)은 조선 명종·선조 때의 학자로 『간이집』을 남겼다. 그는 일찍이 식년문과와 이문정시(吏文庭試)에 각각 장원하여 공주·여주목사, 전주부윤, 형조참판 등을 거쳤다. 당시 사람들은 그의 글과 차천로(車天輅)의 시, 한호(韓濩)의 글씨를 '송도삼절(松都三絶)'이라고 일컬었을 만큼 명성이 높았다.

그는 당대 최고의 문장가로 인정받아 외교문서를 많이 작성했고, 임

1) 『대동야승』, 「기묘록보유」 하, 신명인전 참조

진왜란 전후 사신으로 4차례 명나라를 방문했을 때 명나라 문단에 군림하던 왕세정(王世貞)과 문장을 논하여 그곳의 학자들로부터 명문장가라는 격찬을 받았던 귀재였다.

중국 밖에 또 하나의 땅이 원래 있었나니
하늘이 역시 동쪽으로 도를 흘려보냈도다.
옛날에 우(禹)에게 전한 구주(龜疇)[1]가 바로 그것이니
접역(鰈域)이 끝내는 주나라를 모르고 지냈도다.[2]
구름 속의 용을 타고 편안히 돌아가 계시거늘[3]
석수(石獸)는 괜히 쪼그려 앉아 누굴 위해 시름하나
혼백이 있어 병화를 슬프게 여길 게 분명한데
해마다 여자(荔子)의 가을 그냥 보내고[4] 말았구나.[5]

이처럼 최립은 기자의 행적을 중국의 고사와 결부시켜 시를 지었는가 하면, '도(道)가 낙서(洛書) 속에 있고, 낙서는 홍범(洪範)에 갖추어져 있는데, 그것을 가져온 이가 바로 기자'이니, 홍범을 배워야 함을 역설하였다. 특히 그 도는 '보통의 도가 아닌 천도'라고 하였다.

---

1) 구주(龜疇) : 홍범구주(洪範九疇)를 말한다. 『시경(書經)』「홍범(洪範)」에는 우임금이 홍수를 다스릴 적에 신령스러운 거북을 얻었는데, 그 등에 천하를 다스리는 아홉 개의 큰 법(그림)이 새겨져 있었다고 한다.
2) 기자로부터 홍범구주에 대한 설명을 들은 주 무왕이 기자가 조선으로 달아나자 신하로 여기지 않고 조선에 봉해 주었던 만큼, 조선이 주나라의 속국(屬國)이라고 할 수가 없었다는 말이다. 접역은 가자미[鰈] 형국과 같은 지역이라는 뜻으로 우리나라를 일컫는 말이다.
3) 기자가 이 세상을 떠나 하늘로 올라가서 즐겁게 지내고 있을 것이라는 말이다. 『사기(史記)』 권28 「봉선서(封禪書)」에는 황제(黃帝)가 형산(荊山) 아래에서 솥을 다 만든 후 용을 타고 하늘로 올라갔다는 전설을 기자에게 붙였다.
4) 기자의 사당에 제사를 지내지 못했다는 말이다. 여자(荔子)의 가을은 '여자가 빨갛게 익을 때'라는 뜻으로, 제물을 바쳐 향사(享祀)를 올리는 것을 뜻한다. 한유(韓愈)가 유종원(柳宗元)을 위해 지은 「유주나지묘비(柳州羅池墓碑)」에 "빨간 여자와 노란 바나나를 안주와 채소, 음식과 함께 자사의 사당에 올리노라."라는 표현에서 비롯된 것이다.
5) 최립, 『간이집』 제6권, 「계사행록」 참조

○ 도는 낙서(洛書)[1]에 드러나 있다. 만약 (하늘이) 우(禹)에게 낙서를 보여 주지 않았다면, 도 자체를 하늘이 폐한 것이 될 것이니, 하늘이 그런 일은 원래 할 수가 없었을 것이다.

도는 홍범에 갖추어져 있다. 그런데 그 홍범의 내용을 들은 사람은 바로 기자이다. 기자 역시 도를 폐할 수는 없었을 것이니, 그 내용을 주나라 무왕에게 전해 준 것 역시 부득이한 일이었을 것이다. 그렇기 때문에 『사기』를 보면 무왕이 기자를 찾아와 물을 때에도, 단도직입적으로 "천도(天道)를 밝히기 위함이다."라고 말했던 것이다.[2]

기자가 소유한 도는 '천도'이며, 기자가 상나라 주왕의 시대를 당하여 조선으로 몸을 피할 적에, 무왕이 그의 뜻에 따라 '조선'에 그를 봉해 주었으니, 그러고 보면 그 도라는 것도 이미 '동방으로 옮겨 왔다'고 해야 옳다는 것인데, 그는 조선이 당시 낙랑군의 '조선현'이었던 사실을 몰랐던 것이다.

그리고 "문왕과 무왕의 도가 아직은 완전히 땅에 떨어지지 않아서 그 도에 대한 내용이 사람들 사이에 남아 있다. 그래서 현자는 그중에 큰 것을 기억하고 있고 불초자라 할지라도 그중에 작은 것은 기억하고 있으니, 사람이라면 모두가 크든 작든 문왕과 무왕의 도를 지니고 있다고 할 것이다."라는 『논어』 「자장」 편에 나오는 말을 인용하면서, "조선에 기자가 있는 것은 주나라에 문왕과 무왕이 있는 것과 같으므로 만약 조선 사람으로서 기자의 도를 알지 못한다면, 그것은 부끄러운 일이다."라고 하였으니, 위로는 국왕으로부터 아래로는 백성에 이르기까지

1) 낙서(洛書) : 중국 하(夏) 나라의 우왕(禹王)이 홍수를 다스릴 때, 낙수(洛水)에서 나온 거북의 등에 써어 있었다는 45개의 점으로 이루어진 아홉 개의 무늬. 팔괘(八卦)와 홍범구주(洪範九疇)의 근원이 된다고 한다.

2) 무왕이 상나라를 정복하고 나서 2년 뒤에 기자를 불러 상나라가 망한 이유를 물었을 때 기자가 차마 조국인 상나라의 잘못을 말할 수 없었는데, 무왕이 이 점을 알고 천도에 대하여 묻자, 기자가 홍범의 구주를 설명해 주었다는 기록이 『사기』 권4 「주본기」에 나온다.

'기자의 도'를 최고의 가치로 여기게 되었고, '기자 열풍'은 거세게 몰아치게 되었다.

○ 조선의 경우는 단군이 요(堯)와 같은 시대에 군림하고 있었던 때가 비록 그 이전에 있었다고 말할지라도, 세상이 아직도 질서가 잡히지 않은 혼돈 상태였기 때문에, 서계(書契)[1]에 대해서 듣지 못했을 뿐만이 아니라, 결승(結繩)의 정사를 백성들에게 펼쳐 새롭게 해 주는 기회조차도 갖지 못하고 있던 처지였다. 이러한 상황에서는 기자가 무턱대고 천도를 보여줄 수가 없었을 것이니, 백성들이 알아듣기 쉬운 방법을 사용해서 이끌어 주려고 했던 것은 바로 수준의 대소에 따른 적절한 조치였다고 말할 수도 있을 것이다.

그런데, 기자의 유허(遺墟)를 살펴보면, 정전(井田)의 구획이 또 완연히 남아 있는데, 행한 그 일이 주나라 사람의 그것과 걸맞지 않을 뿐더러, 그 제도 역시 옛날의 정전법과는 완전히 동일하지 않다는 사실을 확인할 수가 있다.[2] 그러고 보면 기자가 그 당시에 한 시대의 왕자(王者)가 독자적으로 행하는 정치를 염두에 두고서 우선 8조의 정사에 맨 먼저 착수했던 그 대략적인 상황을 이에 의거해서 짐작해 볼 수도 있다. 더군다나 남녀가 음란해지지 않고 음식을 먹을 때도 그릇을 쓰게 되는 등 백성의 풍속이 일변(一變)하여, 소중화(小中華)요, 예의지방(禮義之邦)이라고 일컬어지게 된 것 모두가 기자의 덕택인데 더 말해 무엇하겠는가?[3]

최립은 당시 유학자들은 기자라는 존재가 단군은 물론이고, 공자의 반열보다 우위에 있었기 때문에 "남녀가 음란해지지 않고 음식을 먹을 때도 그릇을 쓰게 되는 등 백성의 풍속이 일변하여, 소중화요 예의지방

---

1) 서계 : 나무에 새겨서 썼다는 최초의 문자 형태를 말한다. 신농씨(神農氏)가 '노끈을 묶어 의사를 표현하는 정사'[결승지정(結繩之政)]를 펼치다가, 복희씨 때에 이르러 서계를 만들어서 이를 대체하였다는 기록이 『주역』「계사전」과 『사기』 권1 「오제본기」에 나온다.

2) 중국의 상나라 시대부터 실시되어 온 것으로 여겨지는 정전법은 그 후 기자를 통해 한반도에 전해졌다고 알려졌으나 최근 학자들이 이를 진한의 유제라고 증명한 바 있고, 평양의 경우도 고구려 때 도시계획의 일환으로 구혁을 가른 흔적임이 밝혀졌다.

3) 최립, 『간이집』 제9권, 「희년록」 홍범학기 참조

이라고 일컬어지게 된 것 모두가 기자의 덕택"이라고 하여 이른바 '기자동래설'에 대해서는 조금도 의심하지 않았다.

그런데, 기자가 실제로 운영했다는 정전법이 주나라 것과 다르다고 지적한 것은 이채롭다.

○ 아, 우리 동방 사람들이 기자를 제대로 알고 존숭하려면 무엇보다도 그의 도가 무엇인지 그 근본을 찾아보아야 할 것이다. 그리고 기자를 스승으로 삼으려고 한다면 무엇보다도 그의 학문을 탐구하여 밝혀야 할 것인데, 그것은 바로 홍범 이외에 다른 것이 아니다. 홍범이라는 하나의 글은 그 의미와 이치가 오묘하고 은미(隱微)할 뿐만 아니라 그 규모가 엄청나게 크다. 따라서 박사(博士)가 이 작업을 주도해 나가고 학생들이 서로 더불어 이를 지켜 나가지 않는다면, 그런대로 천도를 구명(究明)하고 세도(世道)를 넓혀 보려는 소기(所期)의 목적은 달성할 수가 없을 것이다. 이것이 바로 이 학관(學官)을 설치한 까닭인데, 이에 따른 제반 규정은 뒤에다 기록해 둔다.[1]

그러나, 기자가 가져왔다는 '팔조법금(八條法禁)'이 중국의 선진 문화를 가지고 뒤떨어진 변방의 민족을 변화시켜 보려는 뜻만을 조금 엿볼 수 있을 따름이요, "홍범구주 속에 서술되어 있는 이륜(彝倫 : 사람이 지켜야 할 떳떳한 도리)과 전훈(典訓 : 교훈) 등에 대해서는 아예 언급할 엄두조차 내지 못한 것 같은 인상"이라고 조심스럽게 비판하면서, "우리 동방 사람들이 기자를 제대로 알고 존숭하려면 무엇보다도 그의 도가 무엇인지 그 근본을 찾아보아야 할 것이다." 하여 기자 숭모사상에 맹종하는 사림을 꼬집은 것이다.

당시 기자는 군왕에 학식과 덕망을 갖춘 성현이 보태진 초월적인 존재였기에 당대 대표적인 유학자로서 이러한 주장을 편 것은 자칫 '사문

---

1) 앞의 주 참조

난적(斯文亂賊)[1]'으로 몰려 죽음을 면치 못한다는 것을 알면서도 그런 지적을 한 것은 대단한 용기에서 나온 것으로 볼 수 있다.

5) 기자 광풍의 시대

최립과 친분이 두터웠던 윤두수(尹斗壽)(1533~1601)가 선조 13년(1580) 『기자지(箕子志)』를 썼고, 그 이듬해 최립의 스승 이이(李珥)(1536~1584)는 『기자실기(箕子實紀)』라는 소설을 마치 실화처럼 만들었으니, 조선 사회를 '기자 광풍'으로 뒤덮게 되는 원천이 되어 위로는 국왕으로부터 아래로는 사민에 이르기까지 창조된 인물 기자를 극도로 숭배하는 시대로 접어들게 만들었다.

임진왜란 때 일본에 붙잡혀 가서 곤욕을 치른 여도만호(呂島萬戶) 노인(魯認)(1566~1623)이 그곳을 탈출하여 귀국길에 올랐다가 표류하여 명나라를 거쳐 마침내 돌아오게 되었는데, 그가 쓴 『금계일기(錦溪日記)』에서 기자(箕子)로 인해 우리나라가 '소중화(小中華)'의 이름을 얻게 된 것에 대하여 대단한 긍지를 지녔음을 알 수 있다.

○ 엎드려 생각건대, 우리나라가 비록 동쪽 번방(藩邦)[2]에 치우쳐 있으나 일단 기자의 다스림이 있음으로부터 오도(吾道)[3]가 동쪽으로 온 지 이미 오래되었습니다. 밝으신 임금과 성스러운 군주가 대대로 이어 내려오며 유교를 숭상하고 도를 중히 여기며, 서로 문치(文治)를 숭상하여 왔습니다. 그러므로 공자 같은 스승이 없던 시대가 없었고, 시를 가르치는 학교가 곳곳에 우

---

1) 사문(斯文) : 유교(儒教)의 예스러운 말이다. 주로 유교의 도의나 문화를 일컫는 말로 쓰였고, 때로는 유학자를 달리 일컫기도 하였다. 유교라는 말은 조선 말기 국왕의 척사윤음(斥邪綸音)의 구절, "유교를 숭상하고 도를 중하게 여겨서"라는 구절에 처음으로 나온다. 이전에는 유교를 나타내는 말로는 '사문', '오도(吾道)', '사도(斯道)' 등의 용어를 사용하였다.

2) 번방 : '주변에서 보초를 서는 나라'라는 의미를 지녔으니, '중국을 섬기는 나라'라는 함축적 의미를 지닌 용어이다.

3) 오도 : 이른바 기자(箕子)가 베풀었다는 도를 말함이다.

뚝하였으며, 예악 법도와 의관, 문물을 한결같이 중국 제도를 준수하였으므로 참람되이 소중화(小中華)의 이름을 얻은 것이 사실입니다.[1)]

그가 명나라 관리와 나눈 대화를 보면, 유학자뿐만 아니라 무관까지도 창작 인물 기자에 대한 지식과 그로 인한 기자를 숭모하는 의식이 가득 찼음을 알 수 있다. 더욱이 기자가 백성에게 '오륜'을 가르쳤고, 상례를 가르쳐 '3년상'을 치른다고까지 하였다.

○ (명나라 관리) 서광악(徐匡嶽)이 이르기를,

"그대의 내력과 표류한 정상을 나는 이미 알았다. 기자의 치적을 그대는 기억하는가?"

하므로, 나는 대답하기를,

"주나라 무왕이 기자를 신하의 처우로 조선에 봉한 일과 8조의 가르침은 홍범에 기록되어 있으니, 번거롭게 아뢸 필요는 없고, 다만 기자가 평양에 도읍하여 백성들에게 오륜을 가르쳤는데, 상례가 가장 엄하여 3년상은 귀천의 구별이 없이 한결같으며, 또한 정전법은 먼저 서울 근처에다 시행했으므로, 논두렁과 밭둑이 종횡으로 만들어진 것이 지금까지도 전해집니다. 기자의 영당(影堂)은 평양성 안에 있고, 능은 평양성 서문 밖 5리쯤에 있으며, 능지기 2명이 지금까지 능을 지키며 제사를 지냅니다. 만일 기자의 교화가 아니었다면 조선이 어찌 오랑캐 풍속을 면해서 중국과 다름이 없게 될 수 있었겠습니까? 혼례와 상례는 한결같이 3대의 유풍을 따르므로, 기자묘(箕子廟)의 제사도 천백 세가 지나도록 변함이 없습니다."

하였다.[2)]

정온(鄭蘊)(1569~1641)은 『동계집(桐溪集)』에서, '기자가 조선에 봉해진 것은 천명(天命)'이라고 그 의미를 부여하고, "무왕은 주나라의 천자였

1) 노인, 『금계일기』, 5월 13일자 참조
2) 앞의 책, 5월 16일자 참조

으니, 조선도 역시 무왕의 영토였다."라고까지 하였다.

그는 광해군의 폭정에 맞섰다가 국문을 당하고 10년 동안 제주도에 위리안치 되었는데, 인조반정 후에 대사간, 대사헌, 도승지, 경상도관찰사, 이조참판 등을 역임하였다. 그는 병자호란 때 척화를 주장하며 벼슬을 내놓고 고향인 경상도 안의현으로 가면서, "망국의 신하이니 나를 찾으면, 아무 곳에 산다고 해라."라고 하여 그가 살았던 마을 이름이 모리(某里)가 되었다는 일화를 남긴 유학자였지만, '기자 광풍'에서 헤어나지 못했다.

○ 옛날에 무왕이 이미 상(商) 나라를 이기고 나서 기자를 조선에 봉한 것은 그를 신하로 여기지 않으려는 마음을 이룬 것이며, 기자가 그것을 수락하여 그 나라로 간 것은 천명을 따른 것이다.

대저 기자는 상나라의 귀척(貴戚)이었고, 무왕은 주나라의 천자였으니, 조선도 역시 무왕의 영토였다. 상나라의 신하로서 주나라가 봉해 준 것을 받았으니, 자기의 임금으로 섬길 수 없는 자에게 신하 노릇을 한 것이 아니겠는가?

아, 이것을 어찌 일반 사람들이 능히 알 수 있는 것이겠는가? 저 기자의 몸은 과연 어떠한 몸인가? 하늘이 기자를 탄생시킨 것은 또한 무슨 의도인가? 스스로 드러내어 남이 밝혀 주기를 기다린 것은 하늘의 이치이고, 하늘이 부여해 준 것을 받아서 백성들의 이목이 되는 것은 성현의 책임이다. 홍수를 다스리는 공이 완성되어[1] 낙서(洛書)[2]가 상서(祥瑞)를 바치자 그것을 본받아 그림으로 배열해 놓은 자로(子路) 앞에 대우(大禹)가 있었고, 그 이치를 추연하고 그 편목을 늘려서 드러내어 밝혀준 자로 뒤에 기자가 있었으

1) 『세종실록』 「지리지」에 실린 『단군고기』에는 단군이 홍수 대책회의에 태자 해부루를 보냈다고 기록되어 있다.

2) 중국 하나라의 우왕(禹王)이 홍수를 다스릴 때, 낙수(洛水)에서 나온 거북의 등에 씌어 있었다는 45개의 점으로 이루어진 아홉 개의 무늬. 8괘(八卦)와 홍범구주(洪範九疇)의 근원이 되었다고 한다.

니, 하늘이 기자를 상나라에 탄생시킨 것은 바로 대우를 하(夏) 나라에 탄생시킨 의미와 같은 것이다.[1)]

정온이 병서한 「정여창 신도비명」이 정여창(鄭汝昌)(1450~1504)의 문집인 『일두집(一蠹集)』에 실려 있는데, "우리 동방은 상나라 태사(太師 : 기자)가 가르침을 베푼 뒤로 훌륭하게 변이(變夷)의 풍절이 있었다."라는 이른바 '용하변이론(用夏變夷論)'으로, 중화의 가르침으로써 이민족의 풍속을 변화시킨다는 모화사상을 드러낸 말이다.

정여창은 김종직(金宗直)의 문인으로서 주자학의 대가로 칭송되고 있다. 특히 연산군 때 무오사화로 함경북도 종성에 유배되기도 했고, 사후에는 갑자사화에 연루되어 부관참시를 당했지만 당대 석학이었기에 그의 문집은 유학자들에게 큰 영향을 끼쳤다.

1588년 2월, 사은사 유홍(兪泓)(1524~1594)이 명나라에서 『대명회전』을 가져왔고 겸해서 칙서를 받아와서 선포하게 되었는데, 선조는 "금수의 땅이었던 우리나라를 예의의 나라로 변화시키게 되었다."라고 했고, '기자의 홍범구주가 다시 펴질 것'이라고 하였다.

○ 유홍이 이번 사행(使行)에 험난한 만리길을 가서 온 정성을 다 기울여 노력한 결과 천자의 윤음과 보전(寶典)을 직접 받아와서 금수의 땅이었던 우리나라를 예의의 나라로 변화시키게 되었다. 그러니 이는 동방의 우리나라가 다시 세워지고 기자의 홍범구주가 다시 펴지는 날이 된 것이다.[2)]

그는 임진왜란이 일어나기 직전에 명나라 사신으로 가서 명나라 법령을 집대성한 법전을 가져온 공로로 왕실을 빛나게 했다고 하여 광국공신 1등과 '정여립 모반 사건' 처리로 평난공신 2등에 책록되어 보국

1) 정온, 『동계집』 제2권, 「논(論)」 참조
2) 『국조보감』 제29, 「선조」 6, 참조

숭록대부 기성부원군에 봉해졌으며, 좌 · 우의정을 지낸 유학자요, 정치가였다. 이들 문인들의 학맥은 기호와 영남 유림의 핵심을 이루었고, 그 흐름의 핵심에는 기자 숭모의 뿌리가 서려 있었던 것이다.

6) 기자 숭모 완성

허목(許穆)(1595~1682)은 정구(鄭逑)(1543~1620) 문인으로 대사헌, 이조판서를 거쳐 우의정에 올라 남인의 영수가 되었으며, 이른바 '예송(禮訟)'[1]을 2차례 이끌었던 조선 중기 대표적인 유학자였다. 그는 서인이자 노론의 영수였던 송시열(宋時烈)(1607~1689)의 처벌 문제를 놓고 조선 천지를 뒤흔든 바 있고, 숭명(崇明)을 통한 사대주의와 기자 찬양을 통한 모화사상의 절정기를 이루게 한 대표적인 거유(巨儒)였다. 그가 기자를 찬양한 내용은 그의 문집 『기언(記言)』 「홍범설(洪範說)」과 「기자세가(箕子世家)」에 잘 드러나 있는데, 이 글이 나온 이후 하나의 학설처럼 굳어지게 되었다.

> ○ 옛날 하후씨(夏后氏)가 홍수를 다스릴 적에 낙수(洛水)에 신령스러운 거북이 있어 등에 무늬를 지고 나왔는데, 그 무늬가 아홉이었다. 하후씨가 이 무늬로 인하여 구주(九疇)를 서술하였고, 기자가 홍범을 진술하여 구주를 부연하였다. 천도가 아래 백성을 묵묵히 안정시켜 백성의 거처를 도와 화합하게 하였으니, 이륜(彝倫)이 펴지게 된 이유이다.[2]

그는 권근의 『양촌집』을 중간할 때 서문에서 단군에 대해서는 "애당초 상고(詳考)할 바가 없다."하고 완전히 무시했지만, 기자의 가르침으

---

1) 예송 : '예송논쟁'의 준말로 조선 현종 때 인조의 계비인 조대비의 복상(服喪) 문제를 두고 남인과 서인 사이에 논쟁을 벌인 사건이다. 크게 두 차례의 예법에 관한 논쟁이었지만 이로 인해 당쟁은 모든 부문으로 확대되었다.

2) 허목, 『기언』, 「기언」 제31권 내편, 홍범설 참조

로 인해 "예의가 이때보다 더 융성한 적이 없었다."라고 평했다.

○ 우리 동방의 문헌은 상고(上古)의 것에 대해서는 애당초 상고할 바가 없다. 상나라가 망할 무렵 기자가 조선으로 오면서부터 시서예악(詩書禮樂)의 가르침이 시작되어, 경계(經界)를 바르게 하고 8정(八政)을 시행하였다. 그 교화로 인하여 밤에도 문을 잠그지 않고, 여행자들이 들판에서 잠을 잤으며, 부인은 정숙하여 음란한 행동을 하지 않았으니, 예의가 이때보다 더 융성한 적이 없었다.[1)]

허목은 「기자세가」에서 종래의 단편적이고 추상적인 내용을 보다 짜임새 있게 꾸몄는데, 마치 현대판 '기자 평전'같이 기술하였다.

○ 기자는 상나라의 종실(宗室)인데 기(箕) 땅에 자작으로 봉해졌기 때문에 기자라고 한다. 어떤 사람은 말하기를,

"그의 이름은 서여(胥餘)로, 상나라 태사(太師)였다."

라고 한다. 상나라 임금 제을(帝乙)에게 적자(嫡子) 수(受)가 있었는데, 말을 잘하고 민첩하며 용력(勇力)을 좋아하였고, 그의 서형(庶兄) 미자(微子) 계(啓)는 정성스럽고 조심스러워 효도를 잘하였다. 기자가 제을에게 권하기를,

"계는 어질고 또 장자이니 그를 세워 후사(後嗣)를 삼아야 합니다."

하였으나, 제을이 듣지 않고 끝내 수를 세웠다. 수가 즉위하여 임금이 되어, 호를 주(紂)라 하고, 위력으로 천하를 복속시킨다면 백전백승할 것이라고 생각하였다. 그는 유소씨(有蘇氏)를 쳐서 달기(妲己)를 취해서 돌아와서는 달기가 하는 말이면 무엇이든지 들어주었다. 이에 앞서 주가 상아(象牙) 젓가락을 처음 만드니, 기자가 탄식하기를,

"저 사람이 상아 젓가락을 만들었으니, 반드시 나물국을 먹지 않을 것이며, 음식을 담는 데 토궤(土簋)를 쓰지 않을 것이다. 먼 지방에서 진괴(珍怪)한 물건이 뇌물로 이를 것이요, 여마(輿馬)의 낭비와 궁실이 사치할 조짐이

1) 앞의 책, 「별집」 제8권, 서편 참조

이것으로부터 시작될 것이다."

하더니, 주가 백성들에게 세금을 무겁게 부과하여 궁실을 짓고, 대사(臺榭)를 세우며, 피지(陂池)를 파고는 사치스러운 복식으로 밤새워 술을 마시면서 날짜를 잊을까 두려워하여 좌우 신하들에게 날짜를 물었으나 모두 알지 못했다. 그러자 곧 사람을 시켜 기자에게 물었다. 기자는 마음속으로 탄식하기를,

'천하의 임금이 되어 온 나라가 모두 날짜를 잊어버렸으니 천하가 위태롭게 되겠구나. 온 나라가 알지 못하는 것을 나만 안다 하면 내가 위태롭게 되리라.'

하고, 술이 취해서 알지 못한다고 핑계하였다. 주가 백성들에게 잔학하여 포락지형(炮烙之刑)으로 간신(諫臣)과 보필하던 신하를 지지고 뜸뜨니, 천하가 그를 배반하였다.

주나라의 덕이 날로 왕성해지자, 미자가 기자와 비간(比干)에게 말하기를,

"상나라가 지금 망해 가는 것이 큰 냇물을 건너는데 나루터가 없는 것과 같으니, 앞으로 어떻게 해야 좋단 말이오?"

하였다. 기자가

"상나라가 망하더라도 나는 신복(臣僕)이 되지 않을 것이다. 왕자에게 고하노니 상나라를 버리고 떠나는 것이 마땅하다. 전에 내가 한 말이 왕자를 해치도록 만든 셈이 되었도다. 왕자가 나가지 않으면 화를 면치 못하여 상나라 종사(宗祀)는 끊어지고 말 것이다. 스스로 깨끗이 하여 사람마다 선왕(先王)께 그 뜻을 바쳐야 할 뿐이니, 나는 도망하기를 생각하지 않겠다."

하니, 미자는 제기(祭器)를 싸 가지고 도망하였다. 기자가 주에게 간하되 주가 듣지 않으니, 어떤 사람이,

"간언을 듣지 않는 것을 기화로 떠나는 것이 옳다."

하니, 기자는,

"옳지 않다. 남의 신하가 되어 간함을 듣지 않는다고 떠나는 것은, 그 인군의 악을 드러내고 자신은 백성의 환심을 사는 것이니, 나는 차마 하지 못하겠다."

하고, 곧 머리를 풀어헤치고 거짓으로 미친 척하여 종이 되었다. 주왕이 그를 가두니, 그는 금(琴)을 타면서 스스로 상심하였는데, 후세 사람들이 그 곡조를 가리켜 '기자조(箕子操)'라 하였다. 비간은 간쟁(諫爭)을 하고 떠나지 않으니, 주왕이 그를 죽여 버렸다.

주 무왕이 상나라를 평정하고 기자를 감옥에서 풀어주고 그에게 묻기를,

"상나라가 망한 것은 무슨 이유인가?"

하였으나, 기자는 대답하지 않았다. 무왕이,

"오직 하늘이 몰래 백성을 도우시어 살 곳을 잘 돌보아 주셨는데 나는 이륜(彛倫)의 펼 바를 알지 못하겠다."

하니, 기자가 곧 홍범구주를 진술하여 천도와 인사의 대법을 전술(傳述)하고 황극(皇極)의 훈(訓)을 설명하였는데, 모두 37장으로 『주서』에 실려 있다.

기자가 그곳을 떠나 조선으로 오니, 상나라 백성으로 따라온 사람들이 5천여 인이나 되었고, 시서 · 예악 · 무의(巫醫) · 복서(卜筮)의 유(類)와, 백공기예(百工技藝)가 모두 따라왔다. 그래서 무왕이 그대로 그곳에 봉해 주고 신하로 여기지 않았다. 평양에 도읍하였는데, 그 땅이 옛날 단군조선(檀君朝鮮)이었으므로, 그를 기자조선(箕子朝鮮)이라 하였다.[1)]

그 후 조선을 셋으로 나눠 단군 · 기자 · 위만조선이라 부르는 것이 일반화되었다.

한편, 허목은 기자의 광풍이 불어 전국 각지에 기자묘(箕子廟)를 세우고 제향을 공자처럼 올리자는 윤휴(尹鑴)(1617~1680)의 주장에 대하여 수정제의를 하였다. 그것은 『예기』 대전편에 나오는 "천왕(천자)이 아니면 천제께 제사하지 못한다.(不王不禘)"라는 논리에서 나온 것으로 기자 제향에 "제후의 예악으로 제향하는 것이 옳을 것이다."라고 하여, 각별한 의미를 부여한 것이었으니, 기자는 공자보다 더 숭모의 대상이었다.

1) 허목, 『미수기언』, 「기언」 제32권 원집 외편, 동사 참조

○ 지난번에 희중(希仲)[1] 그대가 나와 만나서 논하기를,

"기자는 우리나라 예교(禮敎)의 시조이므로 온 나라에서 공자를 제사지내는 것처럼 제사지내야 한다."

라고 하였는데, 『예서(禮書)』[2]를 살펴보건대, 그렇지 않다.

(중략)

기자가 성인이기는 하지만 온 나라에서 제향한다면 제사를 지내는 자와 제사를 받는 신의 기(氣)가 서로 통하는 부류가 안 된다. 기가 서로 통하는 부류가 아니면서 지내는 제사는 귀신이 흠향하지 않는다. 학궁(學宮)에서 공자를 제향하는 것은 기가 서로 통하는 부류를 제향하는 것이지만 기자를 제향하는 것은 경우가 다르다. 내 생각에 평양에는 기자묘(箕子廟)가 있고 또 기자가 도읍했던 곳이니 기자묘를 더 꾸미고 제후의 예악(禮樂)으로 제향하는 것이 옳을 것이다.[3]

윤휴는 허목과 같은 남인으로 활동하며 대사헌, 이조판서를 역임하면서 송시열 등 서인에 맞섰으며, 숙종 즉위 후부터 경신대출척(庚申大黜陟)[4] 때까지 많은 개혁안을 제기하고 실행하려다가 서인으로부터 사문난적으로 몰려 끝내 처형을 당했던 인물이었다. 당시 당파 사이에 경쟁적으로 기자 숭모를 외치며 당쟁이 더욱 가열되었는데, 윤휴 같은 큰 유학자마저 기자 광풍에 휩쓸려 희생되었던 것이다.

송시열은 조선시대 유학자 중에서 극단적인 애증(愛憎)과 포폄(褒貶)의 평가를 받고 있는 만큼 정치적 기복이 심했고, 영향력도 그 만큼 컸던 인물이었다. 그는 이조판서, 우의정, 좌의정 등을 거치면서 많은 정적을 숙

---

1) 윤휴(尹鑴)의 자이다.
2) 『예기』를 말함이다.
3) 허목, 『기언』, 「기언」 제49권 속집, 예1 참조
4) 경신대출척 사건 : 1680년 3월, 남인의 영수인 영의정 허적(許積)이 조부의 시호를 맞이하는 잔치에 궁중의 천막을 가져다 쓴 사건이 발생하였다. 숙종은 이날 비가 내리자 허적에게 궁중의 기름 먹인 천막을 가져가서 쓰라고 명했다. 그런데, 이미 천막을 가져간 것을 알고 크게 노하여 군권을 서인에게 넘기는 전격 조치를 취하게 되는데, 그 후 당쟁으로 비화된 사건이다.

청하기도 하였다. 특히 남인의 숙청을 둘러싸고 서인의 우두머리였던 자신을 중심으로 한 노장파의 노론과, 윤증(尹拯) 등 소장파를 중심으로 한 소론으로 분열되기에 이르렀다.

전국 각지에 기자묘(箕子廟)를 세우고 제향을 공자처럼 올리자고 했던 윤휴의 제안보다 한 걸음 더 나아가 기자 숭모를 꾀하며 스승 김장생(金長生)(1548~1631)의 기자 예찬론을 이어가자 그를 따르던 노론은 물론 17~18세기 실학자들마저 기자 숭모의 광풍에 휩싸이게 되었다.

○ 우리나라는 본래 기자의 나라이다. 기자가 시행한 8조는 다 홍범에 근본을 둔 것이니, 큰 법도가 시행된 것은 실로 주나라와 같은 때인 것이다. 공자가 와서 살려고 한 것이 어찌 이 때문이 아니겠는가?

○ 사계(沙溪) 김 선생(金先生)[1]이 일찍이 조정에 건의하여 기자묘를 공묘(孔廟)[2]와 같이 하여 그 무한한 은혜에 보답하고 무궁한 가르침을 후세에 드리우려고 하였으니, 그 뜻이 참으로 깊다고 하겠다. 그러나 당시 조정에 있던 여러 현인들이 채택하여 시행하지 않았으니, 애석하다.[3]

송시열은 1689년 숙의 장씨가 낳은 아들(훗날 경종)의 세자 책봉을 반대하는 상소를 했다가 모든 관작을 삭탈당하고 제주로 유배되었고, 급기야 국문(鞫問)을 받기 위해 한양으로 압송되던 길에 전라도 정읍에서 사약을 받았다. 그와 함께 노론의 영수이자 성리학의 대가로 좌의정을 지낸 이세백(李世白)(1635~1703)은 그의 문집 『우사집(雩沙集)』 「일기」에 '청국 광녕성(廣寧城)북쪽 3리에 기자정(箕子井)이 있고, 그 곁에 기자묘(箕子廟)가 있다'는 것을 기록하고 있다.

1) 사계 : 김장생(金長生)의 호이다. 그는 송시열의 스승이었다.
2) 공묘 : 공자를 제향하는 문묘(文廟)를 말한다.
3) 송시열, 『송자대전』 제131권, 「잡저」 참조

그는 숙종 21년(1695) 동지정사로 청국을 다녀오면서 평양에 세워둔 기자묘가 중국 광녕성에도 있는 것은 공자묘가 각지에 있는 것처럼 생각했는지도 모른다.

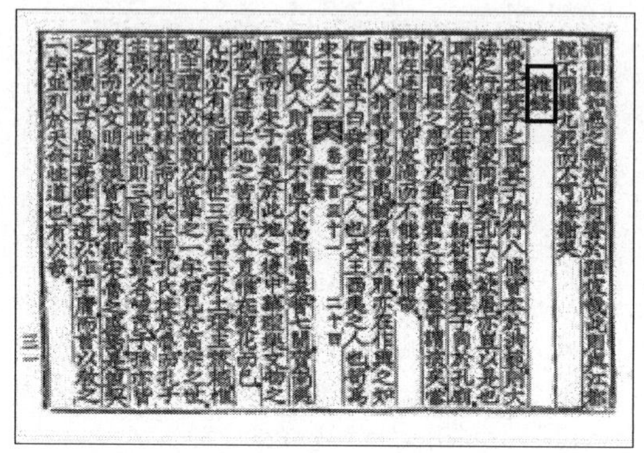

『송자대전』 제131권. 「잡저」

기자 숭모를 통한 사대주의

17세기 후반 붕당정치가 절정에 이르렀을 때 서인·노론의 영수이자 사상적 지주로서 활동했던 송시열은 효종과 함께 청나라를 치자는 이른바 '북벌'을 주장하면서 임진왜란 때 우리나라를 도와준 명나라의 은혜를 잊지 못했다. 그는 명나라 마지막 황제 의종(毅宗)의 친필인 '비례부동(非禮不動)' 휘호를 구하여 화양계곡 암벽에 새겨놓고, '존명사대(尊明事大)'의 근본 도장으로 삼았다. 아울러 당쟁의 주요 주제였던 '예(禮)'의 내용을 어디에 어떻게 적용할 것인가를 놓고 서인·노론과 남인 간에 벌어졌던 예송 논쟁에서 우위를 차지하기 위하여 이를 적극 활용한 것이었으니, 임병양란 이후 조선 당쟁사의 핵심은 바로 여기에 있었던 것이다.

숙종 15년(1689) 송시열이 사약을 받기 직전, 문인 권상하(權尙夏)(1641~1721)에게 유서를 보냈다. 그 요지는 '사당을 지어 임진왜란 때 원군을 보내준 명나라 신종(神宗)과 마지막 황제 의종의 제사를 지내라'는 것이었다.

권상하는 1695년 송시열이 학문 연구를 했던 화양계곡 암서재(巖棲齋) 아래에 서원을 세우고 숙종의 어필을 받아 화양서원(華陽書院)이라는 현판을 붙였다. 이어 1703년 송시열 문인들은 마침내 화양서원에 명나라 신종과 의종의 위패를 모신 만동묘(萬東廟)를 세웠다. 묘호(廟號)는 선조의 글씨 '萬折必東 再造藩邦'(만절필동 재조번방)에서 따왔다고 한다. '만절필동'은 '황하(黃河)는 아무리 굽이가 많아도 끝내 동쪽으로 흘러간다.'는 의미로 충신의 절개는 결코 꺾을 수 없음을 비유적으로 표현할 때 사용하던 말이다. '재조번방'은 '다시 태어나도 명나라의 제후국이 되겠다.'는 말이니, 명나라에 대한 존명의식이자 사대사상을 노골적으로 표현한 것이었다. 이 글귀는 정묘호란(1627) 이전에 쓴 것이기에 청나라와 무관한 것이었지만 청나라가 조선을 침략하여 '삼전도(三田渡)의 치욕'을 안기고 명나라까지 정벌하자 숭명배청(崇明排淸) 사상을 고취하기 위해서였다.

조선은 병자호란(1636)으로 청나라를 새로운 종주국으로 섬기게 되었지만, 8년여 동안 청나라에서 볼모 생활을 했던 봉림대군이 귀국하여 임금이 되고, 북벌계획이 논의되면서 효종의 스승이었던 송시열은 정계를 좌우했으니, 효종 때 조선은 송시열의 나라였다.

효종이 죽은 뒤 북벌계획은 수포로 돌아갔지만 조정에서는 명나라에 대한 보은의 의리와 병자호란의 치욕을 씻고자 만동묘를 감쌌다. 즉, 숙종은 묘호의 현판을 어필로 내리고 수직사(守直使)를 두게 하였으니, 봄가을의 제향 때에는 유생은 물론, 수령 · 방백까지 참여하여 큰 성황을 이루었다.

해가 거듭될수록 제향일이 아닐 때도 많은 사람이 찾아드니, 화양서원에서는 경비 조달을 위해 화양묵패(華陽墨牌)를 발행하여 재물 헌납을 강요하는 병폐가 생겨나게 되었지만, 관리들이 이를 막지 못하는 상황이 되었고, 급기야 만동묘의 무소불위(無所不爲)가 하늘을 찌르자 이를 풍자한 동요까지 생겨나게 되었다.

원님 위에 감사
감사 위에 참판
참판 위에 판서
판서 위에 삼정승
삼정승 위에 만동묘지기

송시열에 대하여 '사문(斯文)의 종사(宗師)', '동방의 주자(朱子)' 등으로 추앙하여 '송자(宋子)'라고 일컫기도 하지만, '골수 사대주의자'로 비난하는 쪽에서는 '송자(宋者)'라고 부른다.

그는 기자와 정몽주(鄭夢周)를 숭모하는 글과 명나라를 사대해야 한다는 글을 많이 남겼다.

○ 우리나라는 기자조선 때부터 이미 예의의 나라로 일컬어 왔으므로, 고려에 이르러서도 오랑캐인 원나라의 풍속에 다 변화되지는 않았던 것입니다. 태조 고황제(太祖高皇帝)[1)]가 천하를 평정한 처음 문충공 정몽주가 제일 먼저 대의를 내세워 이하(夷夏)[2)]와 음양(陰陽)을 분변하여 원나라를 배반하고 명나라를 섬겼습니다.

우리 태조대왕께서 개국하자 명 태조는 중국과 똑같이 대우해서 흡족한 은례(恩禮)를 베풀었고, 우리 태조대왕께서도 충정하고 근실한 자세로 아들이 아버지를 섬기듯 했기 때문에 임진왜란 때 충분한 보답을 받아 망해 가던 종사가 다시 보존되었고, 죽어가던 백성이 다시 살아났으니, 우리나라 수천 리 안에 있는 풀 한 포기 나무 한 그루에도 명 태조의 덕이 젖지 않은 것이 없습니다. 이 때문에 우리 선조대왕께서 더욱 충성을 다하여 손수 '재조번방(再造藩邦)'이라는 네 글자를 써서 은혜를 못 잊어 하는 예지(睿志)를 내포시켰던 것입니다. 그러나 불행하게도 병자·정묘년의 반란[3)] 때는 국세

1) 태조 이성계를 지칭하는 말로 쓰일 경우도 있으나 여기서는 명나라 태조 주원장을 일컫는다.
2) 이하 : 사전적 의미로는 이족(夷族 : 우리 민족의 모태)과 하족(夏族 : 중국 민족의 모태)이나 '오랑캐와 중국'의 의미로 말한 것이다.
3) 정묘호란(1627년)과 병자호란(1636년)을 일컬음이다.

가 미약하고 장상(將相)들이 못난 탓으로 삼전도(三田渡)의 일이 있기까지 했으니, 통한한 마음 견딜 수 없었습니다. 그래도 인조대왕께서는 명나라를 사모하는 성의가 깊고도 돈독하시어 명나라의 경절(慶節)[1] 때마다 후원에 납시어 무릎을 꿇고 통곡했으며, 몇몇 대신들 또한 은밀히 사의(私義)를 펴 명나라의 가장(嘉奬)을 받았으니, 종사(宗社)가 지금까지 부지되어 온 것도 실상은 이 천서 · 천질을 지켜온 데 힘입은 것입니다.[2]

인조반정 이후 김장생은 사헌부 장령으로 출사하여 집의 · 공조참의 · 형조참판 등에 임명되었고, 그의 아들 김집(金集)과 송시열 · 최명길(崔鳴吉) 같은 유명한 제자들이 대거 중용되어 당시의 정계와 유림에 커다란 영향력을 행사했다.

김장생은 효종 때 영의정에 추증되고 '문원(文元)'이라는 시호를 받았으며, 숙종 때에는 왕명으로 그의 문집이 간행되었다. 게다가 조선시대 유학자의 가장 큰 영예라고 할 수 있는 문묘에 배향되기까지 하였다. 그는 이이(李珥)-성혼(成渾)을 계승한 서인의 적통으로서 노론과 소론으로 분당된 이후에는 노론의 주류로 평가되었으니, 그런 의미에서 이때의 문묘 배향은 노론의 정치적 · 학문적 승리를 상징하는 것이었다.

조선 후기 정치와 학문의 중요한 특징은 이른바 '산림(山林)'의 출현이었다. 그들은 급제나 관직과는 상관없이 뛰어난 학문적 업적과 함께 스승에게 학문을 배워 이를 이어받는 이른바 '사승(師承)'으로 인하여 요직에 나아가 큰 영향력을 행사했는데, '송시열 시대'에 전형적인 모습을 보이지만, 김장생은 그 뿌리였다고 할 수 있다.

송시열은 선우협(鮮于浹)(1588~1653)의 묘갈명(墓碣銘)에서 기자를 "성사(聖師)"로 추앙하며, '기자가 동방으로 와서 문교(文教)를 크게 펴서

1) 황제 · 황후 · 태자 등의 탄신일 등
2) 송시열, 『송자대전』 제16권, 「소 · 차」 참조

오랑캐를 변화시켜 소중화가 되게 하였다.'고 했다. 게다가 기자가 올 때 함께 온 것으로 기록된 '선우씨(鮮于氏)'를 그 후예라고까지 하며, '기자 뿌리찾기'가 시작되었다.

선우협은 심성이기론(心性理氣論)에 조예가 깊었고, 특히 『주역』에 통달하였으며, 김장생의 아들 김집과 교우가 깊었다.

○ 상나라가 멸망하고 주나라가 일어나자 성사(聖師)[1]가 동방으로 와서 문교를 크게 폄으로써 이(夷)가 변하여 화(華)가 되었다. 그러나 세대가 너무 멀고 서울(평양) 터마저 황망한 데다 자손까지 미미하여 고증할 수 없기가 하(夏)의 기(杞)보다 더한 데[2]가 있다.

본조(本朝)가 성립된 후 문교가 서쪽까지 미치게 되었는데 거기에 선우씨로 휘가 협(浹), 자는 중윤(仲潤)이라는 이가 있었다. 성사의 후예로 성사의 옛 도읍지에 태어나 아득한 원류(源流)를 찾고 이미 없어진 서여(緖餘)[3]를 탐색하였다.[4]

김창협(金昌協)(1651~1708)은 그의 문집 『농암집(農巖集)』에서 기자를 "기성(箕聖)"으로 일컬었다. 그는 대사성, 대사헌을 거쳐 예조판서를 지낸 인물로 송시열과 더불어 한 시대를 풍미하며 영의정을 지낸 김수항(金壽恒)(1629~1689)의 아들이었다.

아득한 옛 기성의
계통 직접 이어받고
본조까지 뻗어내려

---

1) 성사 : '성스러운 스승'이란 의미로 기자를 추앙하는 말이다.
2) 기(杞) : 상나라의 탕왕이 하나라를 정복한 뒤에 하나라의 선대 종묘를 보존하기 위하여 그 자손에게 봉해 준 나라 이름이다. 공자의 "내가 하나라의 예(禮)를 알고 싶으나 기(杞)의 사적이 없다."라고 개탄한 말을 인용한 것으로 기자의 후손이 없음을 비유한 말이다.
3) 서여(緖餘) : '그리 대단한 일이 아니라는 말'인데, 어울리지 않으니 오기인 듯하다. 기자의 본명이 서여(叙余/胥餘) · 수유(須臾)이니, 이 말을 잘못 쓴 것으로 보인다.
4) 송시열, 『송자대전』 제172권, 「묘갈명」 참조

성대하게 전승되니
사문의 그 큰 업적
옛날에도 짝 없었네[1]

임병양란을 거치면서 수많은 겨레가 숨져 갔고, 나라는 수치와 굴욕을 당하고 폐허로 변했지만, 이이, 윤두수, 최립, 정온, 허목, 윤휴, 김장생, 송시열, 선우협, 김창협 등 당대의 거유(巨儒)이자 정파의 영수들은 기자 숭모를 통한 사대모화 사상에 젖어 있었다.

1) 김창협, 『농암집』 제29권, 「제문」 참조

사대모화의 폐해

1) 어설픈 지식인의 사서 편찬

안정복(安鼎福)(1712~1791)은 실학의 대가로 일컬어지는 이익(李瀷)(1681~1763)의 문인이었다. 그는 스승의 추천에 의해 동몽교관, 만녕전 참봉을 지냈다. 1772년 당시 세손이었던 정조를 보필하는 익위사익찬이 되었으며, 4년 뒤 정조가 즉위하자 목천현감을 지냈고, 그 뒤에 『동사강목』을 엮었다. 그는 고조선부터 고려까지 사서를 저술하면서 초고를 작성한 후 20여 년 지난 후에 비로소 책으로 엮었는데 시대적 상황이나 사관이 다소 바뀌어서 그렇게 되었는지는 알 수 없으나 역사적 관점 면에서 본집과 부록이 다소 차이가 나고, 본집 내용은 상당한 오류를 범하고 있다. 부록 하권 「기자강역고(箕子疆域考)」에 대한 것은 후술하였다.

우리나라 사서 『삼국사』·『삼국유사』도 중간을 해 오면서 많은 첨삭이 이루어졌듯이 중국의 사서도 중간할 때 자국의 손익이 되는 내용에 대해서는 첨삭이 많이 이루어졌는데, 그는 그것을 감안하지 않고 중국 사서를 중심에 두고, 우리나라 사서의 내용은 무시하거나 비판적으로 수용하였다.

이익은 『성호사설(星湖僿說)』에서 기자 광풍이 잘못되었음을 인식하고 우리나라 사서와 중국의 사서를 두루 정리하여 우리나라 고대사와 기자의 실체를 객관적으로 파악하려고 노력했지만, 완전히 극복하지 못한 것은 시대적 상황에 따른 한계로 보고, 아쉽지만 수용이 가능한 것이었다. 그런데, 안정복은 고려사는 거의 『고려사』와 『고려사절요』를 인용하였지만 삼국시대 이전의 경우는 잘못된 중국의 사서를 인용하면서 자신의 견해인 것처럼 기술하는 것이 매우 많았다. 특히 단군의 실체와 단군이 세운 조선에 대하여 말하기를,

"동방의 고기(古記) 등에 적힌 단군에 관한 이야기는 다 허황하여 이치에 맞지 않는다."

라고 하면서 덧붙이기를,

"세대가 오래 내려갈수록 그 이야기가 굳어져서, 한 인현(仁賢)의 고장으로 하여금 말이 괴이한 데로 돌아가게 하였으니, 통탄함을 견딜 수 있으랴!"

하여, 단군의 실체를 마치 선사시대의 괴이한 이야기로 취급하고, 기자로 인해 '인현의 고장'이 되었으나 단군사화(檀君史話)와 불교로 인하여 '괴이한 모습'으로 된 것이라고 한탄하였다.

○ 상(商) 나라 태사(太師) 기자가 동방으로 오니, 주(周)의 천자(天子)[1]가 그대로 그곳에 봉하였다.

기자는 성이 자(子)이고 이름이 서여(胥餘)이며, 은(殷)[2] 주(紂 : 주왕)의 친척이다. 기(箕)에 봉해지고 자작(子爵)을 받았으므로 '기자'라고 부른다. -

1) 천자 : 당시 사서에는 왕으로 지칭했는데, 안정복은 같은 글에서 왕으로도 지칭하였다. 즉 "주 천자", "주왕"을 같은 글에서 함께 사용하였으니, 혼란스럽다.

2) 은나라 : 상나라는 서기전 1600년경부터 서기전 1046년까지이다. 도읍지를 은허로 옮긴 것이 서기전 1300년경인데, 이때부터 속칭 은나라로 지칭하기도 했으나 동시대에 상과 은을 함께 사용한 것은 큰 오류에 해당한다. 기자 때는 상나라이고, 주왕 때는 은나라가 아니기 때문이다.

『사기』 주(註)에 "기는 국명이고 자는 작호이다." 하였고, 『일통지』에 "서화(西華)는 옛 기(箕) 땅이며, 개봉부성(開封府城)[1] 서쪽 90리에 있다. 예전에 성사(聖師)가 기를 식읍(食邑)으로 하였으므로 그를 기자라고 부르며, 지금 읍내(邑內)에 기자대(箕子臺)가 있다." 하였다. - 기자가 은에 벼슬하여 태사로 있을 적에 주가 음란하므로 간(諫)하였으나 주가 듣지 않고 가두니, 기자가 거짓으로 미친 체하고 종[奴]이 되어 거문고를 타며 스스로 슬퍼하였다. 주 무왕이 주(紂)를 치고 은에 들어와서, 소공(召公)에게 명하여 갇힌 기자를 풀어 주게 하였다. 무왕이 은이 망한 까닭을 물었으나 기자가 차마 말하지 않았고, 왕이 이어서 천도를 물으니 기자가 홍범구주를 진술하였다. -『사기』·『서전』에 보인다. - 기자가 주에 의하여 풀려 난 것을 부끄러이 여겨 조선으로 달아나니, 무왕이 듣고서 조선을 그에게 봉하되 -『홍범대전』에 보인다. - 신하로 삼지는 않았다. -『사기』에 보인다.[2]

안정복은 이른바 기자에 관한 것은 2천여 년 동안 중국사서에 첨가가 누적되고 부풀려진 각종 기사를 10여 개조에 걸쳐 장황하게 기록한 반면, 단군과 단군이 세운 조선에 대해서는 항목을 따로 두지 않고 '조선 기자 원년'조에 붙여 두었다.

그는 「범례(凡例)」에서 말하기를,

"통계(統系 : 계통)는 사가(史家)가 책 첫머리의 제일의(第一義)로 삼는 것인데, 『동국통감』은 단군과 기자의 사적을 별도로 「외기(外紀)」로 삼았으니, 그 의의가 옳지 못하므로 이제 정통을 기자로 시작하고, 단군을 기자가 동방으로 온 사적 다음에 붙인다."

라고, 하였으니, '조선의 정통'은 기자가 되고, 단군은 '기자의 집'에 곁방살이 신세가 되었다.

1) 개봉부 : 중국 하남성(河南省)에 있다.
2) 안정복, 『동사강목』, 「동사강목」 제1 상, 기묘년, 조선 기자 원년조 참조

○ 동방에는 예전에 임금이 없더니, 신인(神人)이 태백산(太白山) 단목(檀木) 아래에 내려오매, 백성이 군(君)으로 세우니, 이 이가 단군(檀君)이다. 혹 이르기를 '이름은 왕검(王儉)이고 국호는 조선이라 하였는데, 당요(唐堯) 25년(무진)과 같은 때이었다.'고 한다.

【안】[1] 동방의 고기(古記) 등에 적힌 단군에 관한 이야기는 다 허황하여 이치에 맞지 않는다. 단군이 맨 먼저 났으니, 그 사람에게는 신성한 덕이 있으므로 사람들이 좇아서 임금으로 삼았을 것이다. 예전에 신성한 이가 날 적에는 워낙 뭇사람과는 다른 데가 있었으나, 어찌 이처럼 매우 이치에 맞지 않는 일이 있었으랴!

고기에 나오는 '환인 제석(桓因帝釋)'이라는 칭호는 『법화경』에서 나왔고, 그 밖의 칭호도 다 승려들 사이의 말이니, 신라 · 고려 때에 이교(異教:불교)를 숭상하였으므로, 그 폐해가 이렇게까지 된 것이다.

동방이 병화(兵火)를 여러 번 겪어서 비장(秘藏)된 국사(國史)가 모조리 없어져 남은 것이 없었으나, 승려가 적어 둔 것은 암혈(岩穴) 가운데에 보존되어 후세에 전할 수 있었으므로 역사를 짓는 이들이 적을 만한 것이 없어서 답답한 끝에 이를 정사(正史)에 엮어 넣는 수도 있었다. 세대가 오래 내려갈수록 그 이야기가 굳어져서, 한 인현(仁賢)의 고장으로 하여금 말이 괴이한 데로 돌아가게 하였으니, 통탄함을 견딜 수 있으랴!

내가 이처럼 이치에 맞지 않는 이야기를 일체 취하지 않는 것은 그릇된 것을 답습해 온 고루한 버릇을 씻어 버리고자 하는 까닭이다. 대저 선왕(先王)의 제례(制禮)는 사전(祀典 : 제사에 관한 법전)이 가장 엄한 것이다. 이제 문화현 구월산에 삼성사(三聖祠)가 있어, 승국(勝國)[2]부터 본조(本朝)까지 환인 · 환웅 · 단군을 제사하는데, 단군을 제사하는 것은 워낙 마땅하거니와, 환인 · 환웅은 망설이지 말고 빨리 제거하여야 한다. '올바른 귀신이 아닌 것을 제사한다.'는 것이 바로 이것이기 때문이다.[3]

1) 안 : 편찬자의 의견으로 안정복의 견해이다.
2) 전대의 왕조 고려를 뜻한다.
3) 앞의 책, 기묘년, 조선 기자 원년조 참조

그는 단군사화가 "이치에 맞지 않는 이야기를 일체 취하지 않는 것은 그릇된 것을 답습하여 온 고루한 버릇을 씻어 버리고자" 이를 인용하지 않는다고 했고, '환인 · 환웅은 올바른 귀신이 아니니 망설이지 말고 빨리 제거하여야 한다.'고 하였다.

○『산해경』에는,

"해동에 군자의 나라가 있는데, 의관 차림에 칼을 차며 사양하기 좋아하고 다투지 않으며, 근화초가 있어 아침에 피고 저녁에 진다."

하였고, 또『고금기(古今記)』[1]에는,

"군자의 나라는 지방이 1천리인데 목근화(木槿花)가 많다."

하였고, 또『동방삭신이기(東方朔神異記)』[2]에는,

"동방사람이 있으니, 남자는 모두 흰 띠에 고관(古冠)을 쓰고 여자는 모두 채색 옷을 입으며, 항상 공손히 앉아 서로 침범하지 않으며, 서로 칭찬하고 헐뜯지 않으며, 남의 환란을 보면 사지라도 뛰어들어 구제한다. 얼른 보아 어리석은 것 같으나 이를 일러 선인(善人)이라 한다."

하였으니, 이는 모두 우리나라를 가리켜 말한 것이다. 대개 우리나라는 태초부터 민속이 순고한데다가 기자가 교화를 펴 크게 문화를 변혁함으로써 인해 그 의관 문물이 반드시 위에서 말한 바와 같은 것이었다.『후한서』에 또,

"천성이 유손하여 도(道)로 다스리기 쉽고, 변(弁)을 쓰고 비단을 입으며 그릇은 조두(俎豆)를 쓴다."

하였으니, 이것은 필시 기씨(箕氏)의 교화가 미쳐 그런 것이리라. 애석하게도 이와 같은 사실이 본국에는 전하지 않는다. 그래도 중국 서적에 이처럼 보이니 참으로 다행한 일이다.[3]

---

1) 중국 진(晉) 나라 최표가 쓴『고금주(古今注)』를 말한다.
2) 동방삭(東方朔),『신이경(神異經)』의 오류이다. 사람과 책명을 구별하지 못한 오류이다.
3) 안정복,『동사강목』,「부록」상권 상, 고이(考異), 기준(箕準) 편 참조

중국에서 가장 오래된 백과전서로 일컫는 『산해경』 속에 나오는 '해동(海東)'이나 「공무도하가」가 실려 있는 최표(崔豹)의 『고금주』, '삼천갑자 동방삭이'로 널리 알려진 동방삭(東方朔)의 『신이경』 등에 나온 배경은 단군의 조선과 관련이 된 것이 구전되어 오다가 통설로 굳어진 것인데, 이 모든 것이 기자로 인하여 변화된 공간처럼, "필시 기씨(箕氏)의 교화가 미쳐 그런 것이리라."라고 하였으니, 어설픈 지식인의 붓놀림은 후대의 웃음거리를 제공하는 데 그친다는 것을 몰랐던 것인가?

2) 사대모화의 폐해

조선 후기 석학으로 일컬어지는 박지원(朴趾源)(1737~1805)도 기자를 숭모하였음이 드러나고 있다. 그가 청국 사신으로 갔을 때 중국인 왕혹정(王鵠汀)과의 필담(筆談)을 나눈 것이 『열하일기』 「망양록(忘羊錄)」에 나오는데, 기자에 대한 그의 인식을 짐작할 수 있다.

청국에서는 허수아비 기자를 성인군자로 만든 책들을 이미 위찬(僞撰)이라고 판명하였는데, 그는 그것을 모른 채 줄줄 외워 이를 말했으니, 무척 황당했을 법한데, 자랑스럽게 문집에 실었다.

○ "『사기』에는 기자가 조선으로 피해 올 적에 시서 · 예악과 의무(醫巫) · 복서(卜筮) · 공기(工伎)의 무리 5천 명을 데리고 함께 동쪽으로 나왔다 하였으니, 6예(六藝)는 모두 진 시황의 화염 속에 타지 않고 우리나라에 유전되었다고 합니다."

하였더니, 왕혹정은 웃으면서,

"이것은 본래 중국에서 기이함을 좋아하는 인사가 꾸며서 만든 말입니다. 풍희(馮熙)의 『고서세본』도 이런 것으로, 소위 『기자조선본』이란 본래 기자를 조선에 봉할 때부터 전해 오던 고문은 『서경』이라 하여 제전(帝

典)[1]으로부터 미자(微子)[2]까지 그쳤고, 그 끝에는 다만 홍범 한 편을 붙였는데, 8정(八政) 밑에는 52자를 더했습니다. 고정림(顧亭林)의 『일지록』에서, 왕추간(王秋澗)의 『중당사기』에 의거하여 이미 위찬(僞撰)이란 것이 판명되었습니다."

박지원은 저자 미상의 책 『원시비서』에 나오는 이야기를 『열하일기』 「동란섭필」 편에 싣고 있다. 저자가 밝혀지지 않은 책은 괴서(怪書)임에도 불구하고 그는 우리나라 학문이 기자로부터 시작되었다는 주장에 "절실한 이론"이라고 맞장구를 치고 있었다.

○ "고려의 학문은 기자로부터 시작되었고, 일본의 학문은 서복(徐福 : 서시徐市)으로부터 시작되었으며, 안남(安南)의 학문은 한의 군현제도를 세우고 자사를 두어 중국의 문화를 펴서 뒷날 오대(五代) 말기에 절도사 오창문(吳昌文)의 시기에 와서야 성황을 이루었다.

중국으로부터의 문화가 외지로 퍼져 나간 지 수천 년 사이에, 그들의 학문이란 모두 이적(夷狄)의 풍습을 면하지 못하고 궁하며 고루해서 성인의 가르침을 계승하기 부족함은 대개 그 성음(聲音)이 같지 않기 때문이다. 그 기묘하고 심오한 이치야 붓끝으로 가히 전할 수 없으므로 서로 합하지 않았던 것이다."

하였으니, 이것은 가위 절실한 이론이다.

순조(재위 : 1800~1834)는 숭인전(崇仁殿)[3]에 제사를 설행하라고 명하면서 하교하기를,

"관서 지방은 예의의 고장이다. 8조의 가르침이 시행되어 오늘날까지 백성들이 따르고 믿는 것이 어찌 기자의 공이 아니겠는가? 우리 조정의

1) 『서경』의 「요전(堯典)」과 「순전(舜典)」 편을 말한다.
2) 『서경』의 미자편을 말한다.
3) 광해군 4년 평양의 기자사(箕子祠)를 숭인전(崇仁殿)이라는 이름으로 바꿨다.

의관과 문물이 찬란히 갖추어지고 성대히 빛나는 것이 또한 어찌 기자의 공이 아니겠는가?"

라고 하였다.

고조선 때 있었던 팔조법금이 어느새 기자의 공적처럼 된 것은 이미 조선 초 유학자들에 의해 창작되고 구체화 과정을 거친 것인데, 세종 때부터 400년 동안 국왕의 입에서 나오게 된 세상이었다.

1863년, 12세의 어린 나이에 왕위에 오른 아들을 대신한 홍선대원군은 집권한 직후 척신(戚臣) 안동김씨와 풍양조씨의 세도정치를 일소하고, 붕당문벌(朋黨門閥)을 타파하기 위해 노론의 본거지인 만동묘를 비롯하여 서원을 붕당의 근원지로 판단하여 이를 철폐했다. 이에 노론을 비롯한 유학자들은 대원군의 급진적인 개혁에 불만을 가지고 있었다.

대원군 집권 10년 만에 국왕의 친정을 촉구하는 상소를 올려 마침내 대원군을 몰아내는 데 앞장섰던 최익현(崔益鉉)(1833~1907)은 '기자 때부터 동이(東夷)의 풍속을 고쳤다'고 하여 그 이전의 풍속은 좋지 못했음을 말했고, 우리나라를 '기자의 강토'라고 했으며, 우리 민족을 '오랑캐'로 인식하고 있었으니, 불과 100여 년 전 대표적인 지식인의 의식이었다.

○ 아아, 오직 우리 동방이 상나라 태사(太師)[1] 때부터 이미 동이(東夷)의 옛 풍속을 고쳤고, 본조(本朝)에 이르러 역대 성왕들이 계속해서 나시고 여러 현인들이 번갈아 일어났습니다.

'어느 해 어느 달에 서양 사람이 조선에 들어와 어느 곳에서 맹약(盟約)하였다.'고 한다면, 이는 기자의 옛 강토이며, 대명(大明)의 동쪽 울타리로서 태조대왕 이래로 중국 문물로 오랑캐를 변화시켜 예절을 제정하고 음악을 만들어서 인륜을 크게 펴던 나라가 하루아침에 노린내 나는 서양으로 들어가고 마는 것입니다.[2]

---

1) 이른바 기자(箕子)를 가리킨다.

2) 최익현, 『면암집』, 「면암선생문집」 제3권, 소편 참조

그는 이 상소로 인하여 흑산도에 유배를 가게 되었는데, 유배지 흑산도에 갔어도 오로지 '기자의 강토'를 외치고 있었다. 그는 흑산도 천촌리에 있는 '손바닥 바위'에 친필을 새기게 하였다.

> 기봉강산(箕封江山)
> 홍무일월(洪武日月)

'기자를 봉한 땅, 홍무의 명나라 땅'

우리나라는 기자가 임금으로 봉해졌던 땅이요, 이는 곧 명나라 태조 주원장(朱元璋)(연호 : 홍무)의 땅이라는 것이다. 최익현이 흑산도에서 유배생활을 하면서도 기자 숭모 사상은 여전했는데, 일월(日月)이 명(明)을 파자(破字)한 것이 아니라면 '홍무(명나라)가 일월 같다'는 의미이니, 기자 숭모의 사대모화 사상이 극단적으로 드러난 것이다.

그런데, 그의 문인들은 그 글이 새겨진 바위 아래에 유허비를 세우고 글을 새기기를,

"선생의 고매한 애국정신과 후학 양성을 위한 선생의 뜻을 후손에게 전달코자 하였다."

라고 하였고, 그곳을 다녀간 사람들이 남긴 글에는,

"최익현 선생이 일제에 비분강개하여 조선 독립을 주장한 글"

이라고 하니, 말문이 막힐 지경이다.

최익현은 을미왜란(乙未倭亂)(1895) 때 왕비가 일본 군경과 자객들에 의해 참살을 당했다는 소식을 듣고, 손자를 데리고 경기도 포천에서 경남 하동으로 피신을 떠났다가 약 1년 만에 귀가하여 그로부터 3년 뒤에는 충남 정산으로 이사하였다.

그로부터 6년 뒤 을사늑약으로 인해 대한에 일제통감부가 생기게 된 상황이 되자 홍주·청양의 지사들이 민종식(閔宗植)을 응원으로 삼고, 최익현을 홍주의병의 맹주로 추대하고자 하였다.

그러나 그는,

"우리의 사졸(士卒)은 훈련되지 않았고 병기도 예리하지 못하니, 내가 남하하여 영남과 호남을 경동(警動)하여 서로 성원하게 하는 것이 좋지 않겠는가?"

하고, 홍주의병 거사일을 불과 이틀 앞둔 1906년 3월 15일(음력 2월 21일) 최제학(崔濟學)과 함께 충남 정산군(현 청양군 정산면) 목면 송암리를 출발하여 호남으로 향했다.

『독립유공자공훈록』(국가보훈처)에는 "최익현이 태인에 이른 것이 3월 24일,…… 4월 13일 무성서원에서 의병 궐기……"로 기록하고 있으니, 겉보기에는 10여 일 만에 의병을 일으킨 것처럼 보인다. 그러나, 실제는 그가 3월 24일(음력 2월 30일) 태인 종석산(鐘石山) 아래에 있는 김 도사(金都事 : 이름이 드러나지 않음) 가문의 묘각(墓閣)에 도착하여 계모 무덤을 이장하고 묘소를 돌보던 임병찬(林炳瓚)을 만나 거의를 의논하였으나 농번기가 닥쳐 어렵다고 하여 성사되지 못하였다.

5월 19일(음력 4월 26일) 홍주성이 민종식이 이끄는 홍주의병의 손에 들어갔다는 소식을 들은 그는 임병찬을 독려하여 태인 무성서원에서 거의하니, 그날이 6월 4일(음력 윤4월 13일)이었다. 그가 충남 정산을 떠나온 지 75일 만이었다.

태인의병(일명 순창의병)은 서두른 탓에 처음에는 80여 명에 불과했으나 최익현의 명망이 높아 점차 인원은 늘어났지만, 전투의병과는 다소 거리가 멀었다. 결국, 거의(擧義) 8일 만에 최익현을 비롯한 13명이 붙잡혔고, 최익현과 임병찬은 소요죄(騷擾罪)로 구금형을 받게 되어 대마도에 도착한 날이 그해 8월 28일(음력 7월 9일)이었다.

대마도에는 이미 3주일 전에 '홍주 9의사'라고 일컫는 홍주의진 참모들이 와 있었기에 함께 생활하게 되었으니, 서로 운을 주고받으며 시를 짓기도 하였는데, 대마도에서도 기자 흠모는 변함이 없었다.

> 기자(箕子)가 오실 적에 도(道)도 함께 따라와서
> 일본이나 서양이나 그 속에 들었거늘,
> 모를레라, 조물주는 무슨 심사로
> 나더러 대마도를 보라는지.

그가 대마도에 도착하여 잠사(蠶舍)에서 점심을 먹은 후에 대마도 일본군 대대장의 방문을 받았다. 통역병이 실내에서는 갓을 벗으라는 강압에 맞서 그날 저녁부터 홍주 9의사와 함께 단식하면서 제자 임병찬에게 유소(遺疏)를 쓰게 했으나, 이틀 후 일본군이 와서 '실내에서 갓을 써도 좋다'고 하여 6끼니를 굶은 단식을 중단하였다.

이듬해 1월 1일 그가 순국하자 임병찬은 시신을 운구해 와서 '아사순국(餓死殉國)하셨다.' 하여 온 국민이 오열한 가운데 장례를 치르고 광무황제께 그 유소(遺疏)를 올렸으나, 광무황제는 보지도 않았는지 『승정원일기』, 『조선왕조실록』 그 어디에도 기록되지 않았다.

광무황제는 그가 11월 중순 병환으로 아들과 한의사, 문인들이 대마도 방문 신청서를 제출하자 이를 허락한 바 있어서 전후 사정을 알고 있었다.

광무황제는 을사늑약에 반발하여 자결한 민영환(閔泳煥), 조병세(趙秉世), 송병선(宋秉璿)은 물론, 평양징상대 상등병 김봉학(金奉學)의 순국에도 벼슬을 추증하고 장례비를 보냈다. 특히 민영환 · 조병세 · 송병선 등에게는 시호를 내리고 제문을 친히 썼으며, 민영환의 장례식에는 직접 참석하기도 했다. 최익현이 순국한 후 약 2개월 뒤에 을사늑약 무효를 위해 외교를 펼치려다가 블라디보스토크에서 순국한 이용익(李容翊)(1854~1907)에게도 시호를 내리고 후히 장례를 치르게 했지만, 최익현의 순국에는 시호는커녕, 장례비조차 보내지 않았으니, 무엇을 말함이었던가?

그런데도 불구하고 1997년까지 50여 년 동안 국정교과서였던 고등학교 국사 책에는 125일 동안 대마도에 구금되었다가 병사했던 최익현을 '유배지 대마도에서 아사 순국'으로 해놓고 만고 충절의 표본으로 삼았던 적이 있었다.

기자 광풍에 대한 자각

1) 고서를 살핀 데서 온 자각

여말선초부터 불기 시작하던 '기자 열풍'이 조선 중기에는 '기자 광풍'으로 빠져들었던 것을 인식하고 그로부터 벗어나려는 움직임이 조선 후기에 일어나기 시작하였다.

이러한 움직임은 이익(李瀷)에 의해 제기되었다. 그는 역대 왕의 어록이나 유학자의 문집에 나오는 기자에 관한 구절을 반복하며 더욱 숭모와 칭송하는 어구를 덧붙여 기자를 성인군자를 넘어 초월적 존재로 여겨 오던 종전의 풍토에서 벗어나고자 하였던 것이다.

그는 중국 사서를 통하여 기자의 실체를 파악하고자 맹자의 말을 인용하여 기자가 "고기 잡고 소금 굽는 사람들 틈에서 등용되었다."라고 하였고, 기자는 '서민 생활을 했을 것'이라고 했으니, 기자를 '왕과 공자를 묶은 존귀한 존재'로 여겼던 조선 사회에 큰 충격을 준 것이었다.

○ 맹자가 말하기를,
"기자 교격(箕子膠鬲), 미자 미중(微子微仲), 왕자 비간(王子比干)이다."
라고 했는데, 분명히 기(箕)·미(微)·왕(王)은 땅 이름이고, 자(子)는 작

(爵)의 칭호요, 교격 · 미중 · 비간[1]은 이름이다.

맹자는 또 말하기를,

"교격은 고기 잡고 소금 굽는 사람들 틈에서 등용되었다."라고 했는데 고기잡이와 소금 굽는 것을 함께 지적한 것을 보면 이는 해변을 가리킨 것이니 그가 과거에 서민이었던 까닭인가 보다.

상(商)의 제도는 왕의 아들일지라도 그를 먼 곳으로 내보내어 민간의 고통을 체험하게 한 일이 있으니, 무정(武丁)의 사적에서도 볼 수 있다. 그렇다면 기자도 고기를 잡고, 소금을 굽는 곳에서 등용되지 않았을 줄 어찌 알 수 있으랴?

기(箕)라는 나라는 곧 우리나라를 가리킨 것이다. 분야(分野)[2]로 따진다면 우리나라가 기(箕)와 미(尾)의 지점에 해당되고, 서쪽 지역이 기의 위치가 된다. 그러므로 내 생각에는 단군(檀君) 왕조의 말기에 기자가 이 기성(箕星)의 지점을 돌아다니다가 마침내 이 땅에서 봉작을 받은 것일 듯하다. 그렇지 않다면, 어찌 고기를 잡고 소금을 굽는 바다라는 것이 무엇을 지적하여 말했단 말인가? 또 기가 다른 지방이라면 어째서 자기가 봉작을 받은 곳을 버리고 그 칭호를 썼겠는가? 은(殷)의 역사에서 쓴 칭호는 봉작을 받은 것을 가지고 말하는 것이지, 봉작을 받기도 전에 이 칭호를 쓴 것이 아니다.[3]

그는 국호와 관련하여 자신의 주장을 펼쳤는데, '단궁(檀弓)'을 박달나무로 만든 활이 아니라 국호 '단(檀)'에 활[弓]을 붙였으니, '단국(檀國)에서 생산된 활'이라고 한 것이다. 그의 주장대로 풀어내면, 단군(檀君)은 '단국의 임금'이라는 뜻이 된다.

○ 두 글자로써 국호를 삼는 것은 오랑캐의 풍속이니, 우리나라의 예의와 문물은 중화와 비슷한데 홀로 이것을 고치지 못하는 것은 무슨 까닭인가? 기자

1) 비간(比干) : 이름은 비(比)이고, 간(干)은 나라이다.
2) 분야 : 중국 고대에서 하늘의 별자리 이십팔수(二十八宿)의 방위에 따라 전 중국을 지역별로 배치하여 별의 변이와 그 해당 지역의 재난 사이에 상관관계가 있다고 추정하였다.
3) 이익, 『성호사설』 제1권, 「천지문」, 기지아동 참조

가 동녘으로 옴에 미쳐 단군의 후손이 당장경(唐莊京)[1]으로 도읍을 옮겼는데, 당장은 문화현에 있으며 여기서도 오히려 단군이라 호칭했으니, 단(檀)은 국호인 것이다.

『문헌통고』를 상고하건대, "단궁(檀弓)은 낙랑(樂浪)에서 생산된다." 했는데, 단(檀)은 활을 만드는 나무가 아니요, 국호를 붙여 활의 이름을 지은 것이다.

기자가 봉작을 받아 자작이 되었는데, 기(箕)도 국호이니, 생각건대 성토(星土)의 분야에 기성(箕星)이 그곳에 해당하므로 국호를 기(箕)라 이른 것이리라.[2]

이익은 『한씨세보(韓氏世譜)』에 한씨의 연원은 멀리 이른바 '기자의 41세손' 애왕(哀王)이 위만(衛滿)에게 나라를 빼앗기고 남천하여 금마(金馬 : 익산)에 마한을 세워 한왕(韓王)이라 일컬었고, 한씨의 조상은 곧 기자라고 하자, 『동사(東史)』 속에 나오는 '한음(韓陰)'이란 사람이 있음을 들어 이를 논리적으로 명쾌하게 반박하였다.

○ 세상에서 하는 말이,

"우리나라 한씨 성은 바로 기자의 후손이다. 기준(箕準)이 위만에게 쫓겨나서 마한의 왕이 되었기 때문에 기준의 뒤가 그대로 성이 되었다."

라고 하는데, 이는 너무도 그렇지 않다. 기준이 마한왕을 쫓아내고 스스로 왕이 되었다면 기준 이전에 이미 한이 있었던 것이다.

『동사』에 이르기를,

"위만의 손자 우거(右渠)가 망할 적에 조선의 상(相) 노인(路人)·한음(韓陰) 등이 우거를 죽이고 한나라에 항복하자 한나라는 한음을 봉하여 적저후(荻苴侯)로 삼았다." 하였으니 그렇다면 조선의 옛 땅에 본시 한씨 성이 있었던 것이다.[3]

1) 당장경(唐莊京) : 장당경(莊唐京)이라 했다.
2) 앞의 책 제15권, 「인사문」 참조
3) 앞의 책 제26권, 「경사문」, 기자지후 참조

안정복은 기자 광풍에 휩쓸려 기자를 "조선의 정통"으로 삼아 "기성(箕聖)"으로 지칭하기도 했지만 기자의 봉토에 관하여 중국 사서를 바탕으로 철저히 검토했는데, 그 내용이 종전의 내용과 판이하게 달랐지만 기자가 평양에 도읍했다고 한 것은 시대적 상황과 함께 사가로서의 한계였다고 본다.

○『한서』에는,

"현도와 낙랑은 본디 기자가 봉해진 곳이다."

하고,『당서』에는,

"배구(裵矩)가 '요동은 본시 기자의 나라다.' 하였다."

하고,『요사』「지리지」에는,

"요동은 본디 조선이다. 주 무왕이 기자를 감옥에서 풀어놓자 조선으로 갔는데, 그대로 기자를 거기에 봉하였다."

하고,『요동지』에는,

"요동은 본디 기자가 봉해진 땅이다.

하고,『일통지』「요동명환」에도 기자가 실려 있고,『성경지』에는 심양·봉천부·의주·광녕(廣寧)[1] 지경이 모두 조선과 경계했다고 하였으니, 요동의 태반이 기자의 제봉(提封)이 되었고, - 월정(月汀) 윤근수(尹根壽)는 "광녕성(廣寧城) 북쪽 3리에 기자정(箕子井)이 있고, 그 곁에 기자묘(箕子廟)가 있으며, 후관(冔冠)을 씌운 소상(塑像)이 있었는데, 가정(嘉靖 : 명 세종世宗의 연호) 연간의 병화(兵火)에 탔다." 하였다. - 기자는 또 평양에 도읍하였으니, 무릇 도읍이란 국중(國中)에 정하는 것이고 보면, 오운(吳澐)[2]이 "요하(遼河) 이동(以東) 한수(漢水) 이북(以北)이 다 기자의 땅이었다."라고 한 것이 옳다.

후손에 이르러 연(燕) 말기에 서쪽 지경 1천여 리를 잃고 만번한(滿潘汗)으

1) 광녕(廣寧)의 원래 자리는 감숙성 장현(漳縣)이었다. 「전요지(全遼志)」에 소개된 광녕진경도(廣寧鎭境圖)에 보면 기자묘는 요하(遼河) 서쪽 의무려산 남쪽 북녕시(北寧市)에 있다. 현재 광녕을 본관으로 하는 고씨(高氏), 묵씨(墨氏) 등이 있다. 조선시대 많은 유학자들이 광녕성을 평양성이라고 한 것은 심각한 오류이다.

2) 오운(吳澐)(1540~1617) : 조선 중기 문신·학자였다. 『동사찬요』, 『죽유문집』 등이 있다.

로 경계를 삼았는데, 곧 『한서』「지리지」에 보인 요동군 동부(東部) 속현(屬縣) 번한(潘汗)이다. 이때에 요지가 중국에 흡수되었던 것이다.[1]

『한서』「지리지」 낙랑군편에 기자의 봉토였던 조선현은 낙랑군 속현 25개 중 하나로 되어 있다. 안정복은 『진서』에 나오는 "조선현은 주나라가 기자를 봉한 땅"이라는 것을 보지 못했거나, 보았어도 본집에서 말한 것과 달라서 인용하지 않았던 것으로 보인다.

2) 실학자들의 연구와 자각

이덕무(李德懋)(1741~1793)는 조선 후기 실학자로서 정조에 의해 규장각 검서관으로 기용된 후 사서 편찬에 참여했고, 적성현감 등을 역임했던 인물이다.

그는 조연구(趙衍龜)[2]가 기자 이후의 시호와 휘(諱), 재위 연대를 기록한 이른바 「기자조선세계(箕子朝鮮世系)」라는 것을 보고, 그 잘못된 부분에 주를 달아놓기를,

"비록 매우 황탄한 것이었으나, 우선 기록해서 『죽서(竹書)』나 『노사(路史)』 같은 기문(奇聞)에 대비하려 한다."

라고 하였으며, 아울러 기자의 후손이라고 한 행주기씨(幸州奇氏)에 대한 자신의 견해를 밝히고 있다. 그는 이 내용을 신뢰하기 어려운 문서이기에 "의문을 전하는 예로 삼았다."라고 한 것이었다.

○ 태조 문성왕 기자(太祖文聖王箕子)가 40년, 장혜왕 송(莊惠王松)이 25년, 경효왕 순(敬孝王詢)이 27년,

(중략)

1) 안정복, 『동사강목』. 「부록」 하, 기자강역고 참조
2) 조연구(趙衍龜) : 조선 후기 실학자(족보학자)

애왕 준(哀王準)이 28년, 본주(本注)에 "기자부터 애왕까지 41세로 도합 9백27년이다." 하였다.

『동사』를 상고하건대, "기자의 40세손 부(否)가 진(秦)에 복속하고 아들 준(準)이 왕위에 올랐다가 위만(衛滿)에게 핍박을 당하여 남으로 달아나 마한을 세웠으며, 기자부터 준까지가 모두 42세로 도합 9백29년이다." 하였는데, 지금 여기에는 부(否)가 없고 또 연대도 조금 차이가 나니, 혹 베껴 내려오는 동안의 착오가 아닌가 한다.

『위략』을 상고하건대, "기자 이후 40여 세대가 되어 조선후 준이 왕을 참칭했다." 했으니, 그렇다면 준부터 비로소 왕을 칭한 것이요, 이후에는 왕을 칭하지 않은 것인지, 아니면 모두 추존한 것인지, 『여지승람』에 이른바 조선 무강왕(武康王)은 곧 준인데, 지금 애왕이라 칭한 것은 무슨 까닭일까.- 마한(馬韓) 강왕 탁(康王卓)이 3년, - 본주에 "한 혜제(漢惠帝) 2년 무신에 왕위에 올랐다." 하였다.

(중략)

본주에 "계묘년에 백제 온조왕에게 합병되었는데, 기자가 조선에 봉해진 주 무왕 원년 기묘년부터 한 혜제 홍가(鴻嘉) 3년 계묘년까지가 모두 49세로 도합 1168년이다." 하였다.

『동사』를 상고하건대, "신망(新莽)이 처음 나라를 세운 원년 기사에 마한은 백제왕 온조에게 멸망되었으니, 기자부터 마한까지가 모두 1130년이다." 하였으니, 이와는 다르다.

"근세에 기씨(奇氏)가 광주(光州)에서 도랑을 파다가 석비(石碑)를 발견했는데, 기자 이후의 기씨 세계(世系)가 퍽 자세하게 새겨져 있었다고 하고, 또 제주고씨(高氏)가 땅을 파다가 석각(石刻)을 발견했는데 고씨가 맨 처음 성주(星主)가 된 때부터의 세계가 자세히 새겨져 있었다."라고 하니, 지금 기자의 세계 역시 이러한 종류가 아닌지…….

도정 안정복이 지은 『동사강목』에 기자의 세계가 실렸는데 후에 이를 산발(刪拔)[1]하였고, 금화군수 이만운(李萬運)이 『기년아람(紀年兒覽)』을 편찬

1) 글이나 책 등에서 특정 내용을 삭제하는 것을 말한다

하였는데, 내가 기자세계(箕子世系)를 보고 드디어 부록하여 의문을 전하는 예로 삼았다.[1)]

이긍익(李肯翊)(1736~1806)은 『연려실기술(燃藜室記述)』「문예전고」에서 이만운(1723~1797)이 편찬한 『기년아람』 속의 기씨 족보 내용을 조작이라 하지 않고 점잖게 '의심스럽다'고 하였다.

이만운은 영조 때 전고(典故)에 밝은 인물로 선발되어 홍봉한(洪鳳漢) 등이 편찬한 『동국문헌비고』를 보정하여 『증보동국문헌비고』를 완성한 인물이다. 그는 호사자들의 두찬만세(杜撰謾世)[2)]라는 평을 받기도 했지만, 행주기씨 족보의 '기자세보'에 대하여 말하기를,

"확실치 못한 것을 꾸며내어 세상을 속인 것인데, 간행하는 보첩(譜牒)에 기재하였으니 괴이하다."

라고 통렬하게 비판하였다.

서형수(徐瀅修)(1749~1824)는 정조 때에 영변부사를 지낸 학자로 단군의 묘소를 보수할 것을 상소하였다. 그는 영조 때 단군을 비롯한 삼성(三聖)에 관심이 많았던 서명응(徐命膺)의 아들이었다.

그는 자신이 강동(江東 : 평안북도)에서 벼슬할 때 고을 서쪽 3리쯤 되는 곳에 둘레가 410척쯤 되는 무덤을 가리켜 옛 노인들이 서로 단군의 묘소라고 전하고 있었고, 유형원(柳馨遠)의 『여지지(輿地誌)』에 기록되어 있으니, 그것이 참인지 거짓인지를 막론하고 어떻게 황폐해지도록 그냥 버려두고 사람들이 마음대로 땔나무를 하거나 소와 말을 먹이도록 놔둘 수 있겠느냐고 상소하자, 정조는 단군의 묘소를 수리하고 수호하게 하였다.

---

1) 이덕무, 『청장관전서』 제55권, 「앙엽기」 2, 기자조선세계 참조
2) 두찬만세 : 근거나 출처가 확실하지 않은 저술을 가지고 세상 사람을 속이는 짓거리란 뜻이다.

○ "비록 믿을 만한 증거의 흔적이 없으나, 고을의 옛 노인들이 가리키는 곳이 있다면 병졸을 두어 수호하거나 돌을 세워 사실을 기록하는 등 근거할 수 있는 사례가 하나뿐만이 아니다. 더구나 이곳의 사적이 '읍지(邑誌)'에 자세하게 기록되어 있는데도 불구하고 비석을 세우지 않았을 뿐만 아니라, 수호하는 사람까지 없으니, 매우 흠결된 일이다. 연대가 멀고 또 믿을 만한 문헌도 없어서 제사는 지내지 못하더라도 땔나무를 하거나 목축을 하지 못하도록 금지해야겠다. 그 도백으로 하여금 순행할 때에 몸소 살펴보게 하고, 무덤 가까이 사는 민호(民戶)를 수호로 정하고, 본 고을 수령이 봄가을로 직접 살피게끔 규식을 정하도록 하라."[1)]

정조는 서형수의 상소를 본 후 단군과 기사의 사당과 제사에 대한 것을 알아보았다. 기자를 모시는 사당은 숭인전(崇仁殿)이라 하여 그 제사를 지내는 의식과 제물이 제대로 갖춘 것에 비해 환인·환웅·단군을 모신 사당은 삼성사(三聖祠)라 하여 헌관(獻官)을 으레 지방관으로 차정(差定)하고 지방관이 유고시에는 향임(鄕任)이 대행한다는 보고를 받고,

"이는 숭인전에는 없는 예이다. 전사(典祀) 겸 대축(大祝)을 변장(邊將)으로 차정하는 것도 매우 타당치 않다. 사당을 지키는 사람들은 그 사람됨과 처지가 어떠하며, 종이나 하인 등 감독하여 보살피는 무리는 있는가? 이미 사당의 의식이 이처럼 엉성하다는 것을 들은 이상 어찌 무턱대고 인습대로 할 수가 있겠는가?"

하며, 그것이 잘못되었으니 고칠 것을 명하였다. 특히,

"나라를 세운 업적을 상고해 보면 높여 받드는 절차에 있어 기자보다 더욱 존경하는 것이 합당하다."

라고 하였으니, 비로소 삼성을 제대로 인식한 것이었다.

1) 『조선왕조실록』, 정조 10년 8월 9일조 참조

○ 삼성사를 개수(改修)하고 제사의식을 개정하였다. 삼성사는 환인 · 환웅 · 단군을 제사하는 사당으로 문화현 구월산에 있는데, 본도에 명하여 봉심(奉審)해 개수하게 하고, 친히 제문을 지어 근시(近侍)를 보내어 치제(致祭)하였다. 전교하기를,

"전 평안감사의 연주(筵奏)를 듣건대, 평양같이 큰 곳에서도 기성(箕聖)의 사당에 미비된 의식이 있다고 하는데, 더구나 본 사당이겠는가? 감사로 하여금 해당 고을에 물어서 장계로 보고하게 하라." 하니, 감사 이홍재(李洪載)가 삼성사의 제품(祭品)과 제사 의식을 아뢰었다. 전교하기를,

"본 사당의 체모가 숭인전과 일반이기는 하지만, 기자는 동방으로 와서 임금이 되었고, 단군은 요(堯)와 나란히 서서 임금이 되었으니, 맨 먼저 나와서 비로소 나라를 세운 업적을 상고해 보면 높여 받드는 절차에 있어 기자보다 더욱 존경하는 것이 합당하다."[1]

조선 초 · 중기 4백년을 거치는 동안 역사서에서는 무시되고, 묘소 관리와 제사조차 소홀해질 대로 소홀해진 단군릉과 삼성사를 정조는 비로소 관심을 갖게 되지만, 당시의 '기자 광풍'을 완전히 막지는 못했다. 정조 역시 「기자묘도(箕子墓圖)」를 열람하고 느낌을 4언절구로 표현하였는데, 당대 거유(巨儒) 김장생 · 송시열 등이 기자를 숭모함이 어느 정도였는지 정조의 시와 훈어(訓語)에서 짐작할 수 있다.

동방의 아침 햇살 상서로운 색채 곱기도 해라.
팔구의 정획[2]은 완연히 먼 옛일이 되었도다.
단군은 아득하고 기자는 요원하건만
부로들은 아직도 성인이 나던 해를 생각하누나.[3]

---

1) 『조선왕조실록』, 정조 13년 6월 6일조 참조
2) 기자가 평양에 정전법을 시행했다는 고사이다.
3) 정조, 『홍재전서』 제1권, 「춘저록」 1편 참조

○ 선정(先正) 문원공 김장생이 일찍이 기자를 존숭하여 공묘(孔廟:문묘)에 함께 모셔 그 은혜에 보답하고 그 가르침을 전하자고 청하였고, 이 일이 채택되지 않은 것을 문정공 송시열이 애석해 하였다. 우리 동방이 예의지국으로 천하에 알려진 것은 기성(箕聖)의 교화 때문이니, 두 분 선정의 말씀은 그만두려 해도 그만둘 수 없는 일이다.[1)]

정약용(丁若鏞)(1762~1836)은 1789년 윤5월 정조가 친히 시험을 본 자리에서 우리나라의 연혁, 지리, 궁성 수비 등에 관한 물음에 종합적인 대책을 밝혔는데, 그는 우리나라를 '소중화'라고 일컫는 것은 당연하게 여겼지만, 굳이 단군을 말하지 않더라도 우리나라의 연원이 기자 이전이었음을 밝히고 있다.

그는 '기자 광풍'으로 인하여 이치에 맞지 않는 것도 기자와 결부시키고 있던 시대에 한백겸(韓百謙)(1552~1615)의 「기전도(箕田圖)」를 정면 비판하였다. 그는 경세치용과 이용후생이 종합된 개혁사상을 가지고 있었는데, 그것은 장인영국(匠人營國)과 정전법(井田法)을 중심으로 한 토지개혁과 세제, 군제, 관제, 신분 및 과거제도에 이르기까지 모든 제도를 고치기 위해 많은 연구를 했기에 한백겸의 「기전도」 오류를 논리적으로 지적했던 것이다.

○ 정전도(井田圖)[2)]는 고(故) 호조참의 한백겸 공이 만든 것이다. 한공이 젊었을 적에 평양에 갔다가 기자의 정전도를 본떠 그 견묘(畎畝 : 밭도랑과 밭이랑)와 구회(溝澮 : 전답 사이의 봇도랑)의 제도(制度)를 그리고서 말하기를,

"전주(田疇 : 논두렁이나 밭두둑)가 허물어져서 옛 제도를 고증할 수 없게 될까 걱정되므로 정전도를 만들어 영구히 전하고자 한다."

하였다. 그러나 기자가 평양에 도읍을 정했다는 것은 본래부터 명확한 근

1) 앞의 책 제175권, 「일득록」, 15 훈어 2편 참조
2) 정전도 : 한백겸이 1607년 평양을 답사하고 작성하였다고 하는 「기전도」를 말한다. '기자의 정전지도'의 준말로 그림 이름이다.

거가 없다. 그것은 평양이 만약 기자의 고도(古都)라면 아마 왕검성[1]으로 칭하지 않았을 것이기 때문이다.

고구려가 멸망했을 적에는 이세적(李世勣)이 평양을 경리(經理 : 관장하여 다스림)하였고, 백제가 멸망했을 적에는 유인궤(劉仁軌)가 남원(南原)[2]을 경리하였다. 그래서 두 곳에 모두 둔전(屯田)을 설치하였던 것인데, 그것을 '정전(井田)'이라고 한 것은 지나치게 옛것을 좋아한 탓이었다. 만일 그러한 것이 아니었다면 남원에 어찌하여 정전이 있을 수 있겠는가? 또 그 밭의 형태는 정(井) 자의 모양이 아니고 전(田) 자의 모양으로 되어 있다.[3]

그는 "기자가 평양에 도읍을 정했다는 것은 본래부터 명확한 근거가 없다. 평양이 만약 기자의 고도(古都)라면 아마 왕검성(王儉城)으로 칭하지 않았을 것"이라고 기자 광풍의 오류를 지적했다. 이것은 당시로서는 '기자조선'을 송두리째 흔드는 경천동지할 큰 사건으로써 목숨을 건 일이었다.

한백겸은 호조참의, 청주목사 등을 거쳤으며, 그가 죽자 영의정으로 추증되었던 터였다. 한백겸의 동생 준겸(浚謙)은 인조의 장인이었으며, 아들 홍일(興一)은 효종 때 우의정을 지냈으니, 대단한 가문인데다가 수많은 실학자들이 그의 문인을 자처했을 뿐만 아니라 그를 실학자의 우두머리로 추앙하던 시기였기 때문이었다.

3) 기자 실체 발견

이유원(李裕元)(1814~1888)은 의주부윤, 함경도관찰사, 좌의정을 거쳐 『대전회통』 편찬 총재관을 지냈으며, 영의정에 올랐던 유학자이자 정치

---

1) '단군왕검'에서 나온 말이니, 기자가 도읍했다면 '기자성' 정도로 하지 않았겠느냐는 의미에서 한 말이다. 최근 왕검성이 평양성이 아니라는 주장이 많이 제기되고 있다. 논외로 보고 생략한다.
2) 남원을 대방주(帶方州)라 지칭하였다.
3) 정약용, 『다산시문집』 제14권, 「전」 참조

가였다. 그는 주청사(奏請使)로 청나라에 다녀온 후 인천의 개항에 대하여 그 불가피함을 주장하였으며, 1882년 전권대신으로 제물포조약에 서명하였던 역사적인 인물이었다.

그는 자신의 문집 『임하필기(林下筆記)』에서 기자를 매우 칭송했던 두 사람의 고사를 소개하고 있다.

○ 윤근수(尹根壽)가 말하기를,

"평양에 등나무 지팡이 한 쌍이 있는데 전해 오는 말에 의하면, '기자의 지팡이'라고 한다. 그런데 그중에 하나는 중간이 부러졌는데, 부러진 곳을 황석(黃錫)으로 싸서 감은 다음 칠갑(漆匣)에 넣어 두었다. 그러다가 감사가 관아를 나가는 날이면 효기(驍騎) 두 사람이 이것을 들고 앞에서 길을 인도하였는데, 감사가 자리에 앉아서 정사를 듣거나 빈객을 접대할 때면 그냥 섬돌 위에 세워 두었다. 그리고 그 좌우를 주칠목(朱漆木)으로 받쳤는데 임진왜란 때에 잃어버렸다."하였다.

이수광(李睟光)이 말하기를,

"'기자의 지팡이'는 지금 평양부에 있는데, 곧 3천 년의 역사를 지닌 유물이다. 옛사람이 공자의 벼루를 옛날 물건이라고 하였으나 이것은 더욱 오래되었다."

하였다.[1)]

그는 고려 후기부터 조선 후기까지 수많은 학자가 단군이나 공자보다 오히려 추앙하던 기자를 비판하는 차원보다 한 걸음 더 나아가 이른바 '기자동래설'을 뿌리째 흔드는 말도 서슴지 않았다.

○ 평양의 북쪽 토산(兎山)[2)]에 기자묘가 있다. 이수광이 말하기를,

"들으니 중국의 하남(河南) 땅에도 또한 기자의 묘가 있다고 한다."

---

1) 이유원, 『임하필기』 제15권, 「문헌지장편」, '기자의 지팡이' 참조
2) 『고려사』 권58, 「지」에는 토산(土山)으로 되어 있다.

하였다. 또 『사기색은(史記索隱)』에 이르기를,

“기자의 묘가 양(梁) 나라의 몽현(蒙縣)에 있다.”

하였다. 그렇다면 평양에 있는 기자묘라고 하는 것은 아마도 그 후사(後嗣)를 모신 무덤을 두고 하는 말인지도 모르겠다.[1)]

양나라의 몽현은 하남성 지역이다. 그런데 기자의 묘는 사마정(司馬貞)의 『사기색은』「송미자세가(宋微子世家)」에 의하면,

“양나라의 몽현에 기자총(箕子冢)이 있다.”

하였고, 또 『수경주』에는,

“기자의 묘가 박성(薄城)에 있다.”

하였으며, 『대청일통지(大淸一統志)』에는

“귀덕부(歸德府)의 상구현(商邱縣)에 기자의 묘가 있다.”

라고 하였다. 그런데 이들은 모두가 서로 가까운 거리라고 한다. 평양의 기림리(箕林里)에는 임진왜란 이후에 세운 정자각과 중수기적비(記蹟碑)가 남아 있으며, 『고려사』「예지」에는 숙종 7년(1102) 10월에 신사(神祠)를 지어 제사를 올렸다는 기록을 이유원은 제대로 살펴본 것이었다.

『한서』「고금인표(古今人表)」에는 주로 옛사람들을 인물 됨됨이에 따라 점수를 매겨 아홉 개의 등급으로 나뉘어 놓았다. 옛날 과거시험에서 채점하듯이 크게 상 · 중 · 하로 나누고, 다시 이를 각기 세 등급으로 구분한 것인데, 상상 · 상중 · 상하, 중상 · 중중 · 중하, 하상 · 하중 · 하하 등 9등급으로 나눠 정리한 것이다.

상상의 평가를 받은 사람은 성인(聖人)으로, 상중의 평가를 받은 사람은 인인(仁人)으로, 상하의 평가를 받은 사람은 지인(智人)으로 하되, 가장 낮은 평가를 받은 사람은 우인(愚人)으로 하였다.

---

1) 이유원, 『임하필기』 제12권, 「문헌지장편」 기자묘 참조

이리하여 중국의 삼황오제(三皇五帝)는 성인의 반열에 올려놓고, 그 나머지 인물들은 그 이하의 평가를 해 놓았다. 기자는 미자 · 비간 등과 더불어 두 번째인 상중의 점수를 받아 인인(仁人)으로 평가를 받았다. 이는 『논어』 미자편에서 세 사람을 '3인(三仁)'이라 평가한 것과도 부합되는 것이었다.

조선 유학자들은 『논어』를 읽지 않았을 리가 없지만 왜 기자를 '기성(箕聖)'으로 숭모했는지 의문이다.

일찍이 윤내현(尹乃鉉) 교수는 「기자는 고조선의 제후였다」의 글에서 '『한서』 「지리지」와 『진서』 「지리지」에는 기자가 봉해졌던 조선은 낙랑군의 조선현 지역이었다.'고 구체적으로 주석이 되어 있음을 밝혔다. 원래 낙랑군에는 25현이 있었는데 그 가운데 하나가 조선현이었고, "요서 한 모퉁이"는 바로 위 책에서 지적한 지역과 거의 일치한다고 주장한 바 있다.

최근 중국 요령성과 산동성 지역에서 '기후(箕侯)', '기후정(箕侯鼎)'이라고 새겨진 청동기가 출토되었다는 것은 그 지역에 기자가 거주했음을 입증하고 있다. 또, 『한서』 「지리지」 연지(燕地)조에 나오는 연의 변방이었던 난하(灤河)의 서부 연안에서도 서주(西周) 시대에 만들어진 기자의 청동기가 출토되었다는 것은 그 지역도 상나라가 멸망된 후 기자의 망명 집단이 거주했던 곳이었을 가능성이 높다는 주장이 학계에 주목을 받고 있다.

4부
「단군신화」 조작

'단군신화' 용어 조작

단군이 세운 조선은 『세종실록』「지리지」와 역사서, 중국의 사서에 뚜렷이 기록되어 있는데도 이를 부정하려는 일제 식민사학자들의 첫 시도는 경술국치 이전부터 시작되었다.

그 과정을 살펴보면, 1894년 도쿄 제국대학의 시라토리 구라키치(白鳥庫吉) 교수가 「단군고(檀君考)」에서, '『삼국유사』에 나온 단군 사적(檀君史籍)은 한국 불교의 설화(說話)에 근거하여 가공(架空)의 선담(仙譚)'이라고 하였다. 단군과 단군이 세운 조선의 건국사화(建國史話)를 '설화에 바탕을 둔 불교 이야기'로 조작하였으니, 단군 사적을 첫 단계에는 '단군설화(檀君說話)'로 만들었다.

이어 케이오 의숙(慶應義塾) 출신 나카 미치요(那珂通世)는 『삼국유사』에 나온 내용을 두고, '승도(僧徒)의 망설(妄說)을 역사상의 사실로 삼은 것'이라고 하여 사화를 허구(虛構)로 만들었고, 이어 1897년 「조선고사고(朝鮮古史考)」라는 논문에서 "단군왕검은 불교 승도의 망설이요, 날조된 신화(神話)"라고 하였으니, 단군 사적을 이른바 '단군신화(檀君神話)'로 만들었다.

이들 외에도 우리나라 역사를 왜곡하기 위해 혈안이 되었던 일본인은 하야시 다이스케(林泰輔), 요시다 도고(吉田東伍), 후쿠다 도쿠조(福田德三) 등이 있었다.

일제 식민사학자들의 우리나라 역사 왜곡에 이어 1916년 1월에는 조선총독부 산하 중추원에 '조선반도사편찬위원회'가 발족되었다. 이는 일제 식민사학자 개인 차원이 아닌, 일제의 정부 차원에서 일본 민족의 우위성을 고취하고 역사교육을 통해 한국민으로 하여금 민족의식을 배제하고, 열등의식을 심기 위하여 설립하였다.

일제는 미우라 히로유키(三浦周行), 이마니시 류(今西龍) 등 일본인 식민사학자들과 어윤적 · 유맹 · 이능화 · 정만조 등 부왜인(附倭人)들을 참여시켜 우리 역사를 왜곡 · 말살시키는 기초 작업에 들어갔다.

그리하여 1922년에는 이를 '조선사편찬위원회'로 확대 개편하였고, 1925년에는 '조선사편수회'를 조직하여 권중현 · 박영효 · 이완용 · 이진호 등 매국노들을 참여시켰으며, 2년 뒤에는 일제 식민사학자들과 신석호 · 이병도 · 최남선 등 많은 부왜인들을 동원하여 식민사관에 입각한 본격적인 조선사 편찬 작업에 들어갔다.

이 과정에서 이마니시 류는 1921년 「단군고(檀君考)」라는 논문에서 단군의 건국사화를 신화로 다시 조작하였는데, 이는 20여 년 전에 나카미치요가 만든 '단군신화'를 논리적으로 체계화한 것으로써 우리나라 역사를 왜곡하는 밑바탕이 되었고, 1937년에는 35권 2만 4천 쪽에 이르는 방대한 『조선사』를 편찬하기에 이르렀다.

우리 역사 조작에 맞선 애국지사

1910년 경술국치 이후 일제가 전국에서 역사서와 문집 등을 강제로 수거하였다. 이때 수거된 책은 15~20만 권 정도로 추정하고 있는데, 일제는 그 책의 일부는 가져가고, 대부분 불태우는 만행을 저질렀다.

그 후 일제 식민사학자들은 이른바 '실증주의 사학'을 외치면서 우리나라와 중국 · 일본의 일부 사서에 나타나 있는 내용 중에서 식민사관에 활용될 수 있는 물증을 찾아 우리나라와 중국 등지의 무덤을 발굴하고, 성터나 집터, 비석 등에서 유물이나 물증을 수집하였으며, 너무 오래되어 고증되지 않는 것은 '신화시대'로 만들어 버렸다.

특히 단군과 관련된 사서가 조선시대 세조와 예종 때 모조리 수거된 것을 알고는 조선의 역사는 식민지 역사로 북쪽으로는 위만 · 한사군에 의한 식민지, 남쪽은 '임나일본부'의 식민지였다는 것으로 조작하기에 이르렀다.

이에 민족 지도자 박은식(朴殷植) 선생은 1915년 중국에서 『한국통사(韓國痛史)』를 출간하고, 1920년에는 『한국독립운동지혈사(韓國獨立運動之血史)』를 출간하여 배달겨레는 단군의 후손으로 4천3백년의 전통을 가진 민족임을 말하고, 국권회복을 위해 목숨을 바친 의병투쟁을 정리

하였다.[1)]

신채호(申采浩) 선생은 경술국치 이전부터 『대한매일신보』에서 국권회복을 위한 논설 투쟁을 벌였고, 『을지문덕전』 · 『이순신전』을 지어 민족의 기상을 드높였다. 경술국치 후에는 중국으로 나아가 『조선사(朝鮮史)』를 집필하고, 『조선상고사(朝鮮上古史)』를 신문에 연재하면서 단군이 세운 조선과 삼한에 대한 역사를 새로운 시각으로 서술하는 등 배달겨레의 얼 고취에 힘썼다. 그는 1928년 일제 경찰에 체포되어 10년 징역형을 받고 뤼순감옥에서 옥고를 치르다가 1936년 옥사하였다.

『조선지광』 창간호(1922. 11. 1.)

장도빈(張道斌) 선생은 『대한매일신보』에서 신채호 선생의 후임을 맡아 붓으로 국권회복 투쟁을 벌였고, 경술국치 후에는 연해주로 들어가서 조국 광복을 위해 활약하던 유인석(柳麟錫) · 이범윤(李範允) · 이상설(李相卨) · 이종호(李鍾浩) · 최재형(崔在亨) 등과 교유하면서 「권업신문」에 논설을 써서 배달겨레에게 용기를 북돋우고 얼을 심어주었으며, 3 · 1만세의거 후 국내로 들어와서 『조선지광』을 발간했다. 이어 『조선사요령(朝鮮史要領)』과 『대한역사(大韓歷史)』를 출간하여 사라져 가는 우리 겨레의 얼을 일깨우기 위해 혼신을 다했으며, 이른바 '기자조선설'을 논리적으로 반박한 역사가이기도 하였다.

1) 두 책은 조국의 주권을 상실한 슬픈 역사를 기록하여 출간한 책이다. 1864년부터 1911년까지 47년간의 민족의 수난사를 담고 있다. "우리는 왜, 어떻게 망했는가를 서술한 것이 통사(痛史)이고, 어떻게, 왜 싸웠는가를 기록한 것이 혈사(血史)이다."(네티즌의 말 중에서)

'단군신화' 등장

『개벽』 창간호(1920. 6. 25.)

'단군신화'라는 말이 우리나라 잡지에 처음으로 등장하여 일반인에게 알려지게 된 것은 『개벽(開闢)』지 창간호에 필명(筆名) '일태(一態)'라는 자가 쓴 논설 「단군신화」이다.

그 내용은 '단군의 전설'이 곧 '단군신화'라는 의미를 갖게 하고, 민속과 관련된 것으로써 주술성이 가득하여 배달겨레가 국조(國祖)라고 인식해 오던 단군의 이미지와는 거리가 아주 먼 것이었다.

一. 檀君의 濟生說

檀君의 전설을 고려 문헌에 現한바로 始하야 그를 탐구하야 보건대 고려 忠烈王朝에 曹溪宗 方禪師 一然의 撰한 삼국지와 同人 撰慶州 佛國寺 事蹟으로 그 大概를 알게 되엇다. 一然은 古事記에 의하야 左와 如한 遺事를 썻나니, (이하 『삼국유사』 내용 - 생략)

二. 天符三印

(생략)

三. 三神

(생략)

四. 고시레

檀君 시대에 侍臣 高矢禮가 잇섯다. 그는 실로 賢臣이엇섯다. 그는 檀君의 命敎를 承하야 荒蕪를 개척하고 오곡의 농작을 興케 하엿슴으로 그 餘澤이 만세에 流하야 지금까지 朝鮮 풍습에 新飮食을 대하던지 농민이 田圃의 間에서 노식할 時는 「고시레」하고 呪呼하는 習俗이 잇다.

五. 彭吳

檀君의 高臣으로 고시래와 가티 同德의 大人彭吳가 잇섯다. 그는 산천을 구별하고 도로를 分하야 인민의 행정을 편리케 하엿슴으로 지금 朝鮮 풍속에 道傍에 성황당을 築하며 大路 嶺上에 國祀堂을 建함은 卽 其 彭吳의 神祠이엇더라.

六. 神誌

檀君의 侍臣중-彭吳, 고시레 외에 神誌라 名하는 高臣이 잇섯나니 그는 문자를 制하고 彝倫을 정하야 인민을 교육하엿슴으로 동방에 彝倫이 始明하엿더라.(其時 支那에 舜帝의 誕降한 諸憑이 역시 檀君團部中에 在한 것)

七. 八理

檀君은 九千里 지방에 三千團部를 置하고 八理로써 인민을 교육하엿나니 八理는 卽 聖經中 誠·信·愛·濟·禍·福·報·應 八字요 八字로써 366條가 生하니라.

八. 「檀君神歌」

檀君時에 神歌가 잇서 인민의 誦祝이 되엇섯나니 그 原本이 左와 如하다.

어아어아 나리한배금가미고이. 배달나라니리다모. 골잘너나도가오쇼. 어아어아차마무가하라다시거마무니설데다라. 나리골잘다모하라두리온차마무. 구설하니마무온다. 어아어아나리골잘다모하라하니. 무리설데마부리아. 다미온다차마무나. 어아어아나리골잘다모하라고비오마무. 배달날아달이하소. 골잘너나가머고이 나리한배금나리한배금.

右 神歌는 그 시대의 點에서 아즉 未詳하나 古史記를 據컨대 고구려 東明王時에 가곡으로써 궁중에서 閭港까지 盛傳하엿스며 又 廣開土王은 每樣 출전할 時에 군가로 사용하야써 군기를 振興하니라. 然한대 東明王은 神歌를 해석하되 左와 如히 하니라.

어아어아 우리 大皇祖 놉흔 은덕. 배달국의 우리들이. 百千萬年 잇지마세. 어아어아 선심은 활이 되고 악심은 貫射이라. 우리 百千萬人 **가티 바른 선심. 활줄가티 일심이라. 어아어아 우리 百千萬人. 한활장에 無數貫射穿破하니. 熱湯가튼 선심중에 一點雪이 악심이*. 어아어아 우리 百千萬人. 활가티 굿센 마음. 배달달국의 광채로다. 百千萬年 놉흔 **. 우리 大皇祖 우리 大皇祖.[1]

그 후 『개벽』 제6호(1920. 12. 1)에 '강남매화랑(江南賣畵廊)'이라는 필명으로 장편의 기행문 「상해(上海)로부터 금릉(金陵)까지」를 실었는데, 여기에 '단군신화'라는 말이 또 나온다.

○ 옹(翁)[2]의 소저(所著)인 『조선역대소사(朝鮮歷代小史)』라는 일서(一書)는 기원을 기자(箕子)로 잡고 「단군신화(檀君神話)」는 아주 황당한 말로 비쳐버렸다. 그래서 나는 묻기를,

---

1) 출처 : 국사편찬위원회, 한국사데이터베이스

2) 김택영(金澤榮)(1850~1927)이다. 1905년 학부 편집위원으로 『동사집략』을 보완하여 집대성한 12권의 순한문체 『역사집략』을 편찬했는데, 『일본서기』와 하야시 다이스케(林泰輔)의 『조선사』의 내용을 수용하는 등 기존 역사서들의 한계를 극복하지 못했다는 평을 받고 있다. 1908년 중국으로 망명한 뒤에는 나라를 잃은 슬픔을 노래한 작품을 많이 썼는데, 「오호부」는 그 대표적인 작품이다. 『교정삼국사기』, 『한국역대소사』 등 역사서도 다수 있다.

"왜 이렇게 되었습니까?"

한즉, 옹은 말하되,

"원래 '조선(朝鮮)'이라 함은 기자 이전을 따져 말할 가치가 없는 것이요, 오직 기자 때 와서야 비로소 역사라는 것이 생기었다."

한다. 그래서,

"기자를 기원으로 잡는 동시에 불가불 중원(中原)의 봉지(封地)가 되지 아니치 못할 것은 사실이라."

라고 말한다. 나는 이 말을 듣고 어찌나 어이없었던지 그저 한마디로써 옹을 대하여,

"영감은 중국 영감이올시다. 다시 조선의 혼이라고는 아주 없어졌습니다그려." 하고 무엇무엇 물어볼 것 없이 그저 허수하게 작별을 하고 여관으로 돌아왔다.[1)]

일제와 부왜인들이 『세종실록』「지리지」 속에 나오는 『단군고기』를 숨긴 채 『삼국유사』 속의 단군사화(檀君史話)를 신화 속에 나오는 인물로 만들어 웃음거리로 만들자, 장도빈 선생은 『동광』에 '단군고기'[2)]에 대한 논설을 발표하여 단군이 국조임을 밝혔다.

○ 일본의 천무천왕(神武天皇)이니 중국의 황제 헌원씨(黃帝軒轅氏)가 다 그 나라 후세인(後世人)이 추존(追尊)한 명칭이 됨이 분명하다. 그와 같이 조선(朝鮮)도 후세인이 추존한 명칭이다. 연이(然而) 조선 고대에 사적(史的) 관념(觀念)이 박약함으로 단군(檀君) 존호(尊號)의 추칭(追稱)이 매우 타국(他國)의 그것보다 지만(遲晩)하였다. 고대에는 다만 왕검(王儉)이라 칭호(稱呼)하여 단군의 명자(名字)를 그대로 불렀고, 삼국(三國), 남북국(南北國), 고려(高麗) 이래로 국가적, 민족적으로 추존한 칭호를 불견(不見)하였다. 다만,

1) 필자가 오늘날 맞춤법 형태로 고쳤다.
2) 장도빈 선생이 쓴 논설을 살펴보면, 『세종실록』「지리지」에 나오는 『단군고기』는 아니다. 『삼국유사』 속에 나오는 단군의 건국사화(建國史話)를 일제 식민사학자와 부왜인들이 '단군신화'라고 하자, '신화'가 아니라 역사적 사실이라는 의미로 '단군고기'라고 이름을 붙인 것으로 본다.

고인(古人)이 평양(平壤)을 왕검성(王儉城)이라 한 것은 마치 미국 워싱톤, 애급(埃及) 아력산항(亞歷山港)처럼 왕검을 숭배한 호명칭(好名稱)이었다. 그리하다가 마침내 조선 초엽부터 단군이라는 존호를 국가적, 민족적으로 확정하였다. 이에 『동국사략』, 『동국통감』, 『고려사』 등 관찬 서적(官撰書籍)에 단군으로 명기(明記)하고 세종대왕이 평양에 단군묘(檀君廟)를 건(建)하고 위패(位牌)에 '조선시조단군(朝鮮始祖檀君)'이라고 서(書)하였다.[1]

그 후 신문이나 잡지 등에 논설 또는 논문 형태로 '단군신화'가 대대적으로 소개되었다. 특히 최남선은 조선사편수회에 참여하면서 1928년 1월 1일부터 10일까지 『중외일보』에 「단군신전(壇君神典)에 들어 있는 역사소(歷史素)」[2]라는 제목으로 5차례 연재를 했다.

그는 『삼국유사』 속에 나오는 『고기(古記)』는 『단군기(壇君記)』이며, 이것은 '단군신(壇君神)의 이야기로 신화(神話)임'을 강조하여 단군의 건국사화를 '단군 귀신 이야기'로 만들어 버렸다. 게다가 단군(檀君)을 단군(壇君)이라고 했으니, 배달겨레에게 씻을 수 없는 죄악을 저질렀다.

이어 김준(金俊)[3]은 1935년 12월 『조선중앙일보』에 「단군신화 연구」라는 제목으로 13차례나 연재를 했고, 이듬해 김태준(金台俊)은 『역사과학』에 「단군신화 연구」를 3차에 걸쳐 실었다.

---

1) 『동광』 제7호(1926. 11. 01.) 논설 참조. 원문은 '한글-한자 섞어쓰기' 표기방식이지만 필자가 맞춤법 규정대로 고쳤다.
2) 『삼국유사』 속에 나오는 단군의 건국사화(建國史話)에서 제목으로는 단군을 '단군신'으로, 사화를 '전'으로 하였지만, 내용 속에 '신화'라는 용어를 사용하였다. 영인된 신문 지면이 낡아서 글자 식별이 어려워 옮기지 못하였다.
3) 김태준의 가명, 또는 필명으로 추정한다.

청맹과니들의 행진

광복 후 이른바 '단군신화'에 대하여 신문과 잡지 등에 기사화된 것은 무수히 많아서 구체적인 예를 들 필요도 없거니와 논문과 단행본 속에 이를 제제로 한 글들도 쏟아졌다.

그중에서 주요한 것을 가나다순으로 살펴보면, 강귀수의 「단군신화의 연구」, 김우종의 「단군신화의 시적 의미」, 김정학의 「단군신화와 토테미즘」, 김지용의 「단군신화의 민속학적 고」, 김태곤의 「무속상으로 본 단군신화」, 이병도의 「단군신화의 이해와 아사달 문제」, 장덕순의 「단군신화의 문학 시고」, 한상련의 「단군신화에 대한 고찰」, 황패강의 「단군신화의 연구」 등의 논문이 있다.

저서로는 김재원의 『단군신화의 신연구』, 이은봉의 『단군신화 연구』 등의 단행본이 나왔다. 특히 이은봉의 『단군신화 연구』 속에는 단군신화와 관련된 김두진, 손진태, 이병도 등 17명의 논문을 집대성한 것인데, 그 속에는 김두진의 「단군고기(檀君古記)의 이해 방향」이란 논문이 있다. 김두진의 논문 제목에 나타난 '단군고기'는 『세종실록』 「지리지」에 실린 『단군고기』가 아니고, '단군신화 속에 나오는 이야기'의 의미로 사용된 것이다. 이처럼 '단군신화'라는 이름으로 300여 논저가 나왔다. 특기할 것은 이를 문학 · 역사 측면에서 다루기도 하고, 심지어 종교 · 민속학 갈래에 넣어서 연구했던 사람들도 많았다. 그뿐만 아니라 초 · 중학교 교과서와 고등학교 국사 · 국어 · 문학 교과서에 '단군신화'가 지금까지 실려 있다.

단군이 우리나라를 세운 후 대한(大韓)(1897~1910)에 이르기까지 수천 년 동안 왕조사(실록)나 문집, 고전에 이르기까지 그 어디에 '단군신화'라는 용어가 단 한 번이라도 나온 적이 있었던가? 단군신화라는 용어가 등장한 것은 경술국치 이후 일제강점기였으니, 거의 1백 년이 가까워져 오는데도 이를 보지 못하는 우리나라 사람들은 청맹과니들인가?

일제는 우리의 역사서를 모두 수거하고 극히 일부는 남겨두었다. 남겨둔 『삼국유사』 판본 중, '석유환국(昔有桓國)'과 '석유환인(昔有桓因)'으로 된 것이 있는데, 후자는 전자를 변조시킨 것이라고 일부 학자들이 흥분하고 있다. 그러나 우리나라 사서에는 오래전부터 환인(桓因) · 환웅(桓雄)[1] · 단군(檀君)[2]을 삼성(三聖)이라 일컬어 왔으니, 판각할 때 실수로 '국(國)' 자로 새긴 것인지는 알 수가 없다. '인(因)' 자로 새겨진 판본의 글자를 자세히 보면, 고친 흔적처럼 여느 목판 글씨 모양이 아니다. '국(國)' 자를 새기려다가 '인(因)' 자로 새겼다면, 오히려 바르게 한 것이 아닌가?

'아사달'이 평양이다, 하얼빈이다, 구월산이다 등으로, '단'은 檀이 맞다, 壇이 틀리다 등으로, 내용은 주술성이 있다, 없다 등으로 수많은 논저가 쏟아져 나왔다.

비유하자면 '단군신화'라는 용어에 대하여 제대로 살펴보지도 않은

1) 『세종실록』 「지리지」에는 환웅을 '단웅(檀雄)'이라고도 하였다.
2) 『세종실록』 「지리지」에 실린 『단군고기(檀君古記)』에 따르면, 단군은 환인의 손녀와 단수신(檀樹神) 사이에 태어났다. 당시는 성(姓)에 대한 개념이나 인식이 낮았지만, 굳이 환(桓)으로 하지 않고, 단(檀)이 되었던 것은 단군이 단수신의 아들이었기 때문이라고 본다.

채, 일제 식민사학자들이 일본옷을 던져주면서 '조선옷이니, 잘잘못을 살펴보라.'고 했는데, 우리나라 학자들은 '이 옷은 조선옷이 아니고 일본옷이다.'라고 해야 하는데, 단추는 4개가 적당하다, 5개가 적당하다. 왼쪽 소매가 오른쪽보다 조금 길다, 짧다. 옷고름이 예쁘다, 그렇지 않다는 식으로 연구를 한 셈이다.

반성과 희망

우리나라 사람들의 연구 풍토는 마치 "주 무왕은 기자가 조선으로 도망가자 그곳에 봉(封)했다." 라는 『사기』의 한 구절만 보고, 그 조선이 땅의 이름인지, 국가의 이름인지 따져 보지도 않은 채, '기자를 주 무왕이 조선에 봉했으면, 기자가 조선 임금이네. 그러면 그때부터 기자조선, 후조선' 운운하며 기자의 몸통을 만들고 옷을 입힌 후, '미남이고, 춤도 잘 추고, 노래도 잘하고, 임금이 되었고, 정전법을 시행하고, 성인이었다.'고 하여 임금에다가 공맹(孔孟)을 보탠 초월적 존재로 만들어서 1천 년 동안 갑론을박해 오지 않았던가?

고려 때 기자 무덤과 사당을 만들고, 이성계 스스로 조선을 명나라의 제후국이라고 했고, 유학자들은 기자가 우리나라 왕이었을 뿐만 아니라, 오랑캐인 우리 민족을 교화시켜 '소중화'로 만들게 해준 '성인'이었다고 추앙한 역사는 부끄러운 과거사이다. 기자를 성현으로 만들어 '기자 광풍'을 일으키고, 문집 속에 나오는 한 구절, 제자들에게 가르친 한 마디의 말을 꼬투리로 잡아 상대의 가문이나 문벌을 제압하는 수단으로 삼고, 나아가 '사문난적'으로 몰아서 크고 작은 사화를 일으키고, 마침내 정적을 죽인 조선 5백 년 역사는 끊어야 할 과거사이다.

조선 세종 때는 『단군고기(檀君古記)』라는 사서가 있어서 그 일부가

『세종실록』「지리지」에 나왔기에 당시 유학자들은 단군을 국조로 보았다. 그러나, 그 후 유학자들이 『세종실록』「지리지」에 실려 있는 『단군고기』를 무시하고 멋대로 고친 후 기자를 성인으로 만들고 추앙하기에 급급하였으니, 윤두수가 『기자지(箕子志)』를 썼고, 이이는 『기자실기(箕子實紀)』를 편찬하여 '기자 광풍'의 근원을 제공하였으며, 「기자세가」를 지은 남인의 영수 허목은 서인 · 노론의 영수 송시열과 '예송(禮訟)'을 벌여 조선 천지를 기자 광풍 속에 빠지게 하고는 마침내 겨레의 뿌리를 웃음거리로 만들어 버렸으니, 반성해야 할 과거사이다.

일제 식민사학자들이 조작한 용어 '단군신화'를 가지고 3백여 논저를 빚어낸 사람들이 이 땅의 유명한 학자로 있으니, 일제 식민사학자들이 '단군신화'라고 조작하는 일에 협력했던 부왜인이 서울대학교 대학원장, 문교부장관, 대한민국 학술원장을 할 수 있었고, 그 '단군신화'가 오늘날까지 초 · 중등 교과서에 실려 올 수 있었다.

그리고 일제강점기 때 안확은 『조선문학사』를 쓴 바 있는데, 그 속에 나오는 "7.5조는 전통가락"이란 구절이 광복 후 중등 국어 교과서에 약 50여 년 동안 남아 있었다. 7.5조는 7세기부터 일본의 전통가락이다. 일제강점기에 내놓은 책에 "우리의 전통가락"은 일본의 전통가락인데, 일본 글을 한글로 바꾸었다고 해서 우리 것이 되는 것이 아님을 깨닫지 못했던 것이다.

일제강점기 때 고대사를 바로 세우고 민족혼을 일깨우기 위해 노력했던 민족 지도자 박은식 · 신채호 · 안재홍(安在鴻) · 이윤재(李允宰) · 장도빈 · 정인보(鄭寅普) 선생 등이 있었고, 광복 후에는 손보기(孫寶基) · 천관우(千寬宇) 선생 등을 중심으로 식민사관을 극복하고, 민족정기를 세우려고 노력을 기울였다. 김창숙(金昌淑) 선생은 국권회복기 일진회를 해체할 것을 상소한 바 있고, 1919년 3 · 1만세의거 후 유림 대표들이 서명한 이른바 '파리장서'를 작성하여 중국 상하이로 망명하여 만국

평화회의에 참석한 김규식(金奎植)에게 우편으로 제출하였으나 좌절된 후, 대한민국 임시정부 요인으로 활동하다가 일제 경찰에 체포되어 국내로 압송되었다. 모진 고문 끝에 14년형을 받고 옥고를 치르다가 두 다리가 마비되자 형집행정지로 출옥하였다. 광복 후 곧 유도회를 조직하고, 성균관대학을 창립하여 인재 양성에 힘쓰는 한편 남한만의 단독정부 수립에 반대하였으며, 이승만 정권에 대한 반독재 투쟁을 하였으니, 조국 광복과 민족정기를 세우기 위해 한평생을 바쳤다.

국내에서 광복 투쟁을 벌이다가 옥고를 겪은 애국지사와 미국·러시아·중국 등지에서 조국 광복을 위해 풍찬노숙(風餐露宿)을 하다가 귀국한 애국지사들이 정치·사회·교육 부문에 나선 분들도 많았다. 그중에 광복 투쟁과 반민족주의들에 대한 자료를 정리하여 민족혼을 일깨우고자 한 대표적인 인물이 이강훈(李康勳) 선생이었다. 그는 광복투쟁을 벌이다가 붙잡혀 1933년 15년 징역형을 받고 옥고를 치르다가 광복이 되어 출소한 후 광복운동사 자료 수집과 편찬, 민족정기 세우기에 심혈을 기울였다.

1960년대 중반, 임종국(林鍾國) 선생은 일제강점기에 민족 말살과 황국신민화에 적극 협력했던 문인들의 반민족 행위를 『친일문학론』에 담아 문학계로 하여금 각성을 촉구함으로써 광복 직후 반민족 행위자를 처단하지 못한 것에 대한 반성의 계기로 삼게 하였다.

1970년대 들어 려증동(呂增東) 선생은 일제 앞잡이 안확과 그 후예들이 쓴 한국 문학사가 고쳐지지 않자, 처음으로 배달겨레 입장에서 『한국문학사』를 썼고, 이어 필립 제이슨(Philip jaisohn)[1], 안경수, 윤치호, 이완용 등이 만든 독립협회가 일제에 협력했던 단체이고, 그들 단체에서 만든 「독립신문」이 일제를 도와준 신문이었다는 것을 밝혀 근·현대사가 바로잡혀야 함을 역설하였다. 그리고 이른바 '을사보호조약'을 '을사늑

1) 1884년 갑신왜란(甲申倭亂) 이후 서재필의 미국 귀화명

약(乙巳勒約)'으로, '한일합방'을 '경술국치' 등으로 역사용어 바로잡기에 심혈을 기울였다.

강재언(姜在彦)·김의환(金義煥)·박성수(朴成壽)·송용재(宋容縡)·윤병석(尹炳奭)·조동걸(趙東杰) 선생이 국권회복기 의병 연구의 터전을 닦았고, 이어 강길원(姜吉遠)·김상기(金祥起)·김희곤(金喜坤)·구완회(具玩會)·홍순권(洪淳權)·홍영기(洪英基) 교수 등이 배달겨레의 정수가 의병임을 고취시키고자 심혈을 쏟고 있다.

강만길(姜萬吉)·이만열(李萬烈) 선생 등은 우리나라 근·현대사 연구를 통하여 남북 문제와 근현대사 정립을 위해 애쓰고 있다. 대한민국 임시정부에서 활약한 순국선열과 애국지사 얼을 기리는 일에 심혈을 쏟고 있는 대한민국임시정부기념사업회(회장 김자동), 경술국치 전후부터 국권회복 투쟁을 벌인 대한광복단의 숭고한 정신을 이어가는 대한광복단기념사업회(회장 김병수), 일제 앞잡이 단체였던 독립협회가 이름 붙인 '독립관'을 '순국선열 현충사'로 명명하여 현판을 바꿔 다는 등 순국선열들의 얼을 기리는 순국선열유족회(회장 김시명), 의병정신 선양에 힘쓰고 있는 의병정신선양중앙회(회장 윤우), 경북 영천·청송 등지를 중심으로 국권회복을 위해 의병투쟁을 벌인 산남의진 의병을 추모하는 산남의진기념사업회(회장 이명식), 운강이강년선생기념사업회(회장 노영만), 양평의병기념사업회(회장 이철우), 항일의병사의사순국기념사업회(회장 최병석) 등 많은 의병 선양 및 추모 단체, 청송 의병기념공원과 의병기념관을 건립하여 의병정신 함양을 위해 애쓴 서점(徐點) 회장을 비롯하여 의병 추모 공간을 운영하는 각 단체의 공적이 빛난다.

2000년대 들어서서 '민족문제연구소'의 활동으로 『친일인명사전』이나와 만시지탄이나마 반민족 행위자의 죄상을 수록하게 되어 민족정기를 세우는 성과가 있었다.

5부
『삼국사기』 조작

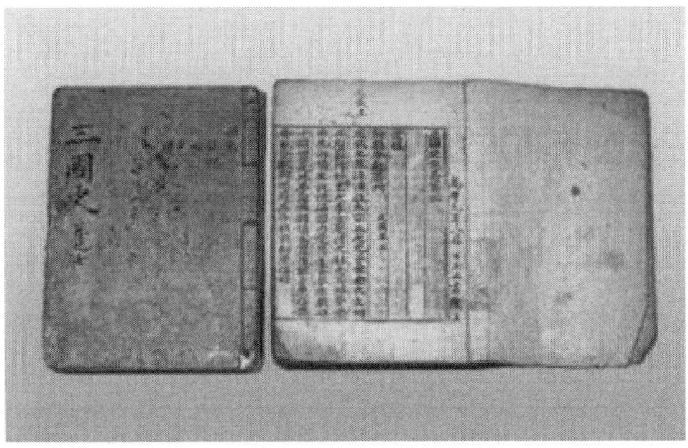

김부식의 『삼국사』는 표제(標題)와 판심제(版心題)는 「삼국사」이다.
따라서 책이름은 표제와 같이 『삼국사』이다.
일제 식민사학자와 이병도, 그의 아류들은 일제강점기에 이어 광복 70년이 지나도록 권수제(卷首題 : 각 권의 제목)인 「삼국사기」를 책이름이라고 배달겨레를 속여 왔다.

『삼국사』로 기록한 문헌 사례

1) 옛 문헌

『삼국유사(三國遺事)』

『삼국유사』는 충렬왕에 의해 국존(國尊)으로 책봉되었던 보각국사(普覺國師) 일연(一然)(1206~1289)이 충렬왕 7년(1281)경에 지은 5권 3책의 역사서이다.

책이름을 '유사(遺事)'로 한 것은 두 가지 의미를 가진다고 본다. 그 하나는 '예로부터 전해오는 사적(事蹟)'의 의미이고, 또 하나는 '정사(正史) 『삼국사(三國史)』에 실리지 못하고 빠진 사적'이란 의미를 지닌 것으로 볼 수 있다.

인종 23년(1145) 김부식(金富軾) 등 11명의 학자들에 의해 편찬된 『삼국사』가 단군(檀君)을 조상으로 여겼던 김나라/금나라[大金]와의 관계에 의해 겨레의 뿌리였던 조선(고조선)의 건국사화(建國史話)를 싣지 못한 것으로 보인다. 김나라/금나라 땅의 옛 나라였던 고구려 · 부여 · 옥저 · 읍루 등의 나라에 대한 역사적 기술마저 제한적이었던 것으로 추정할 수 있는 데 반해, 『삼국유사』는 김나라/금나라가 멸망한 후에 편찬되었기에 전해오던 『단군고기(檀君古記)』[1]를 정리하여 싣고, 고구려 · 부여 · 옥저 등의 역사에 대하여 비교적 자유롭게 기술했던 것으로 보인다.

지금까지 알려진 『삼국유사』의 판본은 13세기에 인쇄했을 것으로 추정하는 초간본은 발견되지 않고, 조선 초기에 간행한 것으로 추정하는 송은본(松隱本)과 1512년에 중간한 중종 임신본(中宗壬申本)'(일명 정덕본正德本), 1537년에 간행한 옥산서원본(玉山書院本), 그리고 필사본 등이 전해오고 있다.

이를 구체적으로 살펴보면, 현존 판본 중에서 조선 초기 간본은 송석하(宋錫夏) 구장(舊藏)인 『삼국유사』 권1 「왕력(王曆) · 기이(紀異)」, 손보기(孫寶基) 구장인 권1 「왕력 · 기이」와 권2, 이산본(泥山本) · 조종업(趙鍾業) 구장인 권2, 송은본으로 곽영대(郭永大) 소장인 권3 · 4 · 5, 범어사(梵魚寺) 소장인 권4 · 5 등이 남아 있다.

이들 각 권의 간행 시기가 다르고, 여러 지역에서 분산하여 판각한 것으로 추정하기 때문에 조금씩 차이가 나며, 고려시대의 피휘(避諱) 및 결획(缺劃)이 대부분 수정되었다고 한다. 특히 곽영대 소장의 국보 제306호 송은본은 조선 초기의 간본이며, 권3의 첫 6장, 권5의 마지막 4장이 결락된 권 3 · 4 · 5의 1책이라고 판정한 바 있다.

그렇지만 이렇게 남은 『삼국유사』는 우리나라 고대의 역사, 종교, 문화, 풍속, 언어 등을 연구할 수 있는 기본서로 『삼국사』와 함께 중요한 가치를 지닌다. 특히 우리나라 역사서 가운데 『세종실록』 「지리지」와 함께 『단군고기(檀君古記)』의 일부를 수록하였다는 점에서도 큰 의의를 가진다. 그리고 이 책에는 향찰로 표기된 신라 향가 14수가 실렸는데, 이는 『균여전』에 실린 향가 11수와 함께 문학사에서 절대적 가치가 있는 자료이기도 하다.

1) 『단군고기』 : 『세종실록』 「지리지」에 『단군고기』에 전한다며, 조선 · 부여 · 고구려의 건국사화가 비교적 상세하게 실려 있다.

『삼국유사』에는 인용한 내용 중, 상당수가 『삼국사』에서 가져온 것임을 밝히고 있는데, 그중 권 제1과 제2에 나오는 내용 일부를 들어보겠다.

(1) 『삼국유사』 권 제1

○ 『삼국사(三國史)』에 이르기를, "명주(溟州)는 옛날 예국(穢國)이다. 야인(野人)이 밭을 갈다가 예왕(穢王)의 인장을 얻어 나라에 바쳤다."라고 하였다.[1)]

○ 『삼국사』에 이르기를, "의봉(儀鳳)[2)] 3년 고종 무인(戊寅)에 고구려[句麗]의 남은 자손들이 한데 모여 북쪽으로 가서 태백산(太白山) 밑을 의지 삼아 나라 이름을 발해라 하였다. 개원(開元)[3)] 20년(732) 중에 명나라 황제가 장수를 보내어 이를 토벌하였다. 또 성덕왕(聖德王) 32년(734), 현종(玄宗) 갑술(甲戌)에 발해말갈(渤海靺鞨)이 바다를 건너 당나라 등주(登州)를 침범하였으므로 현종이 이를 토벌하였다."라고 하였다.[4)]

○ 『삼국사』에 이르기를, "백제 말년에 발해와 말갈과 신라가 백제의 땅을 갈랐다."라고 하였다. 이에 의하면 말갈・발해[鞨海]가 또 갈라져 두 나라로 된 것이다. 신라 사람들이 이르기를, "북쪽에는 말갈이 있고, 남쪽에는 왜인이 있고, 서쪽에는 백제가 있으니, 이것들이 나라에 해악이다."라고 하였고, 또 "말갈의 땅은 아슬라주(阿瑟羅州)에 접하였다."라고 하였다.[5)]

○ 『삼국사』에서 다음과 같이 이른다. "신라에서는 왕을 거서간(居西干)이라고 불렀으니 진(辰) 나라 말로는 왕이란 말이며, 혹은 귀인(貴人)을 부르는

1) 『삼국유사』 권 제1, 「기이(紀異)」 제1, 마한편 참조
2) 당 고종의 연호로 676~679년에 사용하였다.
3) 당 현종의 연호로 713~741년에 사용하였다.
4) 앞의 책, 「기이(紀異)」 제1, 말갈과 발해편 참조
5) 앞의 주 참조

칭호라고도 한다. 혹은 차차웅(次次雄) 또는 자충(慈充)이라고 한다." 김대문(金大問)이 이르기를, "차차웅은 방언에 무당을 이름이다. 세상 사람들이 무당으로써 귀신을 섬기고 제사를 받들므로 이를 외경하다가 마침내 높은 어른을 자충이라 하였다."라고 하였다.[1)]

(2)『삼국유사』 권 제2

○『삼국사』에는 이를 법왕(法王)의 아들이라고 했는데, 여기에서는 과부(寡婦)의 아들이라고 했으니 자세히 알 수 없다.[2)]

○『삼국사』「본전(本傳)」에는, "견훤은 상주 가은현 사람이다. 함통(咸通)[3)] 8년 정해에 태어났다. 본래의 성은 이(李)씨였는데 뒤에 견(甄)으로 씨(氏)를 삼았다."

三國史本傳云, 甄萱尚州加恩縣人也. 咸通八年丁亥生, 本性李後以甄為氏.[4)]

○ 논평하여 말한다.『삼국사』를 살펴보면, 구형왕(仇衡王)은 양(梁)의 무제 중대통 4년 임자(壬子)에 땅을 바쳐 신라에 항복하였다고 한다.

議曰 案三國史 仇衡以梁中大通四年壬子 納土投羅[5)]

○ 부여군은 전 백제의 왕도(王都)이다. 혹은 소부리군(所夫里郡)이라고도 한다. 살펴보건대,『삼국사』에는 "백제의 성왕 26년 무오(戊午) 봄에 도읍을 사비(泗沘)로 옮기고 국호를 남부여(南扶餘)라고 했다."라고 기록되어 있다.

---

1) 앞의 책,「기이(紀異)」 제1, 제2 남해왕편 참조
2)『삼국유사』 권 제2,「기이(紀異)」 제2, 무왕편 참조
3) 당나라 의종의 연호로 860년-873년에 사용하였다
4) 앞의 책,「기이(紀異)」 제2, 후백제 견훤편 참조
5) 앞의 책,「기이(紀異)」 제2, 가락국기편 참조

扶餘郡者前百濟王都也. 或稱所夫里郡. 按 三國史記百濟聖王二十六年戊午春 移都於泗沘 國號南扶餘.[1)]

그런데 윗글 중, '按 三國史記百濟聖王二十六年戊午春 移都於泗沘 國號南扶餘.'에 대하여 국사편찬위원회는 해석을 달리하였다.

○ 『삼국사기』에 의하면, "백제의 성왕 26년 무오(戊午) 봄에 도읍을 사비(泗沘)로 옮기고 국호를 남부여(南扶餘)라고 했다."라고 한다.

국사편찬위원회는 '三國史記'를 책이름으로 해석한 것인데, 『삼국유사』에는 김부식의 『삼국사』의 내용을 인용한 경우, 모두 『삼국사』로 하고, 『삼국사기』로 한 경우가 나타나지 않은 것을 살펴보지 못한 데서 온 오류이다. 『삼국유사』의 본문에는 김부식 등이 편찬한 책이름으로 『삼국사』만 나올 뿐, 정덕본(1512)의 권수제(卷首題 : 각 권의 제목)인 '삼국사기'라는 말을 사용한 것이 없는 것으로 보아 이 문장에서 '三國史記'는 책명이 아니라 '『삼국사』에 기록되다'로 보아야 한다.

표제(標題) 『삼국사』와 권수제의 하나인 '삼국사기 권 제1(三國史記卷第一)' 등에 관련한 내용은 후술하였다.

1) 앞의 책, 「기이(紀異)」 제2, 남부여 · 전백제 · 북부여편 참조

2) 조선왕조 공식 기록

조선왕조의 공식 기록이자 관찬 사서인 『조선왕조실록』과 『일성록(日省錄)』 등에 고려 인종 때에 김부식 등이 지은 사서를 『삼국사(三國史)』로 기록하였다.

(1) 『조선왕조실록』

조선 개국 초기에는 국왕이나 조정의 신하들은 『삼국사』를 비롯한 우리나라 사서와 중국 사서를 통하여 통치 철학을 배우고 익혔다.

○ 천둥과 벼락에 대한 일을 계문(啓聞)한 것으로 인하여, 임금이 말하였다.
"내가 『삼국사』를 보니, 어떤 여자가 간통한 일로 옥에 갇혔는데, 옥문에 벼락이 쳐서 탈출하여 도망한 일이 있었다."[1)]

○ 편전에 나아가서 정사를 보았다. 임금이 유정현(柳廷顯) 등에게 이르기를,
"병신년에 가뭄이 대단히 심하였는데, 변계량(卞季良)이 원단(圓壇)[2)]에 기우(祈雨)하자고 진언하고 상서하였다. 말이 심히 간절하므로 내가 비를 바라는 지극한 마음에 그 청을 들어 따랐는데, 지금 『삼국사』를 보니, 제후로서 원단제(圓壇祭)를 행하는 것이 옳지 않다."
하니, 변계량이 대답하기를,
"전조(前朝 : 고려)에서 원단제를 행하였으니, 그 유래가 오래되었습니다. 전조에서도 어찌 상고한 것이 없었겠습니까? 심한 가뭄을 당하여 하늘에 기도하여 비를 비는 것이 신(臣)의 뜻에는 옳다고 생각합니다."
하였다. 임금이 이르기를,
"내가 『삼국사』를 두루 보았는데 제후로서 참람(僭濫)한 예(禮)를 행한 것

1) 『조선왕조실록』, 태종 9년(1409) 윤4월 23일조 참조
2) 원단 : 하늘에 제사를 지내던 곳인데, 조선 초에 중신들의 주장으로 제후국의 국왕은 천제를 지낼 수 없다 하여 가물면 나아가서 기우제를 지내는 곳으로 바뀌었다.

을 그르게 여기지 않은 것이 없다. 또 노나라의 교체(郊禘)[1]를 성인(聖人)이 그르게 여겼으니, 예로부터 내려오면서 아랫사람으로서 참례(參禮)를 행하고서 경사(經史)에 옳게 나타난 것은 없다. 내가 가뭄을 당하여 비를 빌기는 하지만 내 뜻에 비를 빌면 하늘이 반드시 비를 내린다고 생각하는 것은 아니다. 가뭄을 당하여 비를 비는 것은 이미 성법(成法)이 있으니, 감히 무심하지 못하는 것이다. 알지 못하고 잘못한 일은 할 수 없지마는, 옳지 않은 것을 안다면 비록 털끝만치라도 하고자 하지 않는다."

하니, 김한로(金漢老)가 대답하였다.

"신 등도 또한 이와 같이 하고자 하였을 뿐입니다."[2]

○ 계사(啓事)하던 여러 신하들이 나가니, 임금이 대언(代言) 등에게 일렀다.

"내가 『경서』, 『통감』, 『송사』, 『원사』, 『삼국사』 등 전조사(前朝史)를 훑어보니, 환관이 비록 임금에게 충성한 자도 있었으나, 임금에게 아첨하여 나라를 망친 자가 항상 많았다. 그러나 인군의 궁위(宮闈) 사이에 없을 수 없는 것이다. 지금 궁내에 있는 환관이 매양 작은 일에 나를 속이니, 어찌 법대로 처치하는 것을 알지 못할까마는, 다만 아무것도 모르는 어린 환관을 어떻게 일마다 내치고 꾸짖을 수 있겠는가?[3]

○ 또 최항(崔恒) · 양성지(梁誠之) · 송처관(宋處寬) · 이파(李坡)와 동부승지 김수령(金壽寧)에게 명하기를,

"우리나라의 역사가 착란(錯亂)하여 통일이 없으니, 내가 『동국사략』 · 『삼국사』 · 『고려사』 등의 책을 참작하여 거기에서 빼거나 보태어서 억지로라도 한 책을 만들어 이름하여 『동국통감』이라 하고, 장래에 밝게 보여주어 고열(考閱)에 편리하게 하고자 하니, 경들이 그것에 힘쓰도록 하라."

하였다.[4]

---

1) 교체 : 교(郊)는 왕이 천지신(天地神)에 제사지내는 것이고, 체(禘)는 선조(先祖)를 천신(天神)에 배향하여 제사지내던 것을 말한다.

2) 앞의 책, 태종 17년(1417) 8월 17일조 참조

3) 앞의 책, 태종 17년(1417) 12월 4일조 참조

4) 앞의 책, 세조 9년(1463) 9월 5일조 참조

조선 초기 국왕이 강(講)하고, 학자들이 진강(進講)과 상고(上考)할 때 『삼국사』가 활용되었다는 기록이 보인다.

○ 전교하기를,

"이제 『문한류선(文翰類選)』을 보니, 이해하지 못할 곳이 많이 있다. 선유(先儒)가 말하기를, '임금이 사장(詞章)[1]을 지나치게 좋아해서는 아니 되지만, 또한 알지 아니할 수 없다.'고 하였고, 또 『시경』의 국풍(國風)은 음란한 시인데, 선유가 혹은 진강(進講)할 수 없다고 말하고, 혹은 진강해야 한다고 말하였으며, 또 『삼국사』도 역시 괴탄(怪誕)한 말이 많다. 그러나 야대(夜對)에서 역시 진강한다. 내가 『문한류선』에서 소시(小詩) · 사운(四韻) 같은 것을 제외하고 『삼국사』를 진강한 뒤에 아울러 강(講)하고자 하는데, 승정원의 뜻은 어떠한가?"하였다.[2]

○ 홍문관에서 아뢰기를,

"이순신(李舜臣)의 사당을 건립하는 일에 있어서, 관청에서 했는지 백성들이 하였는지 전대의 일들을 상고(上考)해 보라고 전교하셨습니다.

(중략)

우리나라의 사적에 있어서는 『삼국사』나 『고려사』를 상고해 보았지만 서로 흡사한 예가 보이지 않습니다. 어떤 사람은 『여지승람』에 혹 상고할 곳이 있다고 하나 문적(文籍)이 산실되어 상고할 수가 없습니다."

하였다.[3]

세조는 전래되던 사서를 모조리 수거하여 고치거나 폐기하였지만 『삼국사』는 그대로 두었다. 한명회(韓明澮)와 서거정(徐居正)은 『삼국사』의 가치를 높이 평가하고, 이를 인쇄할 것을 주장하였고, 연산군 때에는 『삼국사』를 또 인쇄하겠다는 내용이 기록되어 있다.

---

1) 사장 : 문장(文章)과 시가(詩歌)
2) 앞의 책, 성종 15년(1484) 10월 9일조 참조
3) 앞의 책, 선조 32년(1599) 4월 14일조 참조

○ 경연(經筵)에 나아갔다. 강하기를 마치자, 영사 한명회가 아뢰기를,

"세조 때에는 문적(文籍)이 적은 것을 염려하여 간경도감(刊經都監)으로 하여금 여러 서책을 널리 간행하도록 했으니, 이것은 성대한 의도입니다. 지금 전교서(典校署)에 저장된 포백(布帛)은 호조(戶曹)에서 이를 주관하여 함부로 사용하지 못하도록 했으니, 신의 의사로써는 옳지 않다고 여겨집니다. 청컨대 전교서로 하여금 편의에 따라 이를 사용하여 여러 서책을 인출(印出)하도록 하소서."

하였다. 지사 서거정은 아뢰기를,

"우리 동방에서는 기자(箕子)가 봉국(封國)을 받은 이후로 연대는 비록 오래되었지마는 문적이 전해 오지 않았습니다. 그 사이에 신라가 1천 년을 지냈고, 고구려가 7백 년을 지냈고, 백제가 6백 년을 지냈는데 하나도 전해 오는 서책이 없었으므로, 김부식이 주워 모아서 『삼국사』를 찬술했던 것입니다. 우리 세조께서 일찍이 유신(儒臣)에게 명하여 편집하도록 했으나 성취하지 못했던 것입니다. 『전한서』·『후한서』·『통감』들과 같은 서책은 비록 저장된 것이 없더라도 오히려 중국에서 이를 구할 수가 있지마는, 본국의 역사는 가령 전하는 것이 없다면 어디로부터 얻을 수가 있겠습니까? 마땅히 먼저 인출할 것은 『삼국사』입니다."

하니, 임금이 말하기를,

"좋다. 서적을 세상에 널리 배포시킬 계책을 호조와 전교서 제조로 하여금 의논하여 아뢰도록 하라."

하였다.[1)]

○ 상참(常參)[2)]을 받고 경연(經筵)에 납시니, 지사 이세좌(李世佐)가 아뢰기를,

"『삼국사』·『남북사(南北史)』·『수서(隋書)』·『오대사(五代史)』를 모두 인쇄하여야 하겠사온데 그중 『남북사』는 성종조에서 이미 집람(輯覽)을 만들어 의문되는 점을 다 해석하였사오니 전하께서 수람(垂覽)[3)]하시어야

1) 앞의 책, 성종 13년(1482) 10월 9일조 참조
2) 상참 : 중신들이 매일 편전에서 임금에게 국무를 아뢰는 일을 이르던 말
3) 수람 : 국왕이 문적 출간에 앞서 그것을 살펴보는 일을 이르던 말

하옵니다."

하였다.[4)]

(2)『세종실록』「지리지」

『세종실록』 163권 154책 가운데 「지리지」는 148권부터 155권에 해당하는 8권 8책이며, 328개 군현의 지지(地志)가 기록되어 있다. 1424년 세종의 명으로 시작되어 1432년에 완성된『신찬팔도지리지』가 바탕이 되었다. 여기에 영토의 변화를 반영하고 재정리하여 단종 때인 1454년에 완성되었는데, 우리나라 지지에 대한『삼국사』의 내용을 정리한 것이 많다.

『삼국사』가 드러난『세종실록』「지리지」의 서문과 본문의 내용 중에 몇 개를 들어보면 다음과 같다.

○ 서문

우리나라 지지(地志)가 대략『삼국사』에 있고, 다른 데에는 상고할 만한 것이 없더니, 우리 세종대왕이 윤회(尹淮)·신장(申檣) 등에게 명하여 주군(州郡)의 연혁을 상고하여 이 글을 짓게 하여 임자년(1432)에 이루어졌는데, 그 뒤 주군이 갈라지고 합쳐진 것이 한결같지 아니하다. 특히 양계(兩界)에 새로 설치한 주(州)·진(鎭)을 들어 그 도(道)의 끝에 붙인다.

○ 충청도 청주목

연기현

대천(大川)은 웅진(熊津)이다.『삼국사』의 신라 4독(瀆)에 "웅천하(熊川河)"라고 쓰고서 중사(中祀)에 실었는데, 본조(本朝)도 그대로 따라서 봄가을에 향축(香祝)을 내려 제사를 지낸다.

4) 앞의 책, 연산 5년(1499) 10월 14일조 참조

○ 충청도 공주목

명산(名山)은 계룡(鷄龍)이요, 주(州) 동쪽에 있다. 『삼국사』에 이르기를, "신라가 5악(岳)을 만드는데, 계룡을 서악(西岳)으로 삼아서 중사(中祀)에 실었다."라고 하였다.

조선총독부는 「지리지」만 묶어 『교정세종실록지리지』로 만들었고, 세종대왕기념사업회에서 이를 국역하였다.

그런데, "『삼국사』와 『고려실록』에는 기재되지 아니하였으니, 그 옳고 그름을 자세히 알 수 없다."(三國史及高麗實錄 所不載, 未詳是否)라는 문장이 있다. 여기서 '『高麗實錄』'이란 『고려사』를 편찬하기 이전 고려 왕조의 실록이 실재했지만, 조선 초기에 이를 『고려사』로 그 이름을 바꾸었던 것으로 추정할 수 있다.

(3) 『일성록(日省錄)』

『일성록』은 왕의 입장에서 쓴 일기 형식의 기록이다. 정조는 세손시절에 증자(曾子)가 '매일 세 번 반성한다.'라는 말에 깊은 감명을 받아 1760년부터 매일 일기를 쓰고 이를 기록으로 남겼는데, 그것이 바로 『존현각일기(尊賢閣日記)』이고, 이는 후대의 왕에게도 유습처럼 되어 그 기록들을 묶은 것이다.

『일성록』은 2,327책의 필사본인데, 국보 제153호로 지정되었다. '하루 반성록'이라는 이름이지만 실제로는 왕조의 공식 기록으로 대표적인 관찬 사서 중의 하나인데, 여기에도 『삼국사』가 언급되어 있다.

○ 내가 이르기를,
"그대가 보고 싶은 것은 과연 무슨 책인가?"
하니, 이만운(李萬運)이 아뢰기를,

"『삼국사』와 『고려사』를 항상 펴보고 싶은데 그럴 수 없고, 『삼국유사』도 보고 싶었으나 보지 못하였습니다. 문집으로는 고(故) 상신 남구만(南九萬)과 고 판서 조복양(趙復陽)·박장원(朴長遠) 등의 저술인데 모두 보지 못하였습니다."

하였다.[1)]

2) 왕명에 의한 관찬 사서

조선 초기에는 왕명에 의한 사서 편찬이 많았다. 권근(權近) 등의 『동국사략(東國史略)』, 서거정(徐居正) 등의 『삼국사절요(三國史節要)』, 조선 개국 직후부터 약 60년에 걸쳐 편찬한 『고려사(高麗史)』, 김종서(金宗瑞) 등의 『고려사절요(高麗史節要)』, 이행(李荇) 등의 『신증동국여지승람(新增東國輿地勝覽)』, 신숙주(申叔舟) 등의 『국조보감(國朝寶鑑)』, 양성지 등의 『동국통감(東國通鑑)』 등 많은 사서가 편찬되었는데, 이들 사서 속에 『삼국사』가 많이 등장하고 있다.

(1) 『동국사략』

태종 2년(1402), 태종은 권근·하륜(河崙)·이첨(李詹) 등으로 하여금 『삼국사』의 주요 내용을 간추려서 사서를 편찬하도록 하였다.

○ 영사평부사 하륜, 참찬의정부사 권근, 예문관 대제학 이첨에게 명하여 『삼국사』를 수찬하게[2)] 하였다.

命領司平府事河崙, 參贊議政府事權近, 藝文館大提學李詹, 修三國史.[3)]

---

1) 『일성록』, 정조 7년(1783) 9월 9일조 참조
2) 수찬 : 서책을 편집하여 펴내는 일인데, 간추려서 편찬한다는 의미를 지닌다.
3) 『조선왕조실록』, 태종 2년(1402) 6월 8일조 참조

그리하여 하륜·권근·이첨 등은 서둘러 『삼국사』를 새로이 편수한 책이 1년 5개월 만인 이듬해 11월에 나오게 되었다.

○ 삼국사략 서(三國史略序)[1]

우리 해동에 나라가 생긴 것이 맨 처음에 단군조선(檀君朝鮮)으로부터 시작하였는데, 그때는 까마득한 옛날이라 민속이 순박하였으며, (중략)

신라 때 고구려와 백제가 함께 정립(鼎立)하는데 이르러 각각 국사(國史)를 두어 그때의 일을 맡아 기록하게 했으나, 전문(傳聞)이 실제와 틀려 황당하고 괴이한 것이 많으며, 그때 일을 기록한 것이 자세하지도 못한데다가 방언(方言)을 섞어 써서 말이 단아하지 못한 데가 많다.

전조(前朝)의 문신 김부식(金富軾)이 이것을 모아 정리하여 『삼국사』를 만들었는데, 사마천(司馬遷)의 『사기』를 모방하여 나라를 따로따로 나누어 썼다. 본기(本紀)·열전(列傳)·지(志)·표(表)가 있고, 합하여 모두 50권이다. 같은 해의 기년(紀年)을 따로 쓰기도 하고, 같은 일을 두 번 쓰기도 하였으며, 방언과 저속한 말을 다 없애지 못했는가 하면, 첨삭(添削)과 범례(凡例)가 적당하게 되지 못하여 책 질이 번다하고 중복된 말이 많은지라 보는 사람들이 기록한 것도 있고, 빠뜨린 것도 있어서 참고하기 어려움을 병처럼 여겼다.

삼가 생각건대, 우리 주상 전하는 하늘이 낸 총명한 분으로 경사(經史)에 정신을 두고 좌정승 하륜과 예문관 대제학 이첨과 신 등에게 명하여 『삼국사』를 가지고 잘못된 곳을 고치되, 편년법(編年法)을 모방하여 모두 한 책으로 만들게 하였다.

그래서 신라가 먼저 일어나 나중에 망하였기 때문에 그 연기(年紀)를 써서 맨 위에 표시하고, 중국 기원(中國紀元)을 기록하여 그 통서(統緖)를 밝혔다. 또 고구려·백제의 원년을 그 아래에 각각 기록하였으며, 다음에 시월(時月)을 표시하여 그때 일을 기록하였는데, 신라를 먼저 쓰고 나라별로 하지 않은 것은 신라가 주장이 되기 때문이요, 다음에 고구려와 백제를 쓴 것은 나라를 일으킨 해의 선후를 따진 것이다.

1) 권근, 『양촌집』, 「양촌선생문집」 제19권, 서류편 참조

본기(本紀)를 근본하고 열전(列傳)을 참고하여 강(綱)으로 그 요점을 들고, 목(目)으로 그 자세함을 갖추고, 저속한 말은 고치고 번잡한 것은 없애며, 참란(僭亂)함을 치고 절의를 높였으며, 또 나의 좁은 소견으로 그 득실을 논하여 그 끝에 붙이고, 한 책으로 정돈해 만들어서 이름을 『동국사략(東國史略)』[1)]이라 하였으니, 비록 문장이 변변치 못하여 보잘것없기는 하지만 그러나 정치의 잘잘못과 국운의 장단은 본받고 경계할 만한 것이 있고, 선악이 모두 갖추어졌으므로 만기(萬機)를 돌보는 여가에 보신다면 정치하는 방법에 조금은 도움이 될까 한다.

이 책은 윗글에서 밝혔듯이 김부식 등이 지은 『삼국사』를 아래와 같이 뜯어고쳤다고 하였으니, 『삼국사』의 본래 모습은 상실되었다.

○ "『삼국사』를 가지고 잘못된 곳을 고치되, 편년법(編年法)을 모방하여 모두 한 책으로 만들게 하였다. 그래서 신라가 먼저 일어나 나중에 망하였기 때문에 그 연기(年紀)를 써서 맨 위에 표시하고, 중국 기원(中國紀元)을 기록하여 그 통서(統緖)를 밝혔다. 또 고구려 · 백제의 원년을 그 아래에 각각 기록하였다."

결국, 이 책은 명나라를 대국으로 섬기던 조선조 정치가들의 입장에서 『삼국사』를 새로이 편찬한 것이다. 편찬 과정에는 『삼국사략』으로 명명했으나 완성 때는 『동국사략』으로 이름을 붙였는데, 국왕과 학자들은 이를 경연(經筵)에 활용하였다.

○ 국왕이 정사를 보고 경연에 나아가 『시경』 10월편을 강하였다.
(중략)
"내가 일찍이 『삼국사략』을 보니, 신라에는 일식이 있었는데, 백제에서는 쓰지 아니하였고, 백제에는 일식이 있었는데, 신라에는 쓰지 아니하였다. 어

1) 『동국사략』 : 사대모화(事大慕華) 사상으로 인해 『삼국사략』을 변경한 책명이다.

찌 신라에서는 일식이 있는데, 백제에는 일식이 없었다 하겠는가? 아마도 사관의 기록이 자상한 것과 소략한 것이 달랐기 때문인가 한다."

하였다.[1)]

(2) 『고려사』

『고려사』는 조선 개국 직후부터 1451년까지 약 60년 동안 『고려실록』을 해체하여 수차례 편찬과 수정하기를 거듭한 끝에 완성한 고려의 역사서이다. 기전체로 된 고려 왕조의 정사로 139권 75책인데, 전체 구성은 세가(世家) 46권, 지(志) 39권, 연표(年表) 2권, 열전(列傳) 50권, 목록(目錄) 2권으로 되어 있다. 『고려사』 편찬 과정을 살펴보면, 왕의 호칭 문제나 낱말 하나에도 신경을 써서 어렵게 편찬하였지만, 작은 문제가 발견되면 반포를 중지시키고, 개수를 명하는 등 세종 특유의 꼼꼼함으로 인해 많은 학자가 땀을 흘려 완성하였다.

○ 우시중 조준(趙浚), 문하시랑찬성사 정도전(鄭道傳), 예문관학사 정총(鄭摠)·박의중(朴宜中), 병조전서 윤소종(尹紹宗)에게 명하여 『고려사』를 수찬(修撰)하게 하였다.[2)]

그리하여 편찬 작업을 시작한 지 3년 만인 태조 4년(1395) 정월에 편년체로 서술된 37권의 『고려사』가 처음으로 편찬되었다.

○ 판삼사사 정도전과 정당문학 정총 등이 전조(前朝)의 태조로부터 공양왕에 이르기까지 37권의 『고려사』를 편찬하여 바치니, 임금이 친히 보고 정도전에게 교서를 내리었다.[3)]

---

1) 『조선왕조실록』, 세종 6년(1424) 11월 4일조 참조
2) 앞의 책, 태조 1년(1392) 10월 13일조 참조
3) 앞의 책, 태조 4년(1395) 1월 25일조 참조

그러나, 『고려사』는 단시일에 편찬되고, 또 편찬자인 개국공신들의 주관이 개입되었다 하여 비판을 받게 되었으며, 태종이 즉위한 이후 조선 건국 과정에 대한 기록이 부실하다는 평가를 받게 되었다. 이에 태종은 하륜(河崙)・남재(南在)・이숙번(李叔蕃)・변계량(卞季良) 등에게 개수(改修)를 명하였다.

○ 영사평부사 하륜, 참찬의정부사 권근, 예문관 대제학 이첨에게 명하여 『삼국사』를 수찬하게 하였다.[1)]

그러나 태종 16년(1416) 개수의 책임자인 하륜이 사망하고, 그로부터 많은 학자들이 참여하여 3년 뒤에 편찬을 종료하였다. 그러나 세종은 등극한 직후 『고려사』가 국왕이나 왕세자에 맞지 않은 용어를 썼고, 공민왕 이후 기사 서술에 잘못이 있음을 지적하며, 유관(柳觀)・변계량(卞季良)에게 개수를 명하여 세종 3년(1421) 정월에 비로소 완성을 보게 되었다.

○ 이전에 정도전이 편찬한 『고려사』가 간혹 사신이 본래 사초(史草)한 것과 같지 아니한 곳이 있고, 또 제(制)니, 칙(勅)이니 하는 말과 태자(太子)라고 한 것 등의 유(類)가 참람(僭濫)되고 분수에 넘치는 말이 된다 하여, 유관과 변계량에게 명하여 교정하게 하였더니, 이제 와서 편찬이 완성되었으므로 이에 헌상해 올렸다.[2)]

이때 완성된 『고려사』는 공민왕 이후의 기사 중 고려 사신의 사초 및 다른 내용들과 '고려의 왕실(황실) 용어로서 중국에서 사용하는 용어와 일치하는 것' 중에서 정도전 등이 미처 고치지 못했던 것을 전부 개서하였다. 그러나, 이것도 반포하지 못하고 있다가 다시 개찬하게 되었다. 그 이유는 역시 고려 왕실 용어가 중국 역대 왕조와 같은 것이 남아 있어서 이는 '제후국에 걸맞지 않은 참칭(僭稱)'으로 보았기 때문이었다.

---

1) 앞의 책, 태종 2년(1402) 6월 8일조 참조
2) 앞의 책, 세종 3년(1421) 1월 30일조 참조

세종 5년(1423) 유관과 윤회(尹淮)에게 제2차 개수 작업에서 문제가 되었던 것 중에서 참칭한 용어라도 큰 문제가 없다고 판단한 것은 『고려실록』을 대조하여 당시에 썼던 용어를 그대로 직서(直敍)하도록 하여 이듬해 8월에 완성을 보게 되었다. 그러나 참칭한 용어 사용에 대하여 강경히 반대하는 변계량의 주장으로 인하여 반포가 중지되었고, 이어 개수 작업을 또 하게 되었다.

제4차의 『고려사』 편찬은 세종 20년(1438)에서 시작하여 세종 24년(1442) 사이에 신개(申槩)와 권제(權踶) 등이 개수 작업을 완료하여 왕에게 바쳤다.

이때 개수된 내용은 소략한 내용의 보충과 개칭된 용어의 직서에 관한 것이었다. 그러나 세종은 『고려사』의 기사에서 선대 도조(度祖)로부터 태조에 이르는 내용들이 빠진 것을 발견하고, 세종 31년(1449) 정월 우찬성 김종서(金宗瑞), 이조판서 정인지(鄭麟趾), 호조참판 이선제(李先齊) 등에게 또다시 개찬을 명하였다.

이때에는 사체(史體)의 문제가 새로이 제기되었기 때문이었다. 이에 세자(뒤에 문종)와 함께 왕에게 건의해 편년체에서 새로이 기전체로 편찬하기로 허락을 받았다.

이리하여 문종 원년(1451) 8월 김종서 등에 의해 태조부터 공양왕까지 32명의 왕의 연대기인 세가 46권 등 총 139권의 『고려사』가 편찬되었다.

○ 지춘추관사 김종서 등이 새로 편찬한 『고려사』를 바치니, 세가 46권, 지 39권, 연표 2권, 열전 50권, 목록 2권으로 되어 있었다.[1)]

이로써 고려의 각종 역사서에 나온 내용을 바탕으로 이를 수정하고, 또 새로이 엮는 노력이 약 60년 만에 『고려사』로 마무리되었다.

---

1) 앞의 책, 문종 1년(1451) 8월 25일조 참조

이와 같이 조선 왕조가 건국된 이후 고려의 역사를 방대하게 정리한 것은 『고려사』가 지나간 역사에 대한 정리뿐만 아니라, 고려 군신들의 자취를 참고로 하여 새로운 조선 왕조의 통치에 적극적으로 이용하려는 목적과 함께 명나라에 사대를 실천한 것이었다.

마침내 『고려사』는 단종 2년(1454) 10월 정인지의 이름으로 인쇄 반포되었다. 그러나 이때 간행된 『고려사』는 현전하지 않고, 이듬해 을해자(乙亥字)로 인쇄된 주자본(鑄字本)과 그 뒤 중종 연간에 을해자를 복각한 목판본이 전해지고 있다.

이처럼 우여곡절을 거쳐 편찬된 『고려사』의 편찬 범례에서 김부식 등의 『삼국사』를 기준으로 한다고 하였고, 『삼국사』 편찬 과정과 「열전」에서 김부식의 공적을 기록할 때 『삼국사』 편찬을 꼽았다.

○ 『고려사』 표의 범례에서는 김부식의 『삼국사』를 기준하여 오직 연표만을 작성한다.[1)]

今纂高麗史表, 準金富軾三國史, 只作年表.

○ 인종 23년 12월 임술, 김부식이 『삼국사기』를 편찬하여 바치다.[2)]

十二月 壬戌, 金富軾進所撰三國史.[3)]

○ 인종 23년, 김부식이 신라 · 고구려 · 백제 『삼국사기』를 편찬하여 올리다.[4)]

二十三年, 上所撰 新羅高句麗百濟 三國史.[5)]

---

1) 『고려사』 편찬 범례 참조
2) 국사편찬위원회는 "김부식이 『삼국사기』를 편찬해 바치다."로 제목을 붙였다. 원문의 『三國史』를 『삼국사기』로 오역하였다.
3) 앞의 책 권17, 「세가」 권 제17, 인종 23년 12월조 참조
4) 국사편찬위원회는 원문의 『三國史』를 『삼국사기』로 오역하였다.
5) 앞의 책 권98, 「열전」 권 제11, 제신 김부식조 참조

(3)『고려사절요(高麗史節要)』

『고려사절요』는 문종 2년(1452) 2월, 김종서 등에 의해 편찬되었으며, 『고려사』와 더불어 고려시대를 연구하는 데 중요한 책이다.

'절요'라는 명칭이 붙기는 했으나, 『고려사』를 줄인 책이 아니라 『고려사』와 서로 보완관계에 있는 사서로 『고려사』 편찬이 완료된 다음해인 1453년 4월, 세종 16년(1434)에 주조한 갑인자(甲寅字)로 찍어 반포되었다. 이 책에서도 김부식이 『삼국사』를 편찬하였다고 하였다.

○ 문하시중으로 벼슬에서 물러난 김부식이 신라 · 고구려 · 백제의 『삼국사』를 편찬하여 올리니, 왕이 내시 최산보(崔山甫)를 보내어 그 집에 가서 칭찬하는 유고(諭告)를 내리고, 꽃과 술을 후하게 하사하였다.

門下侍中致仕金富軾, 上所撰 新羅高句麗百濟三國史, 王遣內侍崔山甫, 就第奬諭, 賜花酒優厚.[1]

(4)『삼국사절요』

세조 4년(1458)에 착수한『동국통감』 편찬 사업의 일환으로 편찬한 사서이다. 세조는『동국통감』 편찬에 대단한 열성을 보여 동국통감청을 설치하고, 궁중 비장의 책들도 내주어『삼국사』와『동국사략』의 부족한 기록을 보충하게 했으며, 자신이 직접 검토하기도 했다. 그러나, 세조는 이 책의 완성을 보지 못했고, 그 유업을 이었던 예종도 일찍 세상을 떠나 완결을 보지 못했다.

성종 5년(1474) 신숙주(申淑舟)의 건의로 다시 시작했으나, 다음해 신숙주도 사망하여 노사신(盧思愼) · 서거정(徐居正) 등의 주도로 성종 7년

1)『고려사절요』 제10권, 인종 공효대왕 23년 (1145) 12월조 참조

(1476) 12월에 삼국시대 부분을 완성하여 『삼국사절요』라는 이름으로 편찬했으니, 14권 7책의 목활자본이다. 편찬 담당자는 노사신 · 서거정 · 이파(李坡) · 김계창(金繼昌) · 최숙정(崔淑精)이었다.

이 책에도 김부식 등이 지은 책을 『삼국사』라고 하였다.

○ 영돈녕부사 노사신(盧思愼), 우찬성 서거정(徐居正), 이조참판 이파(李坡)가 『삼국사절요』를 짓고 전문(箋文)을 붙여서 바치니, 도승지 현석규(玄碩圭)에게 명하여 공궤(供饋)하게 하고, 이어서 노사신 등에게 우리나라 문사(文士)들의 시문을 모아 양성지(梁誠之)가 지은 「지리지(地理志)」에 첨가하여 실으라고 명하였다.[1)]

○ 삼국사절요 서(三國史節要序)[2)]

김부식이 진수(陳壽)의 『삼국지(三國志)』를 본받아 『삼국사기』를 편찬하였습니다.

(중략)

신들이 본래 삼장(三長)의 재주가 부족하니, 어찌 우러러 주상의 뜻에 흡족하게 일을 해낼 수 있겠습니까? 다만 구사(舊史) 및 『동국사략』을 취하고 아울러 『삼국유사』와 『수이전(殊異傳)』에서 채집하여 장편(長編)을 만들고, 범례는 한결같이 『자치통감』을 따랐습니다.

金富軾法陳壽三國志 撰三國史.

(중략)

臣等本乏三長之才 何能仰稱睿旨. 第取舊史及史略 兼採遺事殊異傳作長編 凡例一依資治通鑑.

---

1) 『조선왕조실록』, 성종 7년(1476) 12월 17일조 참조

2) 서거정, 『사가집』, 「사가문집」 제4권, 서(序) 참조. 한국고전번역원 임정기 역 2009년에는 원문의 『三國史』를 『삼국사기』로 오역하였고, '구사(舊史)'에 대한 주석을 『삼국사기』라고 하는 오류를 범하였다.

(5) 『동국통감』

성종 16년(1485)에 서거정(徐居正) 등 10명의 수사관(修史官)이 신라 초부터 고려 말까지의 역사를 편찬한 사서로 56권 28책의 활자본이다. 세조 4년(1458)에 편찬 사업이 시작되어 고대사 부분이 성종 7년(1476)에 『삼국사절요』로 간행되었으며, 성종 15년(1484)에 일단 완성을 보았다. 그러나 「사론(史論)」이 문제가 되었으므로 『삼국사절요』와 『고려사절요』를 대본으로 하여 1년 만에 편찬자들의 사론을 붙여 새로 펴냈다.

이 책은 편년체 사서로 조선(고조선)으로부터 삼한까지는 자료가 부족하여 체계적인 서술이 불가능하다는 핑계로 「외기(外紀)」로 다루었고, 삼국 건국부터 신라 문무왕 9년(669)까지를 「삼국기」, 669년에서 고려 태조 18년(935)까지를 「신라기」, 935년부터 고려 말까지를 「고려기」로 구분하여 서술했다.

삼국의 역사는 『동국사략』과 『삼국사절요』에 따라 삼국의 역사를 하나의 편년으로 서술하되, 삼국의 역사를 대등하게 서술하고 무정통(無正統)의 시기로 처리했다. 연기(年紀) 표기에 있어서도 『동국사략』은 왕이 즉위한 다음해를 원년(元年)으로 하는 유년칭원법(踰年稱元法)과는 달리 삼국 당시의 제도대로 즉위년을 원년으로 하는 즉위년칭원법(卽位年稱元法)을 썼다. 삼국의 연기는 연호로써 표기하지 않았고, 중국과 삼국의 연기를 아울러 썼다.

이 책에는 모두 382편의 「사론」이 실려 있는데, 그중 178개는 기존 사서에서 뽑은 것이고, 나머지 204개는 수사관들이 써놓은 것이다. 이 가운데 118개는 최부(崔溥)가 쓴 것으로 확인되고 있다. 「사론」의 대부분은 사실을 고증한 것보다는 사실에 대한 포폄(褒貶)과 관련되는 것인데, 중국에 대한 사대명분(事大名分)을 중요시하는 입장이었다. 다음으로 강상윤리(綱常倫理)를 존중하는 것이 많아 이를 잘 지킨 사람은 칭송하며, 군신·부자·남녀의 위계질서를 정립하고 현실적으로 성종과 사림(士林)의 정치적 입장을 강화하려는 의도가 내포되어 있다.

그리고 공리(功利)를 배격하고 절의(節義)를 숭상하는 사론이 많아 종래의 인물에 대해 지절(志節)과 업적을 구별하여 평가했으며, 문무를 차별하고 이단을 배격하는 입장이 나타나 있다. 이 책은 정치적 차원에서 아직 정통론을 도입하지 않고 있지만 문화적인 측면에서 기자조선-마한-신라로 이어지는 문화의 흐름을 주류로 정립하려고 했음을 알 수 있다. 또한, 성종 자신이 적극 편찬에 개입하고 신진 사림이 참여하여 성종과 사림의 역사의식이 크게 반영된 역사서이다.

『동국통감』 편찬과 관련하여 『삼국사』와 『동국사략』, 『고려사』를 통합하였다는 기록이 보인다.

○ 임금이 문신(文臣)에게 명하여 『동국통감』을 편찬하게 하였다. 임금이 우리나라의 서기(書記)가 탈락되어 완전하지 못하므로, 『삼국사』와 『고려사』를 합하여 편년체로 쓰고자 하여, 여러 서적을 널리 취하여 해마다 그 아래에 모아 써넣게 하였다.[1]

○ 또 최항(崔恒)·양성지(梁誠之)·송처관(宋處寬)·이파(李坡)와 동부승지 김수령(金壽寧)에게 명하기를,

"우리나라의 역사가 착란(錯亂)하여 통일이 없으니, 내가 『동국사략』·『삼국사』·『고려사』 등의 책을 참작(參酌)하여 거기에서 빼거나 보태어서 억지로라도 한 책을 만들어 이름하여 『동국통감』이라 하고, 장래에 밝게 보여 주어 고열(考閱)에 편리하게 하고자 하니, 경들이 그것에 힘쓰도록 하라."

하였다.[2]

1) 『조선왕조실록』, 세조 4년(1458) 9월 12일조 참조
2) 앞의 책, 세조 9년(1463) 9월 5일조 참조

(6) 『신증동국여지승람』

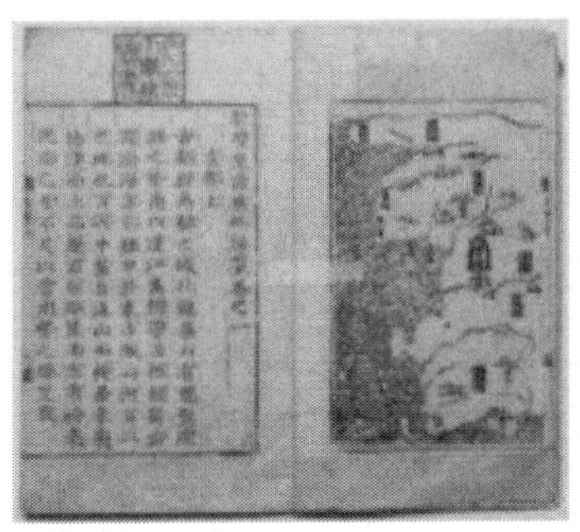

이 책은 55권 25책의 목활자본으로 현전하는 것은 대부분 임진왜란 후 광해군 3년(1611)에 다시 간행한 목판본이다.

처음에는 성종 8년(1477)에 편찬한 『팔도지리지』에 『동문선』에 수록된 인물들의 시문을 첨가하였으며, 남송(南宋) 축목(祝穆)의 『방여승람(方輿勝覽)』과 명나라의 대표적 통지(統志)인 『대명일통지(大明一統志)』 체제를 참고하여 『동국여지승람』으로 완성을 보았다. 그리하여 성종 12년(1481) 50권으로 편찬되었는데, 1차 수정은 4년 뒤에 김종직(金宗直) 등에 의하여 이루어졌다.

이 책에서도 김부식 등이 쓴 사서를 『삼국사』라고 기록하였다.

○ 한성부[1)]

『삼국사』를 보면, "백제의 근초고왕이 고구려의 남평양(南平壤)을 빼앗고, 도읍을 한성으로 옮겼다." 하였는데, 지금 「본기(本紀)」를 상고하여 보니, "백제 시조 14년에 위례성(慰禮城)에서 도읍을 한성으로 옮겼고, 성을 한강(漢江) 서북쪽에 쌓고, 한성 백성들을 나누어 살게 하였으며, 38년에는 경내(境內)를 순찰, 안무(按撫)하였는데, 북쪽으로 패하(浿河)에까지 이르렀

1) 『신증동국여지승람』 제3권, 「한성부」 참조. 한국고전번역원 김용국 역 1969년에는 원문 『三國史』를 『삼국사』로 번역하였다.

다." 하였다. 그렇다면 북한산은 온조왕 때부터 이미 백제 땅이었으며, 근초고왕이 남한산으로부터 옮겨 도읍한 것인데, 어찌 근초고왕이 빼앗았다고 할 것이겠는가?

○ 경주부[1)]

【풍속】 군자(君子)의 나라

『삼국사기』에 "당 나라의 태종(太宗)이 김춘추(金春秋)의 말을 듣고 감탄하여 말하기를, '진실로 군자(君子)의 나라로다.'" 라고 하였다.

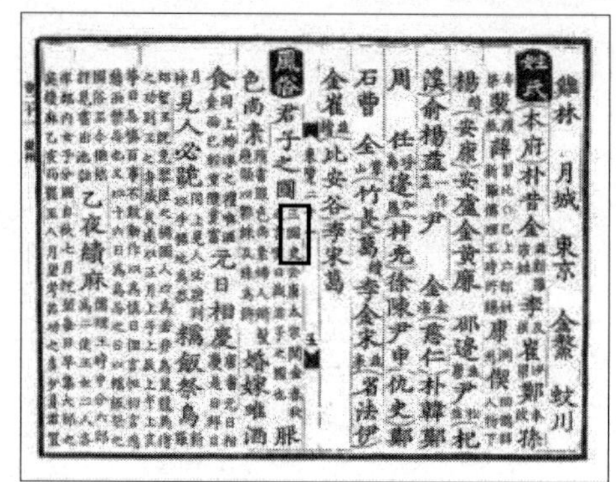

○ 영변대도호부(寧邊大都護府)[2)]

『삼국사』에, "북부여의 왕 해부루(解夫婁)가 가엽원(迦葉原)으로 도읍을 옮기었는데, 그 옛 도읍에 천제(天帝)의 아들 해모수(解慕漱)라고 자칭하는 사람이 와서 도읍을 하였다. 부루가 죽고 금와(金蛙)가 뒤를 이었는데, 우발수(優渤水)에서 여자를 만나 물었더니, '나는 하백(河伯)의 딸 유화(柳花)라고 하는데, 해모수라고 자칭하는 사나이가 나를 꾀어 웅심산(熊心山) 밑 압록강 가의 어떤 집 안에서 나를 욕보이고 가서 돌아오지 아니하였다. 부모는

---

1) 앞의 책 제21권, 「경상도」 참조. 한국고전번역원 남만성 역 1979년에는 원문 『三國史』를 『삼국사기』로 오역하였다.

2) 앞의 책 제54권, 「평안도」 참조. 한국고전번역원 이익성 역 1970년에는 원문 『三國史』를 『삼국사』로 번역하였다.

중매도 없이 남자를 따랐다고 나를 꾸짖어 마침내 여기에 귀양을 와서 살게 되었다.' 하였다. 금와가 이상히 여겨 방 안에 가두어 두었더니 햇빛이 그를 비추는데, 몸을 옮기어 햇빛을 피하니 햇빛이 따라가서 비추었다. 그로 말미암아 임신을 하여 큰 알을 하나 낳았다. 금와가 그것을 내다 버렸으나 개와 돼지도 먹지 않았다. 길에 버렸더니 소와 말이 피하고, 들에 버렸더니 새가 날개로 그것을 품었다. 이에 그 어미에게 돌려 주어 따뜻한 곳에 싸 두었더니 한 사내아이가 껍질을 깨뜨리고 나왔는데, 골격과 얼굴이 영특하게 생겼었다. 나이가 일곱 살이 되니, 제 손으로 활과 살을 만들어 쏘아 백발백중하였는데, 부여 사람들이 활을 잘 쏘는 사람을 주몽(朱蒙)이라고 하였으므로 이름을 그렇게 지었다."

라고 하였다.

(7)『국조보감』

이 책은 조선의 역대 임금들의 정치 활동 가운데서 모범이 될 만한 사실을 뽑아 적은 관찬 사서 중 하나이다.

『국조보감』의 편찬을 최초로 구상한 것은 세종 때이다. 이때 정치에 모범이 될 만한 일들을 모아 후세의 귀감(龜鑑)으로 삼기 위해 권제(權踶), 정인지(鄭麟趾) 등에게 명하여 태조·태종보감을 편찬하도록 하였으나 완성을 보지 못하였다.

그 뒤 세조가 이를 계승하여 세조 3년(1457)에 수찬청(修纂廳)을 두고, 신숙주(申叔舟)와 권람(權擥) 등으로 하여금 태조·태종·세종·문종 4조의 보감을 처음으로 완성하게 하였다. 여기에는 신숙주의 전(箋)·서(序)와 수찬자 8인의 명단이 수록되었다.

그 후 숙종 때 이단하(李端夏)에게 명하여 숙종 10년(1684)『선묘보감(宣廟寶鑑)』10권을 완성하였는데, 이는 선조 대의 사적을 엮은 것이다.

또, 영조 6년(1730) 찬집청(纂輯廳)을 설치하고 이덕수(李德壽) 등에게 명하여 숙종 대의 사적을 찬집, 『숙묘보감(肅廟寶鑑)』 15권을 완성하였다.

이어서 정조 6년(1782)에는 정종·단종·세조·예종·성종·중종·인종·명종·인조·효종·현종·경종·영조 등 13조의 보감을 조경(趙璥) 등에게 명해 찬수하게 하였다. 이를 앞의 세 보감과 합하여 『국조보감』 68권 19책을 완성하였다.

여기에는 정조의 어제서(御製序)와 서명응(徐命膺)의 전, 교정·편집·고교(考校)·어제교열(御製校閱)·감인(監印) 등을 맡았던 인물의 명단, 총서(總序)·범례 및 목록이 수록되어 있다. 또, 헌종 13년(1847)에는 찬집청을 두고 조인영(趙寅永) 등에게 명하여 정조·순조·익종 대의 보감을 찬수, 이듬해에 이전의 보감과 합해 82권 24책이 이루어졌다.

융희 2년(1908)에는 이용원(李容元) 등에게 헌종·철종 대의 보감을 찬수하게 하여 이듬해에 이전의 것과 합하여 『국조보감』 90권 28책을 완성하였다. 이 책 속에 김부식 등이 편찬한 사서의 이름은 모두 『삼국사』로 나타나 있다.

○ 양성지가 상소하여 여러 조항의 정책을 진달하였다.

그 내용은, 1. 천지신명에게 제사지내는 일, 2. 한성을 상경(上京)으로, 개성을 중경(中京)으로, 경주를 동경(東京)으로, 전주를 남경(南京)으로, 평양을 서경(西京)으로, 함흥을 북경(北京)으로 정하는 일, (중략)

13. 문과(文科)에 경서 이외에 『좌전』, 『통감』, 『송원절요』, 『삼국사』, 『고려사』 등 사서(史書)를 강하는 일.[1)]

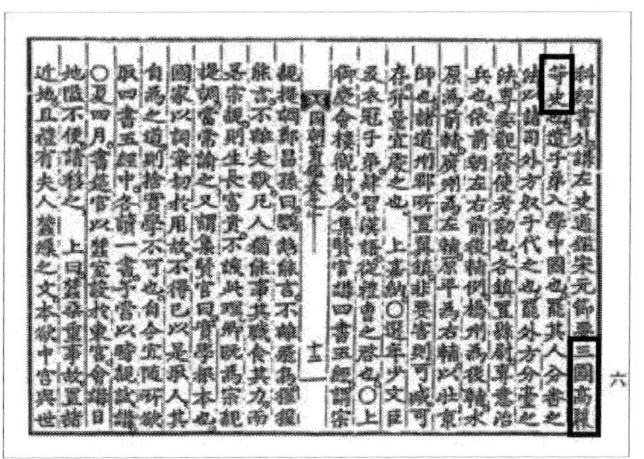

○ 지사 서거정이 아뢰기를,

"동방(東方)의 서적이 하나도 전해지지 않고 있습니다. 김부식이 편찬한 『삼국사』를 세조께서 유신에게 명하여 다시 편찬하도록 하셨는데, 뜻을 이루지 못했으니 이 책을 간행하여 반포해야 하겠습니다." 하니 상이 그렇게 하라고 하였다.[2)]

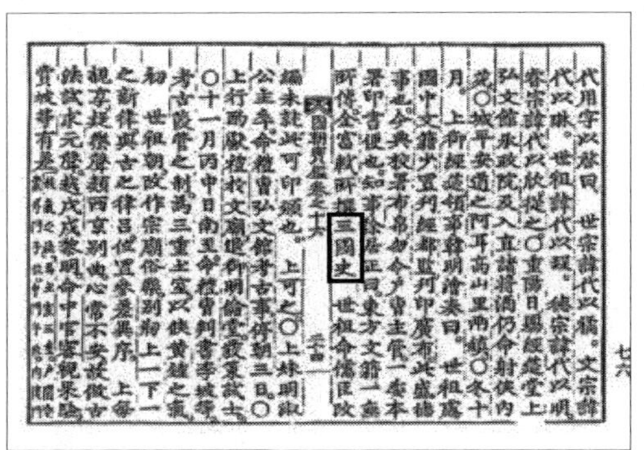

---

1) 『국조보감』. 「국조보감」 제10권, 세조 1년(1456) 조 참조. 한국고전번역원 조순희 역 1995년에는 원문 『三國史』를 『삼국사』로 번역하였다.

2) 앞의 책, 「국조보감」 제16권, 성종 2년(1471) 조 참조. 한국고전번역원 조순희 역 1995년에는 원문 『三國史』를 『삼국사』로 번역하였다.

3) 유학자 문집

(1) 『경세유표(經世遺表)』

○ 한 식년(式年) 사이마다 거인(擧人)은 경서(經書) 두 가지, 역사 세 가지, 국사(國史) 한 가지를 익혀서 식년을 기다린다.

자식년(子式年)에 경서 두 가지는 『시경』·『서경』이고, 역사 세 가지는 『사기』·『남사(南史)』(『송서(宋書)』·『남제서(南齊書)』·『양서(梁書)』에 『진서(陳書)』를 붙임)와 요·금사(遼金史 : 『요사』와 『금사』)이며, 국사는 김부식의 『삼국사』(『동사집성(東史輯成)』을 붙임)이다.

(중략)

『동사집성』이란 중국 전사(全史)에서 우리나라 사실만 뽑아 모아서 만든 책이다.(한치윤의 『해동역사』를 가져다가 간략하게 할 것은 깎아내고, 자세하게 할 것은 증보함이 마땅함)[1)]

○ 제3장에 고책(古策 : 고금의 치란과 득실을 물음) 일도를 시험하는데, 제목은 2백 자를 넘지 않으며, 대(對)는 8백 자를 넘지 못한다(적어도 7백 자 이하는 불가함). 시무책(時務策 : 그 자수는 위와 같이함) 일도, 이문 일도는 본 식년에 독습(讀習)한 국사에서 출제하는데(자년子年에는 김부식의 『삼국사기』와 『동사집성』에서 출제하며 나머지도 모두 이와 같음), 5백 자를 넘지 못한다.

第三場. 試古策一道 問古今治亂得失. 題不過二百字, 對不過八百字, 少不下七百字 時務策一道. 其字數同上 吏文一道. 出之於本式年所習之國. 子年則出之 於金富軾三國史及東史輯成. 餘倣此 無過五百字.[2)]

---

1) 정약용, 『경세유표』 제15권, 「춘관수제」, 과거지규 1 참조

2) 앞의 책, 「춘관수제」, 과거지규 2 참조. 한국고전번역원 이익성 역 1977년에는 원문의 『三國史』를 『삼국사기』로 오역하였다.

(2)『다산시문집(茶山詩文集)』

○ "그런데, 유독 김부식의『삼국사기』에 실린, 최치원이 태사(太師)에게 올린 서장(書狀)에, '마한은 고구려, 변한은 백제, 진한은 신라이다.'라고 하였습니다. (중략) 또『삼국사기』에 의하면, 지금 청주 · 옥천 · 영동 · 황간 · 청산 · 보은 등 여섯 고을도 본래 신라에 소속되었습니다."

唯金富軾三國史. 載崔致遠上太師狀云 馬韓則高麗 卞韓則百濟 辰韓則新羅. (중략) 又據三國史. 今淸州沃川永同黃澗靑山報恩等六邑 本屬新羅.[1]

○ 백두산의 원줄기는 몽고(蒙古) 땅에서부터 남으로 1천여 리를 달려와 백두산이 되었고, 그 큰 줄기의 동쪽 지역에 별도로 한 국면을 이루어 다른 지역과 섞이지 않은 곳이 있다. 우(虞) · 하(夏) · 은(殷) · 주(周) 때는 이를 '숙신(肅愼)'이라 하였고, 한나라 때는 '읍루(挹婁)', 당나라 때는 '말갈(靺鞨)' · '물길(勿吉)'이라고도 하는데,『위서』에 보인다. 송나라 때는 '여진(女眞)', 지금에 와서는 '오랄영고탑(烏喇寧古塔)'이라고 한다.

그런데 김부식(金富軾)의『삼국사기』에는 이미 한 선제(漢宣帝) 때부터 엄연히 말갈이란 이름이 나오니, 이는 매우 황당한 것이다.

비유하면 북적(北狄)인 경우 삼대(三代 : 하 · 은 · 주) 때는 '훈육(葷粥)', 한나라 때는 '흉노(匈奴)', 당나라 때는 '돌궐(突厥)', 송나라 때는 '몽고'라고 하여 종류는 같지만 명칭은 동일하기가 어려운데, 한나라 역사를 엮으면서 돌궐이 침입하였다고 쓴다면 껄껄 웃지 않을 사람이 없을 것이다. 이것은 김부식 사기(史記)의 크게 잘못된 점으로서 덮어둘 수 없는 일이다.

白頭山來龍自蒙古地 南馳千餘里爲白頭山 此大幹龍以東之地 別爲一局 不與他混. 在虞夏殷周 謂之肅愼 在漢曰挹婁 在唐曰靺鞨亦謂之

1) 정약용,『다산시문집』제8권.「대책」, 지리책 참조. 한국고전번역원 김신호 김재열 공역 1982년에는 원문의『三國史』를『삼국사기』로 오역하였다.

勿吉 見魏書. 在宋曰女眞 在今曰烏喇寧古塔. 乃金富軾三國史 已自漢宣之時 儼有靺鞨之名 此荒唐之甚者也. 譬如北狄 在三代曰葷粥 在漢曰匈奴 在唐曰突厥 在宋曰蒙古 種類雖同名稱難通 修漢史者書突厥入寇 未有不胡盧大笑者也. 此軾史之大誤處 不可掩也.[1]

○ 이들 사적(事蹟)이 모두 등나무와 칡덩굴이 뻗듯 이리저리 얽히고설켰으니 이에 앞선 이른바 우리나라의 역사란 것이 어떠했는지 알 만합니다. 의당 김부식의 『삼국사기』를 가져다가 한 통을 개작(改作)하여 태사공(太史公 : 사마천司馬遷)이 『사기(史記)』를 지어서 했던 것처럼 이름 있는 산에 감추어 두어야 하는 것인데, 나 자신 연수(年壽)가 오래 남지 않았으니 이 점이 슬퍼할 일입니다.

此等事蹟. 皆七藤八葛百綰千結. 前此所謂東史. 皆可知也. 宜取金富軾三國史改作一通. 藏之名山. 如太史公之爲. 而自分年壽不長. 此事可悵.[2]

○ 우리나라 사람들은 걸핏하면 중국의 일을 인용하는데, 이 또한 비루한 품격이다. 모름지기 『삼국사』·『고려사』·『국조보감』·『여지승람』·『징비록』·『연려술(燃藜述)』- 이도보(李道甫)의 편찬임 - 과 기타 우리나라의 문헌들을 취하여 그 사실을 채집하고 그 지방을 고찰해서 시에 넣어 사용한 뒤에라야 세상에 명성을 얻을 수 있고 후세에 남길 만한 작품이 될 것이다.[3]

---

1) 앞의 책 제14권. 「제(題)」 '강역고의 권단'에 제함 참조. 한국고전번역원 장재한 역 1984년에는 원문의 『三國史』를 『삼국사기』로, '軾史'를 '김부식 『사기』'로 오역하였다.
2) 앞의 책 제20권, 「서(書)」 '중씨께 올림' 참조. 한국고전번역원 박석무 역 1986년에는 원문의 『三國史』를 『삼국사기』로 오역하였다.
3) 앞의 책 제21권, 「서(書)」, '연아에게 부침' 참조. 한국고전번역원 성백효 역 1986년에는 『三國史』를 『삼국사』로 번역하였다.

(3)『동국이상국집(東國李相國集)』

○ 계축년 명창 4년(1193, 명종 23) 공의 나이 26세.

이 해에 백운시(百韻詩)를 지어 시랑(侍郞) 장자목(張自牧)에게 올렸는데, 장공이 후히 대우하여 매양 찾아뵐 때마다 술을 차려 함께 마셨다.

4월에 『구삼국사(舊三國史)』를 얻어 동명왕(東明王)의 사실을 보고 이상히 여겨 고시를 지어서 그 특이한 사실을 기록하였다.

癸丑明昌四年公年二十六

是年. 作百韻詩. 呈張侍郞自牧. 張公厚遇. 每謁. 常置酒與飮. 四月. 得舊三國史. 見東明王事奇之. 作古詩以紀其異. [1]

○ 계축년(1193, 명종 23) 4월에 『구삼국사(舊三國史)』를 얻어 「동명왕본기(東明王本紀)」를 보니 그 신이(神異)한 사적이 세상에서 얘기하는 것보다 더했다. 그러나 처음에는 믿지 못하고 귀(鬼)나 환(幻)으로만 생각하였는데, 세 번 반복하여 읽어서 점점 그 근원에 들어가니, 환이 아니고 성(聖)이며, 귀가 아니고 신(神)이었다.

하물며 국사(國史)는 사실 그대로 쓴 글이니, 어찌 허탄한 것을 전하였으랴. 김부식 공이 국사를 중찬(重撰)할 때에 자못 그 일을 생략하였으니, 공은 국사는 세상을 바로잡는 글이니 크게 이상한 일은 후세에 보일 것이 아니라고 생각하여 생략한 것이 아닌가?

越癸丑四月. 得舊三國史 見東明王本紀 其神異之迹 踰世之所說者. 然亦初不能信之 意以爲鬼幻 及三復耽味 漸涉其源 非幻也. 乃聖也. 非鬼也. 乃神也. 況國史直筆之書 豈妄傳之哉. 金公富軾重撰國史 頗略其事 意者公以爲國史矯世之書. 不可以大異之事 爲示於後世而略之耶. [2]

---

1) 이규보, 『동국이상국집』, 「동국이상국문집」, 연보 참조.

2) 앞의 책, 「동국이상국전집」 제3권, 고율시 동명왕편 참조

(4)『동문선(東文選)』

첨성대(瞻星臺)[1]

조위(曺偉)

화서가 더북더북 무성한 천맥 / 離離禾黍暗阡陌
한가운데 솟은 대는 높이가 백 자 / 中有崇臺高百尺
뿌리는 지축 속에 깊숙이 이었고 / 根連黃媼地中深
그림자는 청산을 대하여 구름 밖에 우뚝 / 影對青山雲外矗
떡 깨물던 옛날에 민물이 순박하여 / 齒餠當年民物醇
희화의 역상을 차례차례 마련했더니라 / 羲和曆象次第陳
규를 세워 해와 달의 그림자를 관측하고 / 立圭測景觀日月
대에 올라 구름 보고 별들을 점치니 / 登臺望雲占星辰
천문이 도에 맞아 삼태성이 화평하고 / 乾文順度泰階平
낭성이 안 나타나 천상이 깨끗하며 / 狼纛不現天宇淸

[주] 떡 깨물던 : 신라 2대 남해왕이 죽은 뒤 태자 유리(儒理)가, 탈해(脫解)가 덕망이 있다 하여 서로 왕위를 사양하니, 탈해는, "신기대보(神器大寶)는 범인이 감당 못 한다. 성지인(聖智人)은 이[齒]가 많다 하니 떡을 깨물어 보라." 하여, 치리(齒理)가 많은 유리가 왕위에 올랐다.

-『삼국사』

낙화암(落花岩)[2]

김흔(金訢)

부여의 왕기가 날로 쇠미해지니 / 扶餘王氣日衰替
달도 차면 기우는 것 애꿎은 점쟁이만 죽였구나 / 月滿當虧枉黷筮

---

1) 서거정 등,『동문선』,「속동문선」 제5권, 칠언고시 참조. 한국고전번역원 양주동 역 1969년 참조. 주석에서『삼국사』라고 하였다.
2) 앞의 주 참조

은은한 고각 소리 탄현을 뒤흔들고 / 鼓角聲殷炭峴動
누선 그림자가 백마강을 덮었네 / 樓船影壓白江蔽
약석 같은 충신의 말이 처음은 입에 써서 / 藥石忠言口初苦
호강만 누리더니 끝내는 후회막급 / 宴安鴆毒臍終噬
삼천 궁녀들이 모래에 몸을 맡겨 / 三千歌舞委沙塵
꽃 지고 옥 부서지듯 물 따라 가버렸네 / 紅殘玉碎隨水逝
(후략)

[주] 달도 …… 죽였구나 : 백제 의자왕(義慈王) 때에 땅에서 거북 한 마리를 파냈는데, 거북 등에, "백제는 동월륜(同月輪)이요, 신라는 신월(新月)이다."라고 씌어 있었다. 임금이 점쟁이에게 물으니, "동월륜은 만(滿)이니 즉 시들어진다."라고 풀어 임금이 노하여 점쟁이를 죽였다.

–『삼국사』

[주] 약석(藥石) 같은 충신 : 좌평 성충(成忠)이 옥사 전에 소를 올렸으나 의자왕이 무시했다가 도성(都城)이 함락될 때에야 비로소 후회하였다.

–『삼국사』

(5)『동사강목(東史綱目)』

○「춘정월 관호(官號)를 고쳤다.」[1]

(전략)

【안】 신라의 관제(官制)는 대저 명의(名義)가 많아서 알 수 없으며, 뒤에 와서는 번거롭고 지나치리만큼 일사일물(一事一物)에도 관원을 두어 주관케 하여 원리(員吏)가 하도 많아서 거의 기록할 수가 없다. 직관지(職官志 : 『삼국사기』 잡지(雜志)의 직관을 말한다)에는,

---

1) 안정복, 『동사강목』, 제4하 기해년 경덕왕 18년(759) 참조. 한국고전번역원 이이화 역 1977년에는 원문의 『三國史』를 『삼국사기』로 오역하였다.

“그 관함(官銜)이 전기(傳記)에 보이나 처음 관을 설치할 때 및 위차(位次)의 높고 낮은 것은 상고할 수가 없다.” 하였다.

○「하4월 조묘(祖廟)에 기도하였다.」[1]

왕이 즉위한 이래, 재변이 여러 번 나타나고 반적(叛賊)이 잇달아 일어났다. 이해 2월에 원자(元子)가 탄생하였는데, 이날 날씨가 어둡고 크게 천둥하고 번개를 치므로 왕이 대신을 보내어 조묘에 제사를 드리고 음우(陰佑)를 빌었다.

【안】『삼국사기』에 왕의 제문이 있는데,

“삼가 태조(太祖)·진지(眞智)·문흥(文興)·태종(太宗)·문무(文武) 대왕께 말씀을 올립니다. ……”

○「추7월 완산주(完山州)에서 가화(嘉禾)를 바쳤다.」[2]

[주] 가화: 이 기사에는 단순히 가화를 바쳤다고 하였으나 『삼국사기』 동년(同年) 조에는 “밭이랑은 다른데 이삭은 같이 붙은 것이다.” 하였다.

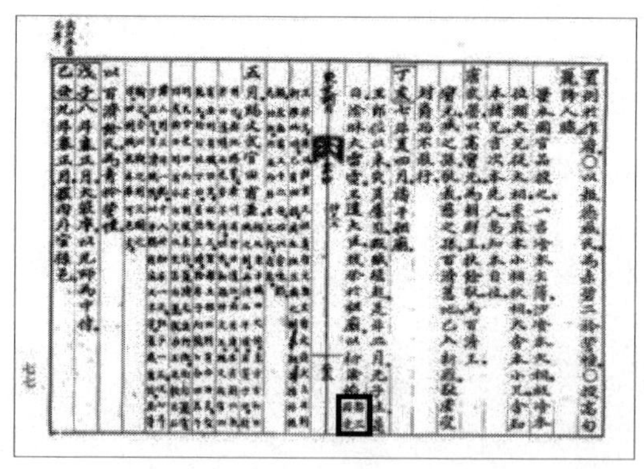

1) 앞의 책, 정해년 신문왕 7년(687)조 참조. 한국고전번역원 이이화 역 1977년에는 원문의 『三國史』를 『삼국사기』로 오역하였다.

2) 앞의 책, 정유년 효소왕 6년(697) 참조. 한국고전번역원 이이화 역 1977년에는 주석에서 『삼국사기』로 오역하였다.

○ 또 김씨는 『삼국사기』 본전(本傳)을 인용하여,[1]

"훤(萱)의 본성은 이씨였는데 후에 견씨(甄氏)라 했다. 그의 아버지 아자개(阿慈介)는 농업으로 생활을 하였는데, 광계(光啓 : 당 희종의 연호, 873~888) 연간에 사불성(沙弗城 : 지금의 상주)에 웅거하여 스스로 장군이라 일컬었다."

○ 「아자개(阿慈蓋) - 고려 태조 원년(918)」[2]

『고려사』에는 상주의 적수(賊帥) 아자개가 사람을 보내어 내부(來附)하였다 하고, 『삼국사기』에는 견훤(甄萱)의 아비 아자개는 상주 가은현(加恩縣) 사람이라 하였다. 이때 견훤의 형세가 몹시 강하였으니 그의 아비가 투항할 이치가 없다. 아마 아자개가 두 사람이 있는가 보다.

○ 김부식이 『삼국사기』에 인용해 쓰면서 논하기를,[3]

"마한이 이미 멸망하였는데, 멸망했다가 다시 일어났는가?"

하였다. 우리나라 사서에 삼한(三韓)의 시종이 없기 때문에 김씨(金氏)는 상고할 데가 없었으므로 이처럼 의심나는 말을 하였다.

---

1) 앞의 책, 「부록」 상권 상, 고이(考異) 참조. 한국고전번역원 장순범 이정섭 공역 1979년에는 원문의 『三國史』를 『삼국사기』로 오역하였다.

2) 앞의 주 참조

3) 앞의 책, 「부록」 상권 하, 잡설 삼한 후설 참조. 한국고전번역원 장순범 · 이정섭 공역 1979년에는 원문의 『三國史』를 『삼국사기』로 오역하였다.

(중략)

김씨는 다만 『삼국사기』만 찬(撰)하였다. 그러므로 그 본사(本史)에 미비한 것은 대부분 중국사에서 취하여 보충하고 삼한은 궐략(闕略)하였다.

○ 「왕검(王儉)」[1)]

『고기(古記)』 및 『삼국유사』에 인용된 『위서(魏書)』에 모두,

"단군의 이름은 왕검이다."

하고, 『삼국사』에는,

"평양(平壤)이란 본래 선인(僊人) 왕검의 집이다."

하고, 단군의 이름이라고는 말하지 않았기 때문에 『동국통감』에 그 이름이 나타나지 않았다. 지금 취택(取擇)하기는 하였으나 의심이 간다.

【안】 『삼국사』에는,

"왕이 되어 왕검에 도읍하였다."

하였다.

○ 「낙랑을 습격하여 항복받다 - 고구려 대무신왕 15년(32)」[2)]

『삼국사기』에,

"낙랑에 고각(鼓角)이 있어 적병(敵兵)이 이르면 저절로 울었다. 호동(好童)이 귀국하자 남몰래 최씨(崔氏 : 낙랑공주樂浪公主)에게 사람을 보내 이르기를 '그대가 무고(武庫)에 들어가 고각을 부수어 없애면 내가 그대를 예로 맞이하겠다.' 하니, 최녀(崔女)가 몰래 무고에 들어가 북의 피면(皮面)과 취각(吹角)의 주둥아리를 부순 후 호동에게 알렸다. 이리하여 호동이 부왕에게 권하여 낙랑을 엄습하니, 최리(崔理)는 고각이 울지 않으므로 방비하지 않고 있다가 패배하였다." 하였다.

---

1) 앞의 책, 「부록」 상권 상, 고이(考異) 참조. 한국고전번역원 장순범 · 이정섭 공역 1979년에는 『三國史』를 『삼국사』로 번역하였다.
2) 앞의 주 참조. 원문의 『三國史』를 『삼국사기』로 오역하였다.

○ 「추7월 포상팔국(浦上八國)이 가라(加羅)에 침입하니, 계림이 구원병을 보내어 격파하였다.」[1]

보라(保羅) - 미상 - , 고자(古自) - 지금의 고성(固城) - , 사물(史物) - 지금의 사천(泗川) - 등 8국이 가라 - 가라는 가락(駕洛)인데 『삼국사』 본기에는 '가라'라고 되어 있고, 열전에는 '아라(阿羅)'라고 되어 있다. - 에 침입하매, 가라 왕자가 구원을 청하니, 왕이 태자 우노(于老)와 이음(利音)에게 명하여 육부의 군사를 거느리고 가서 구원하게 하여, 팔국의 장군을 공격하여 죽이고 포로가 되었던 6천 명을 빼앗아 돌려주었다.

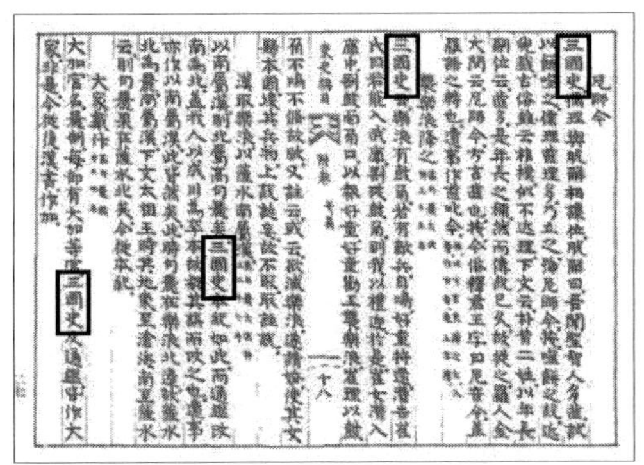

○ 「3월 수(隋)가 사신을 보내어 백제를 경유하여 왜에 갔다.」[2]

이때에 수주(隋主)가 천하의 부강으로써 마음 놓고 멀리 정략(征略)하여, 북으로는 돌궐을 굴복시키고 동으로는 고구려를 정벌하였다. 또 문임랑(文林郎) · 배세청(裵世淸)을 왜에 사신으로 보내는데, 백제의 남해를 거쳐 갔다.

[주] 배세청 : 『삼국사기』 · 『삼국사절요』에는 '배청(裵淸)'으로 되어 있다. 『수서(隋書)』 왜국전(倭國傳)에도 배청(裵淸)으로 되어 있으니, 배세청은 '배청'의 잘못일 것이다.

---

1) 앞의 책 제2상, 기축년 신라 내해왕 14년, 고구려 산상왕 13년, 백제 초고왕 44년(209) 참조. 한국고전번역원 유승주 역 1977에는 원문 『三國史』를 『삼국사』로 번역하였다.

2) 앞의 책 제3상, 무진년 신라 진평왕 30년, 고구려 영양왕 19년, 백제 무왕 9년(608) 참조. 한국고전번역원 심우준 역 1977에는 주석에서 『삼국사기』라고 하였다.

(6)『매천집(梅泉集)』

정해고(丁亥稿)에서[1]

선경을 찾을 수 없다 부질없는 말들 하지만 / 謾道仙山不可望
천 년 전 바다 밑에서 우리 동방이 나왔다네 / 千年海底出東方
그중에도 아름다운 곳 쌍계가 있는데 / 就中佳處雙溪在
어이하여 덧없는 인생은 백발만 자라는고 / 何故浮生白髮長
단풍과 푸른 이끼는 모두가 별천지요 / 紅葉靑苔都異世
문창후 옥보고는 다 이 고을 사람이었지 / 文昌玉寶此爲鄕
부끄러워라 나는 풍진 속을 오가다가 / 愧余來往風塵裏
청학루 앞에 와선 길을 이미 잊어버렸네 / 靑鶴樓前路已忘

[주] 문창후(文昌侯) …… 사람이었지 : 문창후는 신라시대 유학자인 최치원의 봉호이다. 전하는 말에 의하면, 최치원이 일찍이 지리산 쌍계사에서 글을 읽었다 한다. 그리고 쌍계사 뜰에는 1백 아름이나 되는 늙은 괴목이 있어 그 뿌리가 작은 계곡을 가로질러 서리서리 얽혀서 다리[橋] 같으므로 이것을 다리로 삼았다 하는데, 이 나무는 최치원이 손수 심었다 하며, 또 골짝 어귀에는 고비(古碑)가 있는데 그 비문 또한 최치원이 지은 것이다.

옥보고(玉寶高)는 신라시대 음악가이다.『삼국사기』에 의하면, 그가 일찍이 지리산 운상원(雲上院)에 들어가 50년 동안 금법(琴法)을 닦고 거문고의 새로운 가락 30곡을 지었다 한다.

---

1) 황현,『매천집』제1권,「시」, 정해고(丁亥稿) 참조. 한국고전번역원 임정기 역 2010년 주석에는 김부식 등의『삼국사』를『삼국사기』라고 오역하였고, "쌍계사 뜰에는 1백 아름이나 되는 늙은 괴목이 있어"라는 허황된 주석이 있다. 제목은 필자가 임의로 붙였다.

(7)『병자일본일기(丙子日本日記)』

○ 10월 27일(무술戊戌)[1] 맑음.

사시에 발선하여 바다 가운데 이르자 바람이 점점 세차졌다. 남도(藍島)에서 10여 리 떨어진 데서 누선(樓船) 수십 척이 (우리 일행이 탄) 배를 맞아 끌어 신시에 남도에 이르러 정박했다. 이 섬은 축전주(筑前州 : 지금의 복강현福岡縣 지방) 지방인데, 포구 가에 사는 인가는 겨우 40여 호였다. 그 포구 건너 서북쪽에는 흰 모래가 깔린 넓은 벌판이 있는데, 바로 박제상(朴堤上)이 몸을 버려 충성을 다한 곳이다.

[주] 박제상 : 신라의 충신이다.『삼국사기』에는 박제상으로 되어 있고,『삼국유사』에는 김제상(金堤上)으로 되어 있다.

(8)『봉사일본시문견록(奉使日本時聞見錄)』

○ 5월 24일(정미丁未)[2]

(전략)

종사관이 답하기를,

"세 분 선생의 끼치신 풍교(風敎) 때문에 세상에서 추로(鄒魯)로 조선을 일컬으며, 어진 선비는 많이 나서 대대로 적지 않으나, 이제 갑자기 들어 말할 수는 없습니다. 그 밖에 서적들에 대하여 물으신 것은 모두 다 있습니다."

하니, 명원이 또,

"귀국의 정사(正史)로『삼국사기』·『동국통감』같은 것을 제가 얻어 읽었습니다.

從事官答曰, 三先生遺風餘教. 世所以鄒魯稱朝鮮. 而儒賢輩出. 代

---

1) 임광(任絖),『병자일본일기』. 병자년(1636) 10월조 참조. 한국고전번역원 문선규 역 1975년 주석에서『삼국사기』라고 하였다.
2) 조명채(曺命采),『봉사일본시문견록』,「건」, 5월조 참조. 1748년(영조 24년)에 통신사였던 조명채에 의해 기록된 이 책은 1974년에 간행되었다.『삼국사기』라는 이름이 지은이가 쓴 으뜸글[原文]에 따른 것인지 알 수가 없다.

亦不乏. 今非猝乍可告. 其他見問諸書. 並皆有之耳. 明遠又曰, 貴邦正史 若三國史記 東國通鑑 僕獲讀之.

(9)『사가집(四佳集)』

○「삼국사를 읽다[讀三國史]」[1]

한이 날마다 서로 침공을 일삼다 보니 / 三韓攻戰日相侵
백만의 창생들이 이미 어육을 당했는데 / 百萬蒼生已陸沈
신라 백제가 어찌 순치의 형세를 알았으랴 / 羅濟豈知脣齒勢
수와 당은 스스로 휼방의 마음을 가졌었네 / 隋唐自有鷸蚌心
강산은 묵묵하여 말할 줄을 모르지만 / 江山默默不知語
역사는 역력하여 찾아볼 수 있고말고 / 編簡歷歷猶可尋
절반은 영웅이요, 절반은 또한 흉역들이라 / 半是英雄半兇逆
공연히 후인의 눈물이 옷깃을 젖게 하누나 / 空令後人涕沾襟

○ 우리 동방의 경우 삼국 이전에 대해서는 여러 사책(史冊)에서 골고루 채택하되 간략하게 기록하였다. 삼국에 대해서는『삼국사』를 사용하고, 고려에 대해서는『고려사』를 사용하였으니, 모두 전술(傳述)한 것이고 창작하지는 않았다.[2]

(10)『선화봉사고려도경(宣和奉使高麗圖經)』

○ 한나라 말기에 공손강(公孫康)이 이이모(伊夷模)를 그 나라 환도산(丸都山) 아래에서 격파하니, 나라 사람들이 그 아들 위궁(位宮)을 세웠는데, 위궁 또한 용력(勇力)이 있어 말타기를 좋아했다.

---

1) 서거정,『사가집』,「사가시집」제3권, 시류(詩類) 참조. 한국고전번역원 임정기 역 2009년에는 원문『三國史』를『삼국사』로 번역하였다.
2) 앞의 책,「사가문집」제5권, 서(序) 역대 연표 서 참조. 한국고전번역원 임정기 역 2009년에는 원문의『三國史』를『삼국사』로 번역하였다.

漢末 公孫康擊破伊夷模 於其國丸都山下. 國人共立其子位宮, 位宮亦有勇力好鞍馬.[1)]

[주] 위궁(位宮) : 『삼국사기』에는 산상왕(山上王)으로 기록

○ 또 석지(柘枝)와 포구(抛毬)의 기예(技藝)도 있다. 그들의 백희(百戲)는 수백 인인데 듣기로는 다들 민첩하기가 대단하다고 한다.

亦有柘枝抛毬之藝. 其百戲. 數百人. 聞皆敏捷特甚.[2)]

[주] 백희(百戲) : 줄타기, 재주넘기 등등을 포괄하는 각종 곡예를 하는 광대놀이. 『삼국사기』 권32 최치원 향락잡록영

(11) 『성호사설(星湖僿說)』

○ 「성상소(城上所)」[3)]

또 처(處)와 장(莊)이라고 칭호하는 곳도 있었으니, 각기 궁전(宮殿) · 사원(寺院) 및 내장댁(內莊宅)에다 분속(分屬)시켜서 그 조세를 바치게 하되, 이상 여러 곳에 모두 왕씨(王氏) 성을 가진 이민(吏民)을 배치하였다. 김부식의 『삼국사기』와 정인지의 『고려사』에는 그런 사실이 전혀 기록되지 않았다.

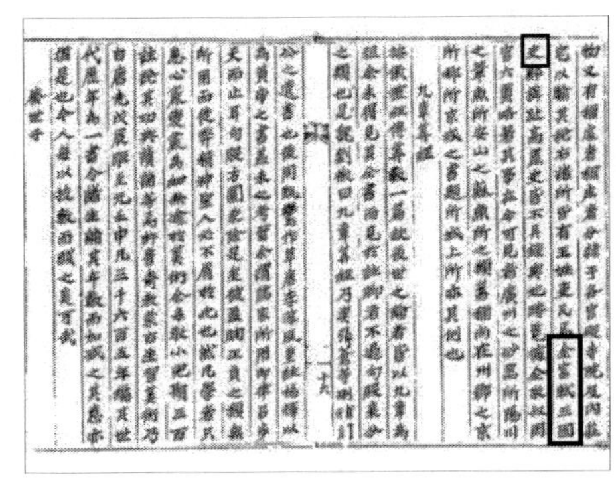

1) 서긍, 『선화봉사고려도경』 제1권, 「건국」 시봉조 참조. 한국고전번역원 차주환 역 1994년 주에서 김부식 등이 편찬한 사서를 『삼국사기』라고 하였다.

2) 앞의 책 제40권, 「동문」 악률조 참조. 한국고전번역원 차주환 역 1994년 주에서 김부식 등이 편찬한 사서를 『삼국사기』라고 하였다.

3) 이익, 『성호사설』 제15권, 「인사문(人事門)」 참조. 한국고전번역원 정지상 역 1978년에는 원문의 『三國史』를 『삼국사기』로 오역하였다.

○ 「급량잡단(及梁雜端)」[1)]

신라 혁거세 9년에, 급량부(及梁部)에는 이씨의 성을, 사량부에는 최씨의 성을 하사했으니, 지금 경주 최씨는 곧 사량부의 후손이다. 그러므로 『삼국사기』에, "최치원은 사량부 사람이라."라고 했으니, 이씨의 선조는 곧 급량부인데 후세 사람들이 문리를 잘못 보아 그릇됨이 이에 이른 것은 무슨 일인가?

○ 「부인복(婦人服)」[2)]

『삼국사』를 상고하면, 송나라 사신 유규(劉逵) 등이 와서 시골 창녀들의 소매 넓은 옷, 색실로 된 띠, 긴 치마를 보고 말하기를,

"이는 모두 삼국시대의 의복인데, 뜻밖에 이곳에서 유행되고 있다." 했는데, 지금 신부의 의복이 곧 이것이다.

(12) 『순암집(順菴集)』

○ 「홍생 석윤에게 편지를 보내다 - 갑진년」[3)]

선생이 지은 이 『고려사』는 대체로 정도전(鄭道傳)이 엮은 번잡한 부분을 삭제하고 별도로 일례(一例)를 만들려고 한 것이었으니, 사실 우리나라 문헌의 다행입니다. 다만, 세가(世家)의 명칭에 대해서는 정도전의 『고려사』를 그대로 두었으니, 혹 선생께서 미처 정리하지 못하신 것이 아닌가 합니다. 『사기』의 기전체는 사마천(司馬遷)에서 비롯되었는데, 천자의 일은 본기(本紀)로 명명하고 제후 나라의 일은 세가로 명명하였습니다. 주(周) 나라 때에는 여러 나라들이 지역을 분할하여 다스렸기 때문에 그 예(例)가 그러한 것입니다. 그러므로 반고(班固)도 그 예를 따라 사서를 썼으나 세가의 명칭은 삭제하였는데, 그 뒤로 역대의 여러 사서에 세가가 없어졌습니다. 심지어

1) 앞의 책 제16권, 「인사문」 참조. 한국고전번역원 정지상 역 1978년에는 원문 『三國史』를 『삼국사기』로 오역하였다.
2) 앞의 주 참조, 원문 『三國史』를 『삼국사』로 번역하였다.
3) 안정복, 『순암집』. 「순암선생문집」 제9권, 서 참조. 한국고전번역원 송수경 역 1997년에는 원문 『三國史』를 『삼국사기』로 오역하였다.

『진서』에 있어서는 비록 중국의 정통이 진(晉) 나라에 있었으나, 참람한 나라들을 모두 세가라고 하지 않고 재기(載紀)라고 일컬었습니다.

우리나라가 중국을 대국(大國)으로 섬겨 중국에서 반포한 역서(曆書)를 사용하고 있으나, 지역이 한쪽에 치우쳐 있어 자체적으로 다스리고 있으니, 중국의 제후국과는 차이가 있습니다. 따라서 김부식(金富軾)이 지은 『삼국사기』에 모두 본기(本紀)라고 한 예가 옳을 것 같습니다. 본기는 반드시 천자라야만 일컫는 것이 아닙니다. 사마천의 본례(本例)에 또 항우(項羽)를 항우본기라고 한 것은 무엇 때문입니까? 『사기색은』의 주(註)에 "기(紀)라는 것은 기록한다는 뜻이니, 그 사건을 근본으로 삼아 기록하는 것이다. 또 정리한다는 뜻도 되니, 그 사건에 관계된 여러 사건을 통합 정리하여 연월(年月)을 붙인 것이다."라고 하였습니다.

(前略)
金富軾三國史 皆曰本紀 其例恐是矣. 本紀雖不必天子 而後名之.

○「성호 선생에게 올린 편지 - 병자년」[1)]

『삼국사』는 구해 볼 방법이 없었는데 전번에 마침 친우 권암(權巖)이 찾아와서 그 사정을 듣고는 빌려 주었으니 다행입니다. 대충 훑어보니 이 책은 비록 정사(正史)라고는 하나 문헌을 징빙할 수 없습니다. 단지 연대만 이어 놓고 또 중국의 역사책을 가져다가 메워 놓았을 뿐입니다.

○「소남 윤장에게 준 편지 - 병자년」[2)]

지금 천 년 뒤에 태어나서 불에 타고 남은 쪼가리 문서 속에서 참된 사실을 궁구해 찾으니, 어찌 얻을 수 있겠습니까? 김부식의 『삼국사기』가 신라에 대해서는 약간 갖추어졌으나 고구려와 백제에 대해서는 소략하니, 아마 형편상 그럴 수밖에 없었던 모양입니다.

1) 앞의 책, 「순암선생문집」 제10권, 동사문답 참조. 한국고전번역원 김동주 역 1997년에는 원문 『三國史』를 『삼국사』로 번역하였다.
2) 앞의 책, 「순암선생문집」 제10권, 동사문답 참조. 한국고전번역원 김동주 역 1997년에는 원문의 『三國史』를 『삼국사기』로 오역하였다.

○ 「동사강목 서(東史綱目序)」[1)]

동방의 역사도 완비되었다. 기전체(紀傳體)로는 김문열(金文烈 : 문열공 김부식)의 『삼국사기』와 정문성(鄭文成 : 문성공 정인지)의 『고려사』가 있고, 편년체(編年體)로는 서사가(徐四佳 : 사가공 서거정)와 최금남(崔錦南 : 금남공 최부崔溥)이 교지를 받들어 저술한 『동국통감』이 있다.

東方史亦備矣. 紀傳則 有金文烈 鄭文成之三國高麗史. 編年則 徐四佳 崔錦南 奉敎撰通鑑.

(13) 『양촌집(陽村集)』

○ 「삼국사략 서(三國史略序)」[2)]

(전략)

전조(前朝)의 문신 김부식이 이것을 모아 정리하여 『삼국사』를 만들었는데, 사마천(司馬遷)의 『사기』를 모방하여 나라를 따로따로 나누어 썼다. 본기(本紀)·열전(列傳)·지(志)·표(表)가 있고, 합하여 모두 50권이다. 같은 해의 기년(紀年)을 따로 쓰기도 하고 같은 일을 두 번 쓰기도 하였으며, 방언과 저속한 말을 다 없애지 못했는가 하면, 넣고 뺀 것과 범례(凡例)가 적당하게 되지 못하여 책 질이 번다하고 중복된 말이 많은지라 보는 사람들이 기록한 것도 있고 빠뜨린 것도 있어서 참고하기 어려움을 병처럼 여겼다.

(14) 『여한십가문초(麗韓十家文鈔)』

○ 「진삼국사표(進三國史表)」[3)]

신 김부식(金富軾)은 아룁니다.

---

1) 앞의 책, 「순암선생문집」 제18권, 서 참조. 한국고전번역원 이백순 역 1996년에는 원문의 『三國史』를 『삼국사기』로 오역하였다.
2) 권근, 『양촌집』, 「양촌선생문집」 제19권, 서류(序類) 참조. 한국고전번역원 장순범 역 1978년에는 원문의 『三國史』를 『삼국사』로 번역하였다.
3) 왕성순(王性淳), 『여한십가문초』 제1권, 고려 문열공 김부식 문[高麗金文烈文] 참조. 한국고전번역원 최진원 역 1977년에는 원문 『三國史』를 『삼국사』로 번역하였다.

옛날의 열국(列國)도 각기 사관(史官)을 두어 일을 기록하였습니다. 그러므로 맹자는 말하기를, '진(晉) 나라의 『승(乘)』과 초(楚) 나라의 『도올(檮杌)』과 노(魯) 나라의 『춘추(春秋)』는 한가지다.' 라고 하였습니다. 우리 해동(海東) 삼국은 역사가 오래되었으니, 사실이 역사책에 기록되어야 합니다. 그래서 노신(老臣)으로 하여금 편집하게 하신 것인데, 스스로 돌아볼 때 지식이 부족하여 어찌할 바를 모르겠습니다. 중사(中謝)

엎드려 생각건대, 성상 폐하(聖上陛下)께서는 당요(唐堯)의 문사(文思)를 타고나시고, 하우(夏禹)의 근검(勤儉)을 체득하시어, 부지런히 정무를 돌보신 여가에 전고(前古)를 널리 보시고,

"지금의 학사 대부(學士大夫)는 오경(五經), 제자(諸子)의 서적과 진(秦) · 한(漢) 역대의 역사에 대해서는 두루 통하고 자상히 설명하는 자가 더러 있으나, 우리나라의 일에 이르러서는 도리어 아득하여 그 시말(始末)을 알지 못하니, 매우 한탄스럽다."

라고, 말씀하셨습니다. 더구나 신라, 고구려, 백제가 나라를 세우고 정립(鼎立)하고서는 예를 갖추어 중국과 상통하였으므로 범엽(范曄)의 『한서』[1] 나 송기(宋祁)의 『당서(唐書)』에는 모두 열전(列傳)을 두었는데, 중국의 일은 자세히 기록하고, 외국의 일은 소략(疏略)히 하여 갖추어 싣지 않았습니다. 또 그 고기(古記)라는 것도 글이 거칠고 볼품없으며, 사적(事跡)이 누락되어 있어서 군후(君后)의 선악과 신자(臣子)의 충사(忠邪)와 국가의 안위(安危)와 인민의 치란(治亂)을 모두 드러내어 경계로 삼도록 하지 못하였습니다.

(후략)

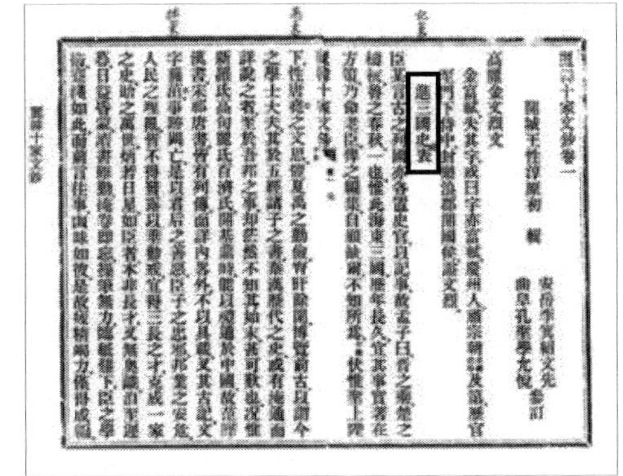

1) 범엽의 『후한서』를 가리킨다.

(15) 『연려실기술(燃藜室記述)』

○ 「백제」[1)]

장안(長安)의 동쪽 6천여 리에 있고, 서쪽은 월주(越州)와 경계하고, 남쪽은 왜(倭)와 경계하였는데 모두 바다를 격하였고, 북쪽은 고려, 동쪽은 신라와 접하였으며, 모두 5부(府) 37군(郡) 2백 성(城)이다. 『신당서』·『삼국사』에는 주(州)가 2, 군이 37, 현이 108, 도합 147이라 하였다.

초고왕(肖古王)[2)] - 개루왕의 장자. 『삼국사』에는 혹 소고왕(素古王)이라고 되어 있다. - 은 연희 병오년에 즉위하여 헌제(獻帝) 건안(建安) 19년 갑오(214)에 돌아가니, 재위 49년이다.

구수왕(仇首王) - 초고왕의 맏아들, 『삼국사』에는 혹 귀수(貴須)라고 되어 있다. 은 건안 갑오년에 즉위하여 후주(後主) 건흥(建興) 12년 갑인(234) 위(魏) 나라 청룡(青龍) 2년 에 돌아가니, 재위 21년이다.

책계왕(責稽王) - 고이왕의 아들. 『삼국사』에는 혹 청계(青稽)라고 되어 있다. 은 태강 병오년에 즉위하여 혜제(惠帝) 원강(元康) 8년 무오(298)에 맥인(貊人)에게 살해되니, 일설에는 진나라 병사에게 살해되었다고 한다. 재위 13년이다.

근구수왕(近仇首王) - 근초고왕의 태자. 『삼국사』에는, "혹은 이름을 수(須)라 한다."라고 하였다. 은 영강 을해년에 즉위하여 태원(太元) 9년 갑신(384)에 돌아가니, 재위 10년이다.

전지왕(腆支王) - 아신왕의 태자. 『삼국사』에는 혹은 직지(直支)라고 되어 있고, 『송서』에는, "이름이 여영(餘映)이다." 하였다. 은 의희 을사년에 즉위하여 송나라 무제 영초(永初) 원년 경신(420)에 돌아가니, 재위 16년이다.

비유왕(毗有王) - 구이신왕의 장자. 『삼국사』에는, 전지왕의 서자라고 되어 있다. 은 원가 정묘년에 즉위하여 효무제(孝武帝) 효건(孝建) 2년 을미(455)

---

1) 이긍익, 『연려실기술』. 「별집」 제19권, 역대전고 참조. 한국고전번역원 최근덕 역 1967에는 원문의 『三國史』를 『삼국사』로 번역하였다.

2) 백제 초고왕(5대) 이하 『삼국사』를 인용한 것만 필자가 정리하였다.

에 돌아가니, 재위 29년이다.

문주왕(文周王) - 개로왕의 장자. 『삼국사』에는, 혹 문주(汶洲)라고 되어 있다. 은 원휘 을묘년에 즉위하여 도읍을 웅진(熊津)으로 옮겼다. 5년 정사(477)에 좌평 해구(解仇)에게 시해당하니, 재위 3년이다.

삼근왕(三斤王) - 문주왕의 태자. 『삼국사』에는, 혹 임걸왕(壬乞王)이라고 되어 있다. 은 원휘 정사년에 즉위하여 제(齊) 나라 고제(高帝) 건원(建元) 원년 기미(479)에 돌아가니, 재위 3년이다.

고구려 기록에는 온조와 비류 형제를 주몽의 후처(後妻)의 아들이라 하였는데, 『삼국사』에는 우태(優台)의 아들이라 하였다. 그러나 온조가 개국하고 부여로 성씨를 정한 것은 근본을 잊지 못함을 보여 준 것인데, 또 주몽의 묘(廟)를 세웠다 함은 무엇인가?

(16) 『연행기(燕行紀)』

○ 7월 16일조[1)]

이부한인상서(吏部漢人尙書) 팽원서(彭元瑞)가 나에게 묻기를,

"귀국에 『해동비사(海東秘史)』와 『동국성시(東國聲詩)』 두 서적이 있다고 하는데 얻어 볼 수 있겠습니까?"

한다. 내가 말하기를,

"우리나라에는 본래 비사(秘史)가 없습니다. 정인지의 『고려사』와 김부식의 『삼국사』가 있으나 이번 길에는 마침 가지고 오지 않았습니다."

하였다.

吏部漢尙書彭元瑞 問于余曰, 貴國有海東祕史東國聲詩二書云, 可得見乎. 余曰, 小邦本無祕史. 有鄭麟趾高麗史 金富軾三國史, 而今行適未携來.

---

1) 서호수, 『연행기』 제2권, 「열하에서 원명원까지」, 경술년(1790, 정조 14) 참조. 한국고전번역원 남만성 역 1976년에는 원문의 『三國史』를 『삼국사』로 번역하였다.

○ 8월 3일[1)]

연반(宴班)에서 군기대신(軍機大臣) 왕걸(王杰)이 소대(召對)에서 물러나와 나에게 묻기를,

"귀국에 『동국비사(東國秘史)』와 『동국성시(東國聲詩)』의 두 서적이 있다는데, 이번 길에 혹 가지고 온 것이 있습니까?"

한다. 내가,

"전일 열하의 잔치하는 자리에서 팽 상서(彭尙書)도 이 두 가지 서적에 대해 물었습니다. 그러나 우리나라에는 사기(史記)로서는 정인지의 『고려사』와 김부식의 『삼국사기』가 있을 뿐이고, 그 밖에 다른 사서(史書)는 없습니다."

하였다.

(17) 『열하일기(熱河日記)』

○ 「피서록(避暑錄)」[2)]

강희 때 간행한 전당시(全唐詩)는 모두 1백20권이나 되는 거질이었으니, 마땅히 빠진 것이 없을 것이로되, 당 현종의 「어제사신라경덕왕(御製賜新羅景德王)」이라는 5언 10운(韻)의 시가 그 속에 실리지 않았다. 『삼국사』에,

"신라 경덕왕 15년 봄 2월에 경덕왕은 당 현종이 촉(蜀)에 있다는 말을 듣고 사신을 보내어, 당의 절강으로부터 성도(成都)에 이르러서 공물(貢物)을 바쳤더니, 조서(詔書)로 말하기를, 신라왕이 해마다 조공을 바쳐서 능히 예악(禮樂)과 명분(名分)을 지키는 것을 가상하게 여겨 시 한 수를 지어준다 하고……(후략)

1) 앞의 책 제3권, 「원명원에서 연경까지」, 경술년(1790, 정조 14) 참조. 한국고전번역원 남만성 역 1976년에는 원문의 『三國史』를 『삼국사기』로 오역하였다.

2) 박지원, 『열하일기』, 「피서록」 참조. 한국고전번역원 이가원 역 1968년에는 원문의 『三國史』를 『삼국사』로 번역하였다.

○ 28일 을해(乙亥)[1]

대개 당 태종이 천하의 군사를 징발하여 이 하찮은 탄알만 한 작은 성을 함락시키지 못하고 창황히 군사를 돌이켰다 함은 그 사실에 의심되는 바 없지 않거늘, 김부식은 다만 옛 글에 그의 성명이 전하지 않음을 애석히 여겼을 뿐이다.

대개 부식이 『삼국사기』를 지을 때에 다만 중국의 사서에서 한 번 골라 베껴 내어 모든 사실을 그대로 인정하였고, 또 유공권(柳公權 : 당의 학자요 서예가)의 소설(小說)을 끌어 와서 당 태종이 포위되었던 사실을 입증까지 했다.

(18) 『오주연문장전산고(五洲衍文長箋散稿)』

○ 「우리나라 도교(道教)의 전말에 대한 변증설」[2]

우리나라 『삼국사기』를 살펴보건대, "고구려 영류왕 - 휘(諱)는 건무(建武)인데 어떤 데는 달성(達成)으로 기록되기도 하고 『당서』에는 무(武)로 기록되어 있다. 수 공제(恭帝) 유(侑) 의령(義寧) 2년(618) 무인(戊寅)에 즉위하여 당 태종(唐太宗) 정관(貞觀) 16년(642) 임인(壬寅)에 연개소문(淵蓋蘇文)에게 시해를 당하였으니, 재위(在位)한 지 25년이다. - 당시에 막리지(莫離支) - 관명(官名)인데 병부상서 겸 중서령(兵部尚書兼中書令)과 같다. - 연개소문이 왕에게 아뢰기를 '삼교(三教 : 유교 · 불교 · 도교를 가리킨다)를 비유하면 솥의 세 발처럼 불가결한 것인데, 현재 유교 · 불교는 모두 흥왕하면서 도교만은 성행하지 못하고 있으니, 당나라로 사신을 보내어 도교를 들여오도록 하소서.' 하니, 왕이 그대로 따랐다.

---

1) 앞의 책, 「도강록」 참조. 한국고전번역원 이가원 역 1968년에는 원문의 『三國史』를 『삼국사기』로 오역하였다.
2) 이규경, 『오주연문장전산고』, 「분류 오주연문장전산고」 경사편 2, 도장류 1, 도장잡설 참조. 한국고전번역원 성백효 · 김신호 공역 1979년에는 원문의 『三國史』를 『삼국사기』로 오역하였다.

(19) 『완당전집(阮堂全集)』

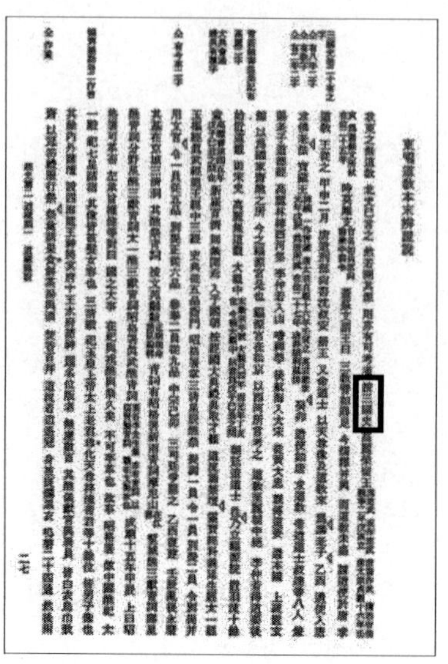

○「진흥왕의 두 비석에 대하여 상고하다」[1)]

『삼국사』에 의거하면 지증마립간(智證麻立干) 15년조에 "왕이 훙하였다. 시호를 지증(智證)이라 하였으니, 신라의 시법(諡法)이 여기에서 시작되었다." 하였다. 이로부터는 왕이 훙한 뒤에는 반드시 그 시호를 썼다.

(20) 『임하필기(林下筆記)』

○「대나무 밭의 차」[2)]

함양에서는 전부터 차를 진공(進供)하였는데, 본 고을에서 생산되지 않아 매년 백성들에게 부과하면 백성들이 전라도에서 사서 냈다. 대개 쌀 1말로 차 1홉을 얻었다. 성묘(成廟) 초에 김종직(金宗直)이 군수가 되었을 때 일찍이 『삼국사』를 열람하다가 신라 때 당나라에서 차 종자를 얻어 지리산에 심도록 하였다는 것을 보았다. 이에 널리 부로(父老)에게 물어 과연 엄천사(嚴川寺) 북쪽 대나무 수풀 속에서 몇 떨기를 얻으니, 민전(民田)을 사고 그곳에 농원(農園)을 세워 이를 심었다. 한두 해도 지나지 않아 과연 번성해져 진공하는 데 충당할 수 있게 되니, 시를 지어 기쁨을 나타냈다.

---

1) 김정희, 『완당전집』 제1권, 「고(攷)」 참조. 한국고전번역원 임정기 역 1995년에는 원문 『三國史』를 『삼국사』로 번역하였다.

2) 이유원(李裕元), 『임하필기』 제21권, 「문헌지장편」 참조. 한국고전번역원 김경희 역 1999년에는 원문 『三國史』를 『삼국사』로 번역하였다.

○「궐리묘(闕里廟)」[1)]

공자를 향사(享祀)하는 일은 『대명집례(大明集禮)』를 살피건대, 한나라 때에는 단지 궐리묘만 있었는데, 후위(後魏) 태화(太和) 13년(489)에 비로소 경사(京師)에 문묘(文廟)를 건립하였고, 당나라 고조(高祖) 무덕(武德) 2년(619)에 국자감(國子監)에 문묘를 건립하여 제사하였으니, 이것이 국학(國學)에서 향사하는 일의 시초이다. 그런데, 마단림(馬端臨)의 『문헌통고(文獻通考)』와 구준(邱濬)의 『대학연의보(大學衍義補)』, 그리고 『도서편(圖書編)』에는 위나라 정시(正始 : 위 제왕齊王의 연호) 7년(246)에 벽옹(辟雍 : 태학太學)에 제사하였다고 하였다. 우리나라는 고려 초부터 국자감에 문묘를 건립하였는데, 『삼국사기』에는 비록 문묘를 설치한 일을 말하지 않았으나 신라 성덕왕 때 태학에 부자상(夫子像)을 봉안하였다고 하였으니, 또한 틀림없이 향사하는 예법이 있었을 것이다. 당나라 개원(開元) 27년(739)에 왕으로 존숭하고 문선(文宣)이라는 시호를 올렸고, 송나라 진종(眞宗) 대중상부(大中祥符) 원년(1008)에 현성(玄聖)이라는 시호를 더 올렸다가 5년(1012)에 현(玄) 자가 휘(諱)를 범한다는 이유로 지성(至聖)이라고 개칭하였고, 원나라 무종(武宗)이 대성(大成)이라는 시호를 더 올렸으니, 우리나라도 이를 준용(遵用)하였다.

(21) 『점필재집(佔畢齋集)』

○「차원에 대하여 두 수를 짓다」[2)]

내가 처음 이 고을에 부임하여 그 폐단을 알고는 이것을 백성들에게 부과하지 않고 관(官)에서 자체로 여기저기서 구걸하여 납부했었다.

그런데 일찍이 『삼국사』를 열람해 보니, 신라 때에 당나라에서 차종(茶種)을 얻어와 명하여 지리산에 심게 했다는 말이 있었다.

---

1) 앞의 책, 「문헌지장편」 참조. 한국고전번역원 김동현 역 1999년에는 원문 『三國史』를 『삼국사기』로 오역하였다.
2) 김종직, 『점필재집』, 「시집」 제10권, 시편 참조. 한국고전번역원 임정기 역 1996년에는 원문 『三國史』를 『삼국사』로 번역하였다.

(22) 『죽계지(竹溪志)』

○ 「풍기고적기(豊基古跡記)」[1]

일찍이 『삼국사기』를 상고해 보건대, 아달왕(阿達王) 3년인 병신년(156)에 계립령(鷄立嶺) 길을 열었고, 5년인 무술년(158)에 죽령(竹嶺) 길을 만들었다고 하니, 곧 한나라의 환제(桓帝) 12년이다. 상원봉(上元峰)에 옛길의 흔적이 있는데, 전하는 말에 '상원사(上元寺)는 곧 옛 원(院)의 터전이다.' 하였다.

嘗考三國史 阿達王三年丙申 開鷄立嶺路. 五年戊戌開竹嶺. 卽漢桓帝之十二年. 上元峯有舊路痕. 諺傳. 上元寺卽古院基.

(23) 『해동잡록(海東雜錄)』

○ 「주세붕(周世鵬)」[2]

일찍이 『삼국사기』를 상고해 보건대, 아달왕(阿達王) 3년인 병신년에 계립령(鷄立嶺)의 길을 열었고, 5년인 무술년에 죽령(竹嶺)의 길을 만들었다

1) 주세붕, 『죽계지』, 「잡록후」 참조. 소수박물관 안정 역 2009년에는 원문의 『三國史』를 『삼국사기』로 오역하였다.

2) 권별, 『해동잡록』 3, 「본조」 참조. 한국고전번역원 윤혁동 역 1971년에는 원문 『三國史』를 『삼국사기』로 오역하였다.

하는데, 곧 한나라의 환제(桓帝) 12년이다. 상원봉(上元峰)에 옛 길의 흔적이 있는데, 전하는 말에는, '상원사(上元寺)는 곧 옛 원의 터전이라.' 한다.

(24) 『청장관전서(青莊館全書)』

○ 「쇄아(瑣雅)」[1)]

우리 동방에는 서적이 갖추어지지 못하였고 사서(史書)를 만들기는 고려 때부터 시작되었는데, 그 만들어진 것으로는 김부식의 『삼국사기』와 본조 정인지의 『고려사』와 제신(諸臣)들이 찬수한 『동국통감』·『동국사략』·『삼국사절요』·『동사찬요(東史纂要)』와 시남(市南)·유계(兪棨)의 『여사제강(麗史提綱)』 등이다.

我東方載籍不備. 作史始於麗朝 其著者曰金富軾三國史記. 本朝鄭麟趾高麗史 諸臣纂修東國通鑑 東國史畧 三國史節要 東史纂要 兪市南棨麗史提綱.

○ 「당 태종의 애꾸눈」[2)]

세상에서 전해 오기로는 당 태종이 고구려를 치기 위하여 안시성까지 왔다가 눈에 화살을 맞고 돌아갔다 하는데, 『당서』·『통감』을 상고하여 보아도 모두 실려 있지 않았다. 이는 당시의 사관(史官)이 반드시 중국을 위하여 숨긴 것이리니 기록하지 않은 것을 괴이하게 여길 것이 없다. 이는 김부식의 『삼국사기』에도 실려 있지 않은데, 목은(牧隱)은 어디서 이 말을 들었는지 모르겠다.

世傳唐太宗伐高麗 至安市城 箭中其目而還. 考唐書通鑑 皆不載. 當時史官 必爲中國諱 無怪其不書也. 但金富軾三國史亦不載 未知牧老

1) 이덕무(李德懋), 『청장관전서』 제5권, 「영처잡고」 1 참조. 한국고전번역원 이재수 역 1978년에는 원문 『三國史記』를 『삼국사기』로 오역하였다. 이 책은 이덕무(1741~1793)의 저서로 1980년 한문으로 간행한 것이다. 으뜸글[原文]이 『三國史記』인지 의문이 간다. 왜냐 하면, 이 책 다른 곳에는 모두 『三國史』로 기록되어 있기 때문이다.

2) 앞의 책 제32권, 청비록 1 참조. 한국고전번역원 차주환 역 1980년에는 원문 『三國史』를 『삼국사기』로 오역하였다.

何從得此.

○「관(官) 자로 이름과 자를 지은 일」[1]

또 우리나라에도 다음과 같은 사람이 있다.

관창(官昌) - 신라 때 충신이다. 『삼국사기』에 보인다. 김의관(金義官) - 신라 때 이찬(伊湌)을 지냈다. 『삼국유사』에 보인다. 김관일(金官一) - 경주김씨 족보에 보인다.

又東國官昌, 新羅忠臣 三國史. 金義官, 新羅伊湌 三國遺事.

金官一, 見慶州金譜.

○「우리나라 서적이 일본에 들어가다」[2]

『동국통감』·『삼국사』·『해동제국기』·『지봉유설』·『이학통론』·『주서절요』·『동의보감』·『징비록』·『진산세고』·『퇴계집』·『율곡집』이 모두 일본에 들어갔다.

○「우리나라의 도교(道敎)」[3]

우리나라 풍속에는 도사(道士)나 도관(道館)이라는 것이 없다. 옛날에는 혹 있기도 했지만 오래 전하지 못하였다.

상고하건대, 『삼국사기』에,

"고구려때 개소문(蓋蘇文)이 왕에게 말하기를 '세 가지 교(敎)는 정족(鼎足)처럼 마주 서야 하는데, 지금 유교와 불교는 함께 융성하고 있지만 도는 아직 흥성하지 못하니 사신을 당에 보내어 도교를 구해 와야 합니다.' 했더니, 왕이 그대로 따랐다. 황제가 도사 여덟 사람을 보내고 아울러 노자의 『도덕경』을 하사했다."

하였다.

---

1) 앞의 책 제54권, 「앙엽기(盎葉記)」 1 참조. 한국고전번역원 이승창 역 1981년에는 원문 『三國史』를 『삼국사기』로 오역하였다.

2) 앞의 책 제59권, 「앙엽기(盎葉記)」 6 참조. 한국고전번역원 이상형 역 1981년에는 원문 『三國史』를 『삼국사』로 번역하였다.

3) 앞의 책 제59권, 「앙엽기(盎葉記)」 6 참조. 한국고전번역원 이상형 역 1981년에는 원문 『三國史』를 『삼국사기』로 오역하였다.

(25) 『춘정집(春亭集)』

○ 『태종실록』[1]

17년 8월 17일(경자).

편전에 나아가서 정사를 보았다. 상이 유정현(柳廷顯) 등에게 이르기를,

"병신년에 가뭄이 대단히 심하였는데, 변계량이 원단(圓壇)에 기우제를 지내야 한다는 것으로 진언하고 상서하였다. 말이 매우 간절하였으므로 내가 비를 바라는 지극한 마음으로 그 청을 따랐는데, 지금 『삼국사』를 보니, 제후로서 원단제(圓壇祭)를 행하는 것이 옳지 않다." 하니, 변계량이 대답하기를,

"전조(前朝)에서 원단제를 행하였으니, 그 유래가 오래되었습니다. 전조가 어찌 상고한 것이 없었겠습니까? 심한 가뭄을 당하여 하늘에 기도하여 비를 비는 것이 신의 뜻에는 옳다고 생각합니다." 하였다. 상이 이르기를,

"내가 『삼국사』를 두루 보았는데, 제후이면서 참람(僭濫)한 예(禮)를 행한 자를 모두 옳지 않게 여겼다. 또 노(魯) 나라의 교체(郊禘)를 성인(聖人)이 그르게 여겼으니, 예로부터 내려오면서 아랫사람으로서 참람한 예를 행하고서 경사(經史)에서 인정을 받은 경우는 없었다. 내가 가뭄을 당하여 비를 빌기는 하지만 옳지 않은 줄을 알기 때문에 시행하고 싶지가 않다."

하였다.

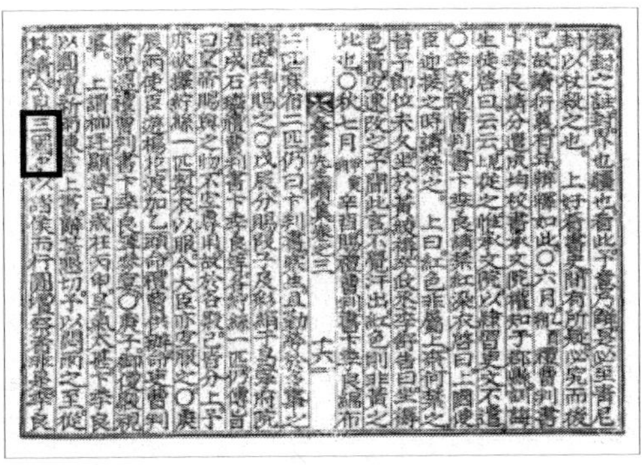

1) 변계량, 『춘정집』, 「춘정속집」 제3권, 부록 참조. 한국고전번역원 조동영 역 2001년에는 원문 『三國史』를 『삼국사』로 번역하였다.

○「영락 19년 월 일에 올린 봉사」[1)]

일찍이 『삼국사기』와 『고려사』를 보았는데, 역대의 치세와 난세가 꼬리를 물고 이어지는 것이 마치 돌아가는 고리와도 같았습니다.

甞觀三國與高麗史矣. 歷代治亂之相尋 若循環然.

(26) 『필원잡기(筆苑雜記)』

○「서거정 저(徐居正著)」[2)]

김부식의 『삼국사기』에는 백제왕이 마한을 습격해서 점령한 것만을 기록하였고, 기씨의 세계(世系)는 명백히 말하지 않았으니, 당시에도 필시 상고할 만한 것이 없어서일 것이다.

金富軾三國史 但書百濟王襲馬韓取之. 不明言箕氏世係 當時亦必無可考者矣.

○「필원잡기 제2권」[3)]

세상에 전하기를, "당 태종이 고려(고구려)를 정벌할 적에 안시성에 이르렀다가 눈에 화살을 맞고 돌아갔다." 하는데, 『당서』와 『통감』에 모두 실려 있지 않고, 다만 유공권(柳公權)의 소설(小說)에, "태종이 처음 고구려의 연수(延壽)와 혜진(惠眞)이 발해(渤海)의 군사를 인솔하고, 진(陣)을 40리 거리에 뻗치어 포진한 것을 보고 두려워하는 빛이 있었다." 하였으나, 역시 화살을 맞아 부상했다는 내용은 없다. 나는 생각하기를, "당시에 비록 이러한 일이 있더라도 사관(史官)이 반드시 중국을 위하여 숨겼을 것이니, 쓰지 않은 것은 괴이할 것이 없다. 다만 김부식의 『삼국사기』에도 기재되어 있지 않으

1) 앞의 책 제7권, 「봉사」 조 참조. 한국고전번역원 송수경 역 1998년에는 원문 『三國史』를 『삼국사기』로 오역하였다.
2) 서거정, 『필원잡기』 제1권 참조. 한국고전번역원 김익현 · 임창재 공역 1971년에는 원문 『三國史』를 『삼국사기』로 오역하였다.
3) 앞의 책 제2권 참조. 한국고전번역원 김익현 · 임창재 공역 1971년에는 원문 『三國史』를 『삼국사기』로 오역하였다.

니, 목은(牧隱) 옹이 어디에서 이것을 얻었는지 알 수 없는 일이다." 하였다.

李文靖公穡貞觀吟曰, 謂是囊中一物耳, 那知玄花落白羽. 玄花言其目, 白羽言其箭, 世傳, 唐宗伐高麗至安市城, 箭中其目而還. 考唐書通鑑, 皆不載, 但柳公權小說, 太宗初見延壽惠眞, 率靺鞨軍, 布陣四十里, 有懼色, 亦未有言其中傷者, 尉正意以諱, 當時雖有此事, 史官必爲中國諱, 毋恠乎其不書也, 但金富軾三國史亦不載, 未知牧老何從得此.

(27)『해동역사(海東繹史)』

○「해동역사 서문 - 유득공(柳得恭)」[1]

우리나라의 역사책이 무릇 몇 종이던가. 이른바 고기(古記)라 하는 것들은 모두가 치류(緇流)들의 허황되고 황당한 말이라서 사대부들이 입에 담을 수 없는 것이다. 김부식이 지은『삼국사기』에 대해 사람들은 '소략하여 볼 만한 것이 없다'고 허물하고 있다. 그러나 명산(名山)의 석실(石室)에 보관되어 있는 자료가 하나도 없었으니, 김부식인들 그런 처지에서야 어떻게 할 수 있었겠는가? 그렇다면 오로지 정인지가 지은『고려사』가 있을 뿐인데, 고려 이전의 사실에 대해서는 무엇을 보고서 상고하겠는가? 이에 내가 일찍이 중국의 21사(史)에서 동국전(東國傳)만을 뽑아 모아 중복된 부분을 삭제하고서 주석을 내고 변증을 하고자 하였다. 그런 다음『삼국사기』와『고려사』두 사서와 함께 참조하여 보면 징신(徵信)하는 데 도움이 될 것 같았는데, 끝내 그렇게 하지 못하였다.

東史 凡幾種哉. 所謂古記 都是緇流荒誕之說 士大夫不言 可也. 金富軾三國史 人咎其脫略不足觀 而名山石室 茫無所藏 雖金富軾 亦且奈何. 然則唯有鄭麟趾高麗史而已 高麗以前何從而鏡考乎. 余嘗欲取二十一史東國傳刪其重複 以注以辨. 與三國高麗二史相依而行 則庶或有資於徵信 卒卒未遂.

---

1) 한치윤,『해동역사』,「해동역사 서문」참조. 한국고전번역원 정선용 역 1996년에는 원문『三國史』를『삼국사기』로 오역하였다.

○「가라(加羅)」[1)]

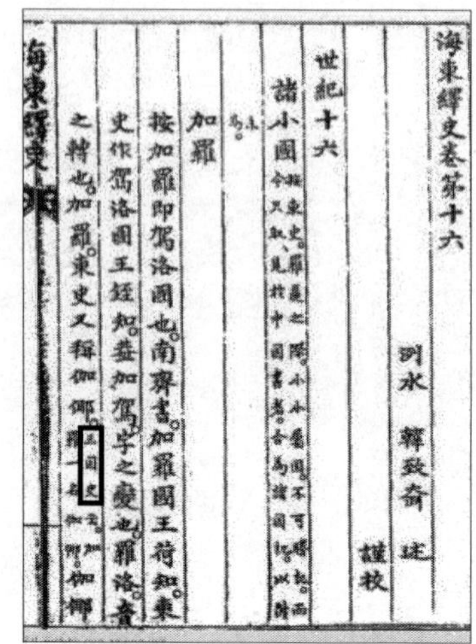

海東繹史卷第十六

列水 韓致奫 述

謹校

世紀十六

諸小國

加羅

按加羅即駕洛國也。南齊書。加羅國王荷知。東

史作駕洛國王銍知。蓋加駕字之變也。羅洛音

之轉也。加羅。東史又稱伽倻。

살펴보건대, 가라는 바로 가락국(駕洛國)이다. 『남제서(南齊書)』에는 '가라국왕(加羅國王) 하지(荷知)'로 되어 있고, 『동사(東史)』에는 '가락국왕(駕洛國王) 질지(銍知)'로 되어 있는데, 대개 '가(加)'와 '가(駕)'는 글자가 변한 것이고, '라(羅)'와 '락(洛)'은 음이 전이된 것이다. 가라를 동사에는 또 '가야(伽倻)'라고도 칭하는데, 『삼국사기』에, "가라(加羅)는 일명 가야(伽倻)라고도 한다." 하였다. 가야는 바로 『삼국지』「위서(魏書)」에서 말한 '구야(狗耶)'이다. 우리나라 말에 '구(狗)'를 '개[加]'라고 하므로 가야가 전이되어 '구야(狗耶)'가 된 것이다. 중국의 역사책에서 가라, 구야라 칭하고, 우리나라 역사책에서 가락, 가야라 칭한 것은 실은 하나의 나라이다.

○「역(曆)」[2)]

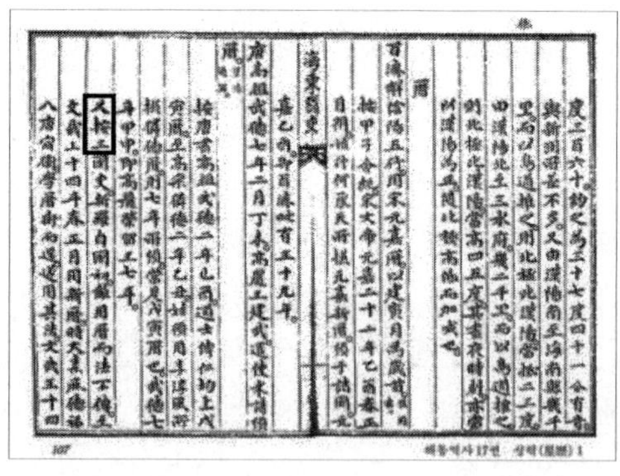

1) 앞의 책 제16권, 「세기」 16 참조. 한국고전번역원 정선용 역 1996년에는 원문 『三國史』를 『삼국사기』로 오역하였다.

2) 앞의 책 제17권, 「성력지」 참조. 한국고전번역원 정선용 역 1996년에는 원문 『三國史』를 『삼국사기』로 오역하였다.

또 살펴보건대, 『삼국사기』를 보면, 신라는 국초부터 역(曆)을 사용하였으나, 그 법은 전하지 않는다. 문무왕 14년(674) 정월에 이르러서 새 역을 채용하였는데, 이때 대나마(大奈麻) 덕복(德福)이 당나라에 들어가 숙위하면서 역술(曆術)을 배워 돌아와 드디어 그 법을 채용한 것이다.

○「김부식의 삼국사기」[1)]

『삼국사기』 50권은 고려의 김부식이 찬한 것으로, 먼저 신라를 기록하고 다음으로 고구려를 기록하였으며, 다음으로 백제를 기록하였는데, 기(紀)와 표(表)가 있다. 〈『옥해(玉海)』〉

순희(淳熙) 원년(1174, 명종4) 5월 29일에 명주(明州)의 진사 심문(沈忞)이 해동의 『삼국사기』 50권을 올리자, 금폐(錦幣) 1백을 하사하고 책은 비각(祕閣)으로 넘겨주었다. 〈『상동』〉

『삼국사기』 50권은 신라, 고구려, 백제 삼국의 일을 기록하였는데, 『동국통감』과 다른 내용이 있다. 〈『이칭일본전(異稱日本傳)』〉

『삼국사기』 제13권부터 22권까지는 고구려본기인데, 우리 일본에 대해서는 한마디도 하지 않았으니, 조잡하고 소략함이 심하다. 〈『상동』〉

살펴보건대, 『삼국사기』는 본기(本紀) 28권, 연표(年表) 3권, 지(志) 9권, 열전(列傳) 10권으로 되어 있으며, 고려의 수충정난정국찬화동덕 공신(輸忠征難靖國贊化同德功臣) 개부의동삼사 검교태사 태보 복야 상서 겸 예부사 집현전태학사 감수국사 상주국(開府儀同三司檢校太師太保僕射尙書兼禮部事集賢殿太學士監修國史上柱國)으로 치사(致仕)한 신하 김부식이 선지(宣旨)를 받들어서 찬한 것이다.

『고려사』에는 이르기를, "인종 23년(1145) 12월 임술에 김부식이 그가 찬한 신라, 고구려, 백제 삼국의 사기를 올렸다." 하였으며, 양촌(陽村) 권근(權近)은 이르기를, "전조(前朝)의 문신 김부식이 『삼국사기』를 찬수하였

---

1) 앞의 책 제43권, 「예문지」 2, 경적 2, 우리나라 서목 2 참조. 한국고전번역원 정선용 역 2000년에는 원문 『三國史』를 『삼국사기』로 오역하였다.

는데, 방언(方言)이나 이어(俚語)가 뒤섞여 있고, 잘한 정사나 좋은 계책은 드물게 전하였으며, 필삭(筆削)한 것이나 범례(凡例)를 정한 것이 아주 합당치는 않다. 이는 대개 그 당시 전적(典籍)이 대부분 없어졌으므로 박식하였던 김 시중(金侍中)으로서도 상고할 길이 없어 간간이 올바르지 못한 고기(古記)의 설을 취하여 소략하게 됨을 면치 못한 것이니, 탄식을 금할 수가 없다." 하였다.

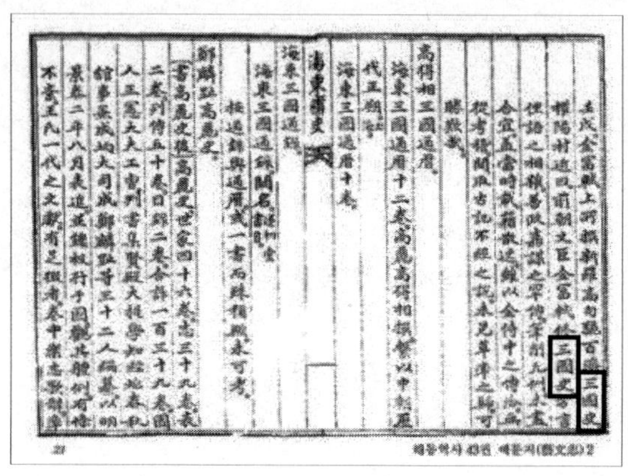
三國史
三國史
해동역사 43권 예문지(藝文志) 2

『삼국사기』로 기록한 문헌 사례

1) 양성지(梁誠之) 상소문

양성지(1415~1482)는 조선 전기의 문신이자 역사학 · 지리학에 밝은 학자였다. 자는 순부(純夫), 호는 눌재(訥齋) · 송파(松坡), 관직은 숭정대부 행이조판서 겸 판의금부사에 이르렀고, 세종 때부터 성종 때까지 6명의 왕을 섬겼으며, 시호는 문양(文襄)이다.

저서로는 『눌재집』 · 『유선서(諭善書)』 · 『삼강사략(三綱史略)』 등이 있고, 편저로는 『동국도경(東國圖經)』 · 『농잠서(農蠶書)』 · 『축목서(畜牧書)』 등이 있다.

왕명으로 『조선도도(朝鮮都圖)』 · 『팔도각도(八道各圖)』 · 『팔도지리지』를 편찬하였고, 『동국지도』를 찬집하였으며, 『세종실록』 · 『예종실록』 · 『여지승람』의 편찬에도 참여하였다.

그는 세조와 성종 때에 국정에 관한 상소를 많이 하였는데, 그중에 『삼국사기』라는 단어가 들어간 경우가 모두 3차례 있었다.

○ 집현전 직제학 양성지가 상소하기를,

(전략)

문과(文科)는 사서오경 외에 『좌전(左傳)』 · 『사기(史記)』 · 『통감(通

鑑)』·『송원절요(宋元節要)』·『삼국사기(三國史記)』·『고려사(高麗史)』만 을 강하며, 중장을 표(表)·전(箋)을 시험하여 신자(臣子)로 임금 섬기는 글을 익히게 하고,

文科則 四書五經外, 只講 左傳 史記 通鑑 宋元節要 三國史記 高麗史, 中場試表箋 以習臣子事上之文, [1)]

그런데 그의 상소 내용이 『국조보감』에도 실려 있는데, 거기에는 『삼국사기』가 아니라 『삼국사』로 실려 있다. 원문에는 『고려사』와 묶어 "삼국·고려사(三國高麗史)"로 표기하였는데, 이는 『삼국사』·『고려사』를 묶어 표현하던 당시 일반적인 방식이었다.

○ 양성지가 상소하여 여러 조항의 정책을 진달하였다. 그 내용은,
(전략)

13. 문과(文科)에 경서 이외에 『좌전』, 『통감』, 『송원절요』, 『삼국사』, 『고려사』 등 사서(史書)를 강하는 일, [2)]

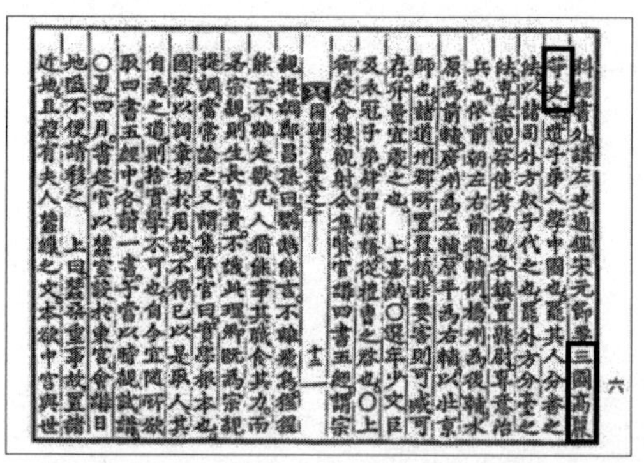

이 부분에 대한 것이 양성지의 문집 『눌재집(訥齋集)』에는 다소 다르게 기록되어 있지만, 김부식 등이 지은 사서를 『삼국사』로 기록하였다.

1) 『조선왕조실록』, 세조 2년(1456) 3월 28일조 참조
2) 『국조보감』, 「국조보감」 제10권, 세조 1년(1456) 3월조 참조

○ 請改願講 韓文 柳文 東坡 左傳 通鑑 宋鑑 三國史 高麗史者聽.[1]

양성지의 상소 중에 세조 10년의 기록에서 『삼국사기』라는 단어가 『조선왕조실록』과 『국조보감』에 동시에 나타나고 있다.

○ 동지중추원사 양성지(梁誠之)가 상서(上書)하기를,

(전략)

『통감강목(通鑑綱目)』·『통감속편(通鑑續編)』·『송원절요(宋元節要)』를 전공할 자 5인과, 『삼국사기(三國史記)』·『동국사략(東國史略)』·『고려전사(高麗全史)』를 전공할 자 5인을 정하여 두되, 이 5인 중에는 3품에서 1인을, 5품에서 2인을, 참외(參外)에서 2인을 얻어서 모두 사서(四書)와 『시경(詩經)』·『서경(書經)』·『예기(禮記)』를 겸하여 전공하게 하소서.[2]

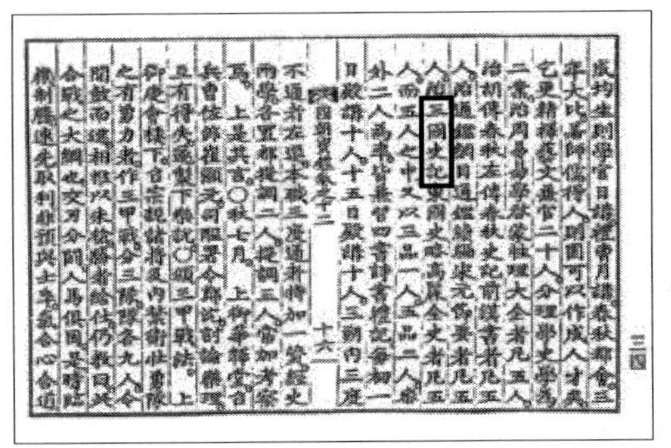

○ 동지중추원사 양성지가 상서(上書)하였다.

(전략)

"신(臣)이 평일에 『삼국사기』를 보니, '우리나라 사람들이 중국인[漢人]과 싸우면 열 번 싸울 때 일곱 번 이기고, 왜인(倭人)과 싸우면 열 번 싸울 때 세 번 이기고, 야인과 더불어 싸우면, 열 번 싸울 때 다섯 번 이긴다.'고 하였습니다."

1) 양성지, 『눌재집』, 「눌재집」 4권, 주의(奏議), 교정대전 45사 참조

2) 『조선왕조실록』, 세조 10년(1464) 6월 29일조 참조. 신숙주, 『국조보감』, 「국조보감」 제12권, 세조 9년(1464) 6월조 참조

審軍情. 臣平日觀三國史記, "東人與漢人戰, 則十戰而七勝, 與倭人戰則十戰而三勝, 與野人戰則十戰而五勝."[1)]

○ 남원군(南原君) 양성지가 상소하기를,[2)]
(중략)
『삼국사기』·『동국사략』·『고려전사』·『고려사절요』·『고려사전문』·『삼국사절요』와 본조 역대의 실록, 그리고 『총통등록』·『팔도지리지』·『훈민정음』·『동국정운』·『동국문감』·『동문선』·『삼한귀감』·『동국여지승람』·『승문등록』·『경국대전』·『경외호적』·『경외군적』과 제도(諸道)의 전적(田籍)·공안(貢案)·횡간(橫看), 그리고 제사(諸司)·제읍(諸邑)의 노비에 대한 정안(正案)·속안(續案) 등을 각각 네 건씩 갖추게 하는 외에 세 곳의 사고(史庫)에 있는 긴요하지 않은 잡서들까지 모두 다 인쇄하게 하며, 또한 긴요한 서적들은 춘추관과 세 곳의 사고에 각기 한 건씩 수장하여 길이 만세에까지 전하게 하면 매우 다행하겠습니다.

2) 김부식(金富軾)의 표(表)

김부식(1075~1151)은 고려 중기의 문신이자 학자·문인이었다. 숙종 1년(1096) 과거에 급제해 안서대도호부의 사록과 참군사를 거쳐 한림원의 직한림(直翰林)에 발탁된 후 20여 년 동안 한림원 등의 문한(文翰) 직에 종사하면서 자신의 학문을 발전시켰고, 예종·인종에게 경사(經史)를 강하기도 하였다. 인종 4년(1126) 어사대부 추밀원부사에 올랐고, 이자겸 일파가 정계에서 축출된 이후 정당문학 겸 수국사로 재상 직에 오른 후 검교사공참지정사, 중서문하성 평장사로 승진을 거듭하였다.

인종 13년(1135) 1월, 묘청의 난 때 김부식은 중서시랑평장사로서 판

1) 『조선왕조실록』, 세조 10년(1464) 8월 1일조 참조
2) 앞의 책, 성종 13년(1482) 2월 13일조 참조

병부사를 맡고 있었는데, 원수로 임명되어 삼군(三軍)을 지휘 통솔하여 그 진압을 담당하였다.

묘청의 난을 제압한 공으로 수충정난정국공신에 봉해지고, 문하시중 판이부사에 승진되었다. 그뿐만 아니라 감수국사 상주국 태자태보의 직도 겸하게 되었고, 문하시중을 거쳐 사직을 청하고 물러난 후 왕명으로 1145년(인종 23) 50권의 『삼국사』를 편찬하였다.

그는 문집은 20여 권을 남겼다고 하나 전하지 않고, 다수의 글이 『동문수』와 『동문선』에 전해져 오는데, 우리나라 고문체의 대가라 할 수 있다. 송나라 서긍(徐兢)은 『선화봉사고려도경』에서 그를 평하기를,

"박학강식(博學强識)해 글을 잘 짓고 고금을 잘 알아 학사의 신복을 받으니 능히 그보다 위에 설 사람이 없다."

라고 평하였다. 의종은 그를 낙랑군개국후(樂浪郡開國侯)에 봉하였고, 사후 인종 묘정(廟庭)에 배향되었으며, 시호는 문열(文烈)이다.

(1) 「진삼국사표(進三國史表)」[1)]

김부식(金富軾)

○ 신 김부식(金富軾)은 아룁니다.

옛날의 열국(列國)도 각기 사관(史官)을 두어 일을 기록하였습니다. 그러므로 맹자(孟子)는 말하기를, "진(晉) 나라의 『승(乘)』과 초(楚) 나라의 『도올(檮杌)』과 노(魯) 나라의 『춘추(春秋)』는 한가지다."라고 하였습니다. 우리 해동 삼국은 역사가 오래되었으니, 그 사실이 역사책에 기록되어야 합니다. 그래서 노신(老臣)으로 하여금 편집하게 하신 것인데, 스스로 돌아볼 때 지식이 부족하여 어찌할 바를 모르겠습니다. 〈중사(中謝)〉

---

1) 왕성순(王性淳), 『여한십가문초(麗韓十家文鈔)』, 「여한십가문초」 제1권, 고려김문열문(高麗金文烈文) 참조. 한국고전번역원 최진원 역 1977년에는 원문 『三國史』를 『삼국사』로 번역하였다.

엎드려 생각하옵건대, 성상 폐하(聖上陛下)께서는 당요(唐堯)의 문사(文思)를 타고나시고, 하우(夏禹)의 근검(勤儉)을 체득하시어, 부지런히 정무를 돌보신 여가에 전고(前古)를 널리 보시고 이르시기를,

"지금의 학사대부(學士大夫)는 오경(五經), 제자(諸子)의 서적과 진(秦)·한(漢) 역대의 역사에 대해서는 두루 통하고 자상히 설명하는 자가 더러 있으나, 우리나라의 사적에 이르러서는 도리어 아득하여 그 시말(始末)을 알지 못하니, 매우 한탄스럽다. 더구나 신라·고구려·백제는 나라를 세우고 정립(鼎立)하고서는 예로써 중국과 상통하였으므로 범엽(范曄)의 『한서(漢書)』나 송기(宋祁)의 『당서(唐書)』에는 모두 열전(列傳)을 두었는데, 중국의 일은 자세히 기록하고 국내의 일은 소략(疏略)히 하여 갖추어 싣지 않았다. 또 이른바 고기(古記)라는 것도 글이 거칠고 볼품없으며 사적(事跡)이 누락되어 있어서 군후(君后 : 군왕)의 선악과 신자(臣子)의 충사(忠邪)와 국가의 안위(安危)와 인민의 치란(治亂)을 모두 드러내어 권계(勸戒)로 삼도록 하지 못하였으니, 재주와 학문과 식견을 갖춘 인재를 얻어 일가(一家)의 역사를 이루어서 만세(萬世)에까지 해와 별처럼 빛나게 해야 할 것이다."

라고 하셨습니다. 신 같은 자는 본래 재주가 뛰어나지도 않고, 또 깊은 학식이 없으며, 늘그막에 이르러서는 날이 갈수록 정신이 어두워져, 비록 부지런히 글을 읽긴 하나 책을 덮으면 바로 잊어버리고, 붓을 잡으면 힘이 없어 종이에 대면 써 내려가기가 어렵습니다. 신의 학술이 이처럼 형편없고, 예전 말과 일에 대해 아는 게 없습니다. 그러다 보니 정력을 기울여 겨우 책을 완성하였으나 보잘것없어 다만 스스로 부끄러워할 따름입니다.

엎드려 바라옵건대, 성상 폐하께서는 어설픈 솜씨를 이해해 주시고 함부로 (책을) 만든 죄를 용서해 주시오면, 비록 명산(名山)에 보관할 것은 못 되지마는 간장 항아리를 덮는 덮개로 사용하는 일은 없었으면 합니다. 저의 망녕된 뜻을 상께서 굽어 살피소서.

삼가 본기(本紀) 28권, 연표(年表) 3권, 지(志) 9권, 열전(列傳) 10권을 찬술하여, 표(表)와 함께 아뢰어, 위로 천람(天覽)을 더럽힙니다.

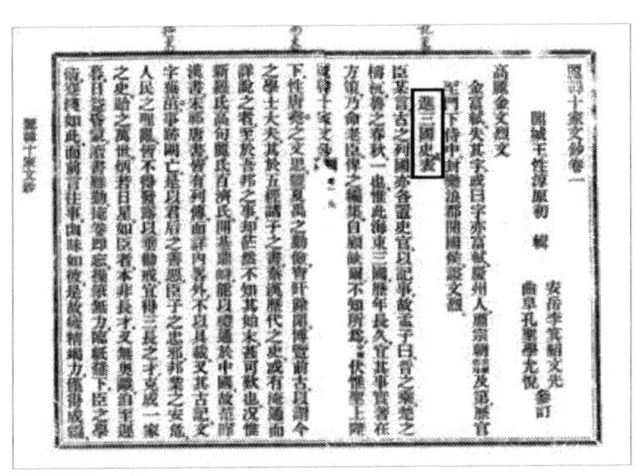

(2) 「진삼국사기표(進三國史記表)」[1)]

김부식(金富軾)

○신 부식(富軾)은 아뢰옵니다.

옛적에는 열국(列國)도 역시 각기 사관(史官)을 두어 일을 기록하였습니다. 그러므로 맹자는 말하기를, "진(晉)의 『승(乘)』과 초(楚)의 『도올(檮杌)』과 노(魯)의 『춘추(春秋)』는 의의가 한가지다."라고 하였습니다. 오직 해동(海東)의 삼국이 지나온 세월이 장구하니, 마땅히 그 사실이 책으로 기록되어야 하므로 마침내 노신(老臣)에게 명하여 편집하게 하신 것이온데, 견식이 부족하여 어찌할 바를 모르옵니다. 〈중사(中謝)〉

엎드려 생각하옵건대, 성상 폐하께서는 당요(唐堯)의 문사(文思)를 타고 나시고, 하우(夏禹)의 근검(勤儉)을 체득하시어, 밤낮의 여가에 전고(前古)를 널리 보시고 이르시기를, "오늘날의 학사대부(學士大夫)가 오경(五經), 제자(諸子)의 서적과 진(秦)·한(漢) 역대의 역사에 대해서는 간혹 두루 통하고 자상히 설명하는 자가 있으나 우리나라 사적에 이르러서는 도리어 아득하여 그 시종을 알지 못하고 있으니 매우 한탄스러운 일이다. 신라·고구려·백제는 나라를 세워 솥발처럼 맞서서 능히 예로써 중국과 상통하였다. 그러므로 범엽(范曄)의 『후한서(後漢書)』나 송기(宋祁)의 『당서(唐書)』

1) 서거정, 『동문선』, 「동문선」 제44권, 표전(表箋) 참조. 한국고전번역원 신호열 역 1970년에는 원문 『三國史記』를 『삼국사기』로 번역하였다

에 모두 열전이 있기는 하나, 국내의 일은 자상하게 다루고 국외의 일은 허술하게 만들었기 때문에 갖추어 싣지 아니하였고, 또 이른바 고기(古記)는 문자가 너무도 졸하고 사적도 빠진 것이 많은 까닭으로, 군왕(君王)의 선악(善惡)과 신자(臣子)의 충사(忠邪)와 국가의 안위(安危)와 백성[人民]의 치란을 모두 들추어내어 권계(勸戒)를 삼을 수 없으니, 마땅히 삼장(三長 재주·학문·식견)의 인재를 구하여 일가(一家)의 역사를 이루어서 만세에 물려주어, 일성(日星)과 같이 빛나게 해야 하겠다."라고 하셨습니다.

신 같은 자는 본시 삼장의 재주가 아니옵고 또 깊은 학식이 없사오며, 늘그막에 이르러서는 날로 더욱 몽매하여 글읽기는 비록 부지런하나 책을 덮으면 바로 잊어버리고, 붓대를 잡으면 힘이 없어 종이에 다다르면 써 내려가기 어려운 형편이옵니다. 신의 학술이 천박한 것은 이와 같사옵고, 예전 말과 지나간 일은 깜깜함이 저러하오니, 이 까닭에 정력을 소모하고 힘을 다하여 겨우 성편(成編)하였사오나, 별로 보잘것없어 스스로 부끄러울 따름이옵니다.

엎드려 바라옵건대, 성상 폐하께옵서 광간(狂簡)의 재량을 양찰하시고 함부로 만든 죄를 용서하여 주시오면, 비록 족히 명산(名山)에 수장할 것은 못 되올망정, 간장 항아리[醬瓿]의 덮개로 사용하는 일은 거의 없을 듯하오니, 구구한 망령된 뜻은 천일(天日)이 내리 비치오리이다.

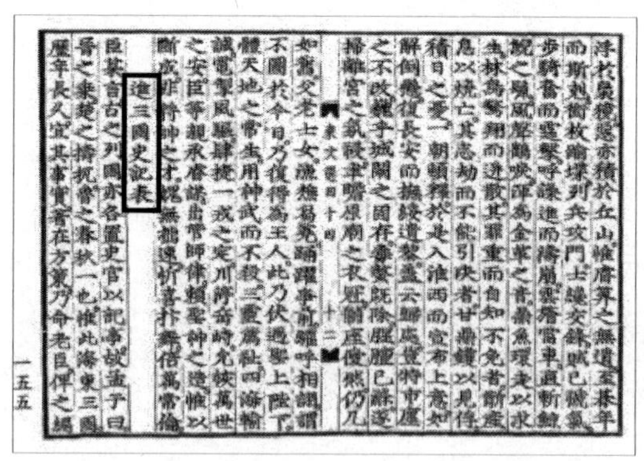
東文選卷四十四 十二

進三國史記表

臣某言古之列國亦各置史官以記事故孟子曰
晉之乘楚之檮杌魯之春秋一也惟此海東三國
歷年長久宜其事實著在方策乃命老臣俾之編

一五五

(3) 이병도의 재주에 감탄해야 하나

고려 말 이후 수많은 관찬 사서와 개인 문집이 쏟아져 나왔다. 그중 상당수가 마멸되고, 전란으로 인해 불탔으며, 경술국치 이후 일제에 의해 수거되었다.

『동문선(東文選)』은 성종 9년(1478) 왕명으로 서거정(徐居正)이 중심이 되어 찬집관(纂集官) 23인이 편찬한 우리나라 역대 시문 선집으로 133권 45책이다.

신라의 김인문(金仁問)·설총(薛聰)·최치원(崔致遠)을 비롯하여 편찬 당시의 인물까지 약 5백 명에 달하는 작가의 작품 4,302편을 수록하였다. 목록 상권 첫머리에 서거정의 서문과 양성지의 「진동문선전(進東文選箋)」이 실려 있다.

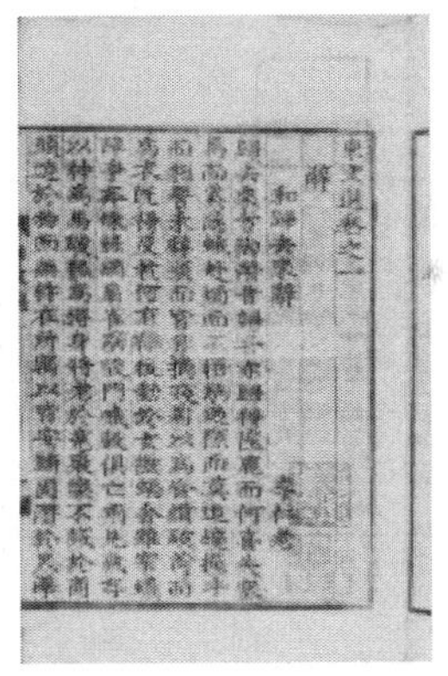

여기에 실린 「진삼국사기표」는 『조선왕조실록』과 관찬 사서, 개인 문집들을 종합해 보면, 「진삼국사표」의 명백한 오류인데, 이것을 찾아내어 김부식 등이 쓴 역사책이 『삼국사』가 아니라 『삼국사기』라고 근거로 삼은 일제 식민사학자와 그들의 앞잡이 노릇을 하면서 『역주삼국사기』를 냈던 이병도(李丙燾)의 재주가 대단하다고 해야 하나? 광복 70

년이 되어도 그것도 모른 채 앵무새 짓을 하는 우리나라 사람들을 어리석다고 해야 하나?

김부식 등이 편찬한 사서는 『삼국사』인 것은 분명하다. 조선 초기 글자 한 자에도 꼼꼼하게 따졌던 세종과 많은 유학자의 손을 거쳐 편찬된 당시의 실록의 기록이 이를 반증(反證)하고 있다.

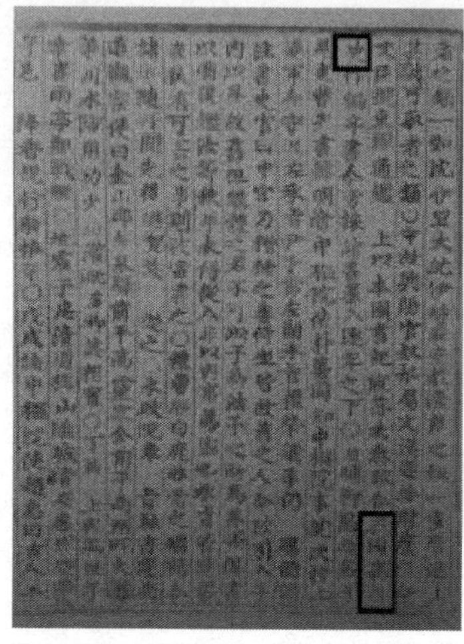

『조선왕조실록』 세조 4년(1458) 9월 12일조 참조

○ 영사평부사 하윤(河崙), 참찬의정부사 권근(權近), 예문관 대제학 이첨(李詹)에게 명하여 『삼국사』를 수찬(修撰)하게 하였다.[1)]

○ 임금이 문신(文臣)에게 명하여 『동국통감』을 편찬하게 하였다. 임금이 우리나라의 서기(書記)가 탈락되어 완전하지 못하므로, 『삼국사』와 『고려사』를 합하여 편년체로 쓰고자 하여, 여러 서적을 널리 취하여 해마다 그 아래에 모아 써 넣게 하였다.[2)]

○ 또 최항(崔恒)·양성지(梁誠之)·송처관(宋處寬)·이파(李坡)와 동부승지 김수령(金壽寧)에게 명하기를,

"우리나라의 역사가 착란(錯亂)하여 통일이 없으니, 내가 『동국사략』·『삼국사』·『고려사』 등의 책을 참작(參酌)하여 거기에서 빼거나 보태어서 억지로라도 한 책을 만들어 이름하여 『동국통감』이라 하고, 장래에 밝게 보여 주어 고열(考閱)에 편리하게 하고자 하니, 경들이 그것에 힘쓰도록 하라."

하였다.[3)]

1) 『조선왕조실록』, 태종 2년(1402) 6월 8일조 참조
2) 앞의 책, 세조 4년(1458) 9월 12일조 참조
3) 앞의 책, 세조 9년(1463) 9월 5일조 참조

『조선왕조실록』 세조 9년(1463) 9월 5일조 참조

이처럼 『조선왕조실록』 속에 『삼국사』가 공식 기록으로 26차례 나오는데 반해, 『삼국사기』는 양성지의 상소문에만 3차례가 나오며, 수많은 문집 속에 수백 차례 『삼국사』라고 나오는데 비해 서거정(徐居正) 등이 엮은 『동문선』과 조명채(曺命采)의 『봉사일본시문견록』, 이덕무(李德懋)의 『청장관전서』에 단 한 차례씩 나온다. 따라서 여기에 기록된 『삼국사기』는 『삼국사』를 잘못 쓴 것으로 보아야 할 것이다.

『삼국사』 책이름을 바로잡아야 한다

1) 『삼국사』 이름으로 실린 유학자 문집

조선 왕조의 공식 기록인 『조선왕조실록』 속에 『삼국사』가 공식 기록으로 26차례, 『세종실록』 「지리지」와 『일성록』에 11차례, 왕명으로 편찬된 『동국사략』, 『고려사』, 『고려사절요』, 『삼국사절요』, 『동국통감』, 『신증동국여지승람』, 『국조보감』 등에 수백 차례 나오는데 비해 『삼국사기』는 『조선왕조실록』 속에 양성지의 상소문에만 세 번 나온다.

그리고 조선시대 유학자들의 수많은 문집 속에 헤아릴 수 없을 정도로 『삼국사』라고 나오는데 비해, 『삼국사기』라는 말은 서거정(徐居正) 등의 『동문선』, 조명채(曺命采)의 『봉사일본시문견록』, 이덕무(李德懋)의 『청장관전서』에 한 차례씩 나온다.

조명채(1700~1764)의 『봉사일본시문견록』은 1748년에 쓴 것인데, 1974년에 간행되었고, 이덕무의 『청장관전서』는 아들 이광규(李光葵)가 1795년에 편집하였고, 1980년 한문으로 간행한 것이다. 이들 책의 으뜸글[原文]이 『三國史記』인지 의문이 간다. 특히 『청장관전서』의 경우, 다른 곳에는 모두 『三國史』로 기록되어 있기 때문이다.

따라서 이들 책에 한 번씩 나오는 『삼국사기』는 『삼국사』를 잘못 쓴 것으로 판단해야 한다는 점을 거듭 주장한다.

김부식 등이 쓴 사서를 『삼국사』로 기록한 유학자들의 문집을 정리하면 다음과 같다.

최치원(崔致遠)의 『고운집(孤雲集)』, 이규보(李奎報)의 『동국이상국집(東國李相國集)』, 이첨(李詹)의 『쌍매당협장집(雙梅堂篋藏集)』, 권근(權近)의 『양촌집(陽村集)』, 변계량(卞季良)의 『춘정집(春亭集)』, 양성지(梁誠之)의 『눌재집(訥齋集)』, 서거정(徐居正)의 『사가집(四佳集)』·『필원잡기(筆苑雜記)』, 서거정 등의 『동문선(東文選)』, 왕성순(王性淳)의 『여한십가문초(麗韓十家文鈔)』, 김종직(金宗直)의 『점필재집(佔畢齋集)』, 최부(崔溥)의 『금남집(錦南集)』, 김정국(金正國)의 『사재집(思齋集)』, 주세붕(周世鵬)의 『무릉잡고(武陵雜稿)』·『죽계지(竹溪志)』, 권별(權鼈)의 『해동잡록(海東雜錄)』, 이황(李滉)의 『퇴계집(退溪集)』, 최연(崔演)의 『간재집(艮齋集)』, 권문해(權文海)의 『초간집(草澗集)』, 장현광(張顯光)의 『여헌집(旅軒集)』, 유몽인(柳夢寅)의 『어우집(於于集)』, 서호수(徐浩修)의 『연행기(燕行紀)』, 이민성(李民宬)의 『경정집(敬亭集)』, 이민환(李民寏)의 『자암집(紫巖集)』, 심광세(沈光世)의 『휴옹집(休翁集)』, 서경순(徐慶淳)의 『몽경당일사(夢經堂日史)』, 허목(許穆)의 『미수기언(眉叟記言)』, 윤휴(尹鑴)의 『백호전서(白湖全書)』, 홍여하(洪汝河)의 『목재집(木齋集)』, 이현일(李玄逸)의 『갈암집(葛庵集)』, 남구만(南九萬)의 『약천집(藥泉集)』, 이이명(李頤命)의 『소재집(疎齋集)』, 이만부(李萬敷)의 『식산집(息山集)』, 이의현(李宜顯)의 『도곡집(陶谷集)』, 이덕수(李德壽)의 『서당사재(西堂私載)』, 조태억(趙泰億)의 『겸재집(謙齋集)』, 이익(李瀷)의 『성호사설(星湖僿說)』·『성호전집(星湖全

集)』, 이긍익(李肯翊)의 『연려실기술(燃藜室記述)』, 임상덕(林象德)의 『노촌집(老村集)』, 남극관(南克寬)의 『몽예집(夢囈集)』, 강재항(姜再恒)의 『입재유고(立齋遺稿)』, 안정복(安鼎福)의 『동사강목(東史綱目)』·『순암집(順菴集)』, 이헌경(李獻慶)의 『간옹집(艮翁集)』, 홍양호(洪良浩)의 『이계집(耳溪集)』, 위백규(魏伯珪)의 『존재집(存齋集)』, 황윤석(黃胤錫)의 『이재유고(「齋遺藁)』, 이종휘(李種徽)의 『수산집(修山集)』, 유한준(兪漢雋)의 『자저(自著)』, 박윤원(朴胤源)의 『근재집(近齋集)』, 이규경(李圭景)의 『오주연문장전산고(五洲衍文長箋散稿)』, 윤기(尹愭)의 『무명자집(無名子集)』, 이만수(李晩秀)의 『극원유고(屐園遺稿)』, 이서구(李書九)의 『척재집(惕齋集)』, 장혼(張混)의 『이이엄집(而已广集)』, 조수삼(趙秀三)의 『추재집(秋齋集)』, 남공철(南公轍)의 『금릉집(金陵集)』, 성해응(成海應)의 『연경재전집(研經齋全集)』, 이덕무(李德懋)의 『청장관전서(青莊館全書)』, 유득공(柳得恭)의 『영재집(泠齋集)』, 정약용(丁若鏞)의 『여유당전서(與猶堂全書)』, 한치윤(韓致奫)의 『해동역사(海東繹史)』, 윤행임(尹行恁)의 『석재고(碩齋稿)』, 이학규(李學逵)의 『낙하생집(洛下生集)』, 홍석주(洪奭周)의 『연천집(淵泉集)』, 홍직필(洪直弼)의 『매산집(梅山集)』, 조인영(趙寅永)의 『운석유고(雲石遺稿)』, 정원용(鄭元容)의 『경산집(經山集)』, 김정희(金正喜)의 『완당전집(阮堂全集)』, 박지원(朴趾源)의 『연암집(燕巖集)』, 조병현(趙秉鉉)의 『성재집(成齋集)』, 이상적(李尙迪)의 『은송당집(恩誦堂集)』, 조긍섭(曺兢燮)의 『암서집(巖棲集)』, 오운(吳澐)의 『죽유집(竹牖集)』, 홍위(洪瑋)의 『서담집(西潭集)』, 유상운(柳尙運)의 『약재집(約齋集)』, 이세구(李世龜)의 『양와집(養窩集)』, 남학명(南鶴鳴)의 『회은집(晦隱集)』, 권상일(權相一)의 『청대집(淸臺集)』, 목만중(睦萬中)의 『여와집(餘窩集)』, 임천상(任天常)의 『궁오집(窮悟集)』, 홍경모(洪敬謨)의 『관암전서(冠巖全書)』, 박규수(朴珪壽)의 『환재집(瓛齋集)』, 이유원(李裕元)의 『가오고략(嘉梧藁略)』·『임하필기(林下

筆記)』, 송근수(宋近洙)의 『송자대전(宋子大全)』, 김흥락(金興洛)의 『서산집(西山集)』, 김윤식(金允植)의 『운양집(雲養集)』, 김택영(金澤榮)의 『소호당집(韶濩堂集)』, 신기선(申箕善)의 『양원유집(陽園遺集)』, 황현(黃玹)의 『매천집(梅泉集)』, 이진상(李震相)의 『한주집(寒洲集)』

2) 『삼국사』로 바로잡으려는 노력

일찍이 문정창(文定昌)(1899~1980) 선생은 『삼국사』를 『삼국사기』로 왜곡시킨 자는 일제 식민사학자 대명사로 불리는 이마니시 류(今西龍)(1875~1932)이라고 지적한 바 있다.

문정창 선생은 역저 『광개토대왕훈적비문론(廣開土大王勳績碑文論)』에서 김부식이 편찬한 사서는 『삼국사』이고, 이를 『삼국사기』라고 왜곡시킨 자는 이마니시 류(今西龍)이므로 원명대로 호칭해야 함을 주장한 바 있다.

○ "김부식이 편찬한 사서의 명칭은 『삼국사』다.(견 「진삼국사표(進三國史表)」 및 서울대 도서관 규장각 장서 원본 『삼국사』) 그 『삼국사』를 『삼국사기』라고 왜곡해 놓은 자는 금서룡(今西龍)이다.(견 昭和 二年 조선사학회 간 『삼국사기』 발문) 금서룡이 『삼국사』에 '記'자를 첨가한 것은, 『후한서(後漢書)』[1]의 필자 범울종(范蔚宗)의 다음 편사(編史) 체제(敍帝王事 謂之書紀 敍臣下事 謂之書記[2])에 의거하여 『일본서기』를 제기(帝紀) 즉 본기(本紀)로 하고, 『삼국사』를 그 신속적(臣屬的), 제후적(諸侯的)인 것으로 격하시키자는 교지(狡智)에서이다. (朝日新聞社 발간, 『六國史』 卷壹 第四面 '書名을 日本書紀라 칭하는 이유' 참조). 이와 같이 왜곡된 서칭(書稱)을 사용함은 수치요 배위(背違)

1) 후한(後漢)의 정사로 송나라의 범엽(范曄)(398~445)이 기전체로 저술한 책이다. 울종(蔚宗)은 그의 자이다
2) 범엽이 세운 기전체 서술 구분의 하나로 제왕의 일은 서기(書紀)로, 신하의 일은 '서기(書記)'로 한다는 구분을 말한다.

다. 탈각(脫殼)하여 원명대로 『삼국사』라 호칭해야 한다."[1]

필자는 졸저[2]를 통하여 김부식 등이 편찬한 『삼국사』에 대한 오류를 언급하면서 표제가 『삼국사』로 된 사진을 실은 적이 있었고, 4347주년 개천절을 맞아 『삼국사』가 『삼국사기』로 둔갑한 내용을 『오마이뉴스』에 보도한 바 있었다.

그런데, 최근 '국사찾기협의회' 박정학(朴正學) 박사는 「세상에 없는 『삼국사기』가 교과서에는 있다」라는 글을 통하여 잘못을 지적하였다.

그는 1990년 고전연구실에서 나온 『북역 삼국사기』 하권(1959년 북한에서 나온 책의 영인본) 511~512쪽에는 어느 본이라는 설명 없이 경주진병마절도사인 전평군 이계복이 쓴 발문이 게재되어 있는데, 그 첫 구절이 '오동방삼국본사유사(吾東方三國本史遺事) 양본(兩本)'으로서 '삼국본사'라고 했을 뿐 '사기'라고는 하지 않았고, 김부식이 임금에게 올린 글의 제목이 『여한십가문초(麗韓十家文鈔)』 1권의 「고려문열공문」에는 「진삼국사표(進三國史表)」이고, 『동문선』 44권에는 「진삼국사기(進三國史記表)」라고 되어 있는데, 이병도는 『동문선』을 선택하여 '삼국사기를 올리는 글월'이라고 주석하였으며, 『국역 삼국사기』도 「진삼국사표」라는 원문을 게재해 놓고 '삼국사기를 올리는 글'이라고 책이름을 원문과 다르게 번역하고 있으며, 대부분의 학자들도 '삼국사기를 올리는 글'이라고 번역하고 있다고 지적하였다.

나아가 『고려사』와 『고려사절요』, 『조선왕조실록』에는 『삼국사』라는 기사가 있는데, 『동문선』과 『조선왕조실록』 일부에만 나오는 '삼국사기'란 표기가 현재 우리나라 사학계에서 일반적 명칭으로 자리 잡게 되었는지 그 이유는 찾을 수가 없고, 원본 책의 표지만 봐도 당장 눈에

1) 문정창, 『광개토대왕훈적비문론』, 백문당, 1977. 참조
2) 이태룡, 『한국의병사』(상), 푸른솔나무, 2014. 참조

보이는데, 이병도와 국사편찬위원회가 '삼국사'라는 원문을 보면서 '삼국사기'라고 읽을 때는 그럴 만한 확실한 자료가 있거나 아니면 어떤 의도가 있을 수 있다는 의문을 갖게 한다면서 마침내 국사편찬위원회에 질의를 한 내용을 공개하였다.

"수고가 많으십니다. 저는 귀 위원회에서 운영하는 한국사데이터베이스를 많이 이용하고 있는 역사학자입니다.

지난 21일 오류 신고를 통해 삼국사기 자료소개 화면을 보면, 분명히 항목은 '삼국사기'인데 그 옆에 실린 원본 책자의 사진은 '삼국사'입니다. 혹시 오류가 아닌지요? 아니면 '삼국사'를 '삼국사기'라고 이름을 바꾼 어떤 이유가 있는지요? 정확하게 알려주시기 바랍니다."

국사편찬위원회의 답변도 실었다. 그 내용을 옮겨보면,

"자료소개에 보이는 원본 책자의 표지에 '삼국사'라고 되어 있는 것을 근거로 '삼국사기'라는 책의 제목이 오류이거나 아니면 '삼국사'를 '삼국사기'로 바꾼 것이라고 보기는 어렵습니다. 여러 다른 고서들이 그러하듯이 표지는 뒤에 만들어지는 것이 대부분이어서, 표지에 어떻게 쓰여 있는가가 곧바로 그 책의 원래 제목을 말해주지는 않기 때문입니다.

'삼국사기'라는 제목은 무엇보다도 편자인 김부식이 이 책을 '삼국사기'라고 부른 것에서 비롯합니다. 즉, 1478년에 서거정 등이 펴낸 『동문선』 권44 표전(表箋)에 실린 김부식의 「진삼국사기표(進三國史記表)」에는 김부식이 이 책을 '삼국사기'라고 칭했음이 분명히 보이고 있습니다. 또한, '삼국사기' 1권부터 50권에 이르기까지 '삼국사기 권제○'과 같은 형식으로 '삼국사기'라는 이름이 계속해서 반복적으로 나오고 있다는 사실도 책의 제목이 '삼국사기'임을 말해준다고 하겠습니다."

참으로 어처구니없는 답변이었다. 이 답변의 오류를 후술하였다.

배달겨레 속인 일제와 부왜인들

1) 『삼국사』 이름으로 실린 유학자 문집

일제의 식민사학자와 그들 앞잡이 노릇을 했던 이병도 등이 주장했던 것처럼 김부식 등이 지은 실제 책이름이 삼국사기 1권부터 50권에 이르기까지 '삼국사기 권제○'과 같은 형식으로 되어 있기 때문에 책이름을 '삼국사기'로 해야 할까?

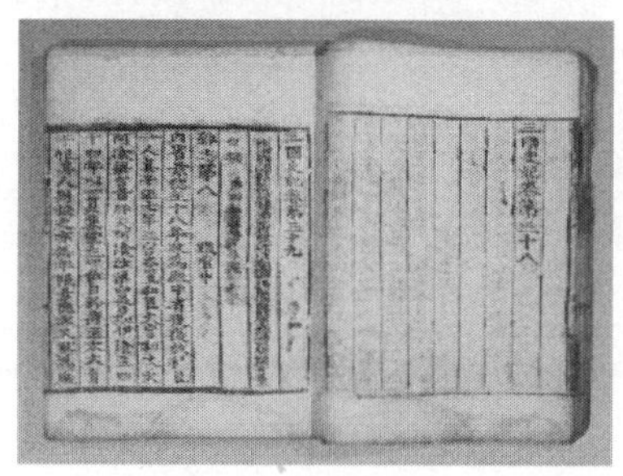

옆 그림에서 책의 표지(表紙)에 쓴 표제(表題)는 『三國史』이고, 아래 그림에는 '三國史記卷第三十八', '三國史記卷第三十九'가 있으니, 도대체 어느 것이 책이름인가?

김부식 등이 편찬했을 것으로 추정되는 12세기의 초간본은 발견되지 않고 있고, 현존하는 것은 조선 초기와 중기 때 간행한 것이라고 하는데, 중간할 때 잘못한 것일까?

이런 의문은 먼저 고서의 형태와 판식(板式)에 대한 이해를 해야 해답을 구할 수 있다. 고서의 형식, 판식의 형태가 다양하기 때문에 『삼국사』 책이름을 이해하는 데 필요한 것만 살펴보겠다.

고서에서 표지는 책의 외부를 형성하는 겉장을 말한다. 표지에는 제명(題名), 책차(冊次 : 책의 차례), 총책수(總冊數) 등을 기재하는데, 표지의 제명을 표제(表題)라고 한다. 표제는 표지에 바로 붓으로 쓰기도 하고, 별도로 비단 또는 종이에 책이름을 적어 표지에 붙이거나 사주(四周)에 변란(邊欄)을 치거나 문양을 넣은 첨지(簽紙)를 인쇄하여 붙이는 경우가 있는데, 이를 제첨(題簽)이라 한다.

책의 주요 제명에 대하여 살펴보면 다음과 같다.

- 표제(表題 : 일명 표지제表紙題) : 책의 표지에 표시된 책이름이다.
- 권수제(卷首題 : 일명 권두제卷頭題) : 고서는 한 권 이상을 모아 하나의 책으로 묶었기 때문에 각 권의 첫머리에 표시된 제명인데, 책의 표제가 없을 경우, 판심제(版心題)와 함께 책이름 채택의 기본 전거(典據)로 삼는다.
- 권미제(卷尾題 : 일명 권말제卷末題) : 책의 각 권 본문 끝에 표시된 제명
- 판심제(版心題) : 판심(版心 : 판의 중심. 책장의 가운데를 접어서 양면으로 나눌 때 그 접힌 가운데 부분)에 표시된 제명으로 대체로 표제와 일치한다.

이를 바탕으로 두 그림에 있는 제명을 밝혀보면, 표지의 '三國史二' 중의 '三國史'가 표제(책이름)이고, '二'은 책차(冊次)이다. '三國史記卷

第三十八'은 권(卷)의 마지막에 있으니, 권미제(卷尾題)에 해당하고, '三國史記卷第三十九'는 권의 첫머리에 있으니, 권수제(卷首題)에 해당하는 것이다. 그래서 권수제와 권미제는 '三國史記'이고, '卷第三十八'과 '卷第三十九'는 권차(卷次 : 권의 차례)에 해당한다. 따라서 책이름은 『삼국사』, 권수제·권미제는 「삼국사기」이다.

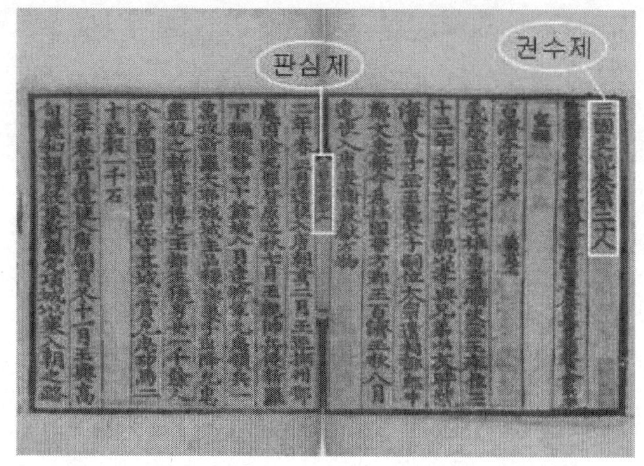

『삼국사』. 「삼국사기」 권 제28, 백제본기 제6-(정덕본)

위의 그림에서 판심(版心)에 '三國史本紀二十八'이라고 새겼다. 이는 판심제가 '三國史'이고, '本紀二十八'은 권차(卷次)를 나타낸 것이다. 고서는 대체로 표제와 판심제가 일치하는 경우가 많은데, 『삼국사』도 그런 경우에 해당한다.

따라서 김부식 등이 편찬한 『삼국사』의 판식을 정리하면, 표제는 『삼국사』, 권수제·권미제는 「삼국사기」, 판심제는 「삼국사」이다.

다음 그림은 정조 5년(1781), 서호수(徐浩修)가 왕명으로 엮어 편찬한 규장각의 장서 목록인 『규장총목(奎章總目)』이라는 책이다.

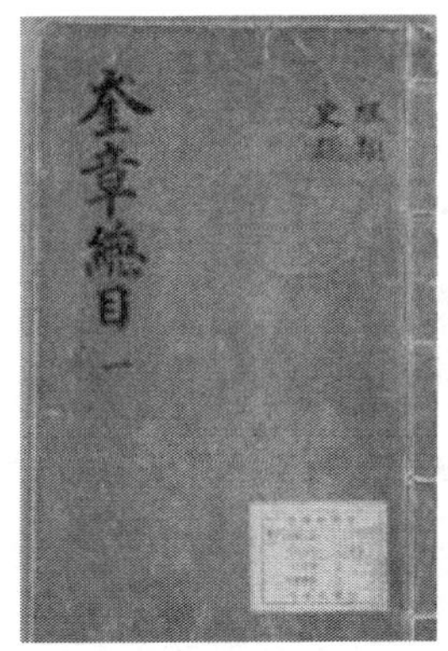

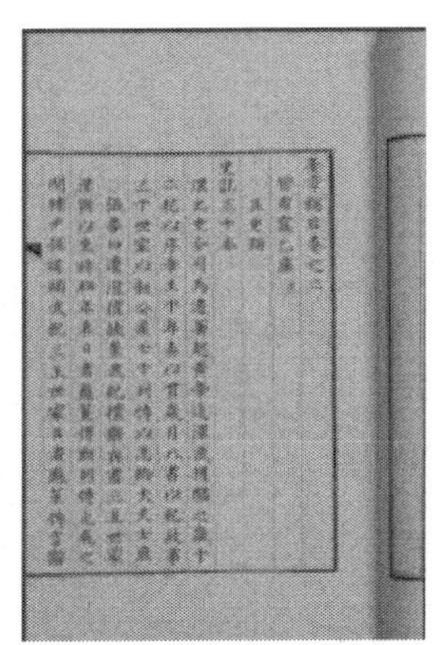

이 그림을 통하여 알 수 있는 것은 책이름은 『규장총목』인데, 『규장총목』 1이라는 책차를 말했으니, 최소한 2책 이상이라는 의미이고, 책의 속송이에 '奎章總目卷之二'라고 한 것으로 보아 권수제도 「규장총목」이기에 표제와 권수제가 일치하는 책이라는 것을 알 수 있다. 『규장총목』처럼 고서들은 표제와 권수제가 일치되는 경우가 많지만, 그렇지 않은 경우도 많다.

권근의 『양촌집(陽村集)』은 권수제는 표제와 달리 「양촌선생문집」이고, 서거정의 『사가집(四佳集)』 권수제는 「사가문집」이며, 서경덕의 『화담집(花潭集)』 권수제는 「화담선생문집」이고, 허목의 『미수기언(眉叟記言)』 권수제는 「기언」인 것처럼 표제와 권수제가 다른 경우의 예이다.

1) 『三國史』가 『삼국사기』로 둔갑하다

조선왕조의 공식 기록과 왕명으로 편찬된 사서에 『삼국사』로 명백히 기록되었고, 수많은 유학자의 문집에도 『삼국사』로 기록했으며, 또한 실제 책의 표지에 『三國史』라고 표제가 붙어 있으나 일제의 식민사학자와 그들 앞잡이 노릇을 했던 최남선, 이병도 등과 그들의 아류들은 이렇게 말해 왔다.

'김부식 등이 지은 실제 책을 보면, 『삼국사기』 1권부터 50권에 이르기까지 '『삼국사기』 권 제○'과 같은 형식으로 『삼국사기』라는 이름이 반복적으로 나오기 때문에 책의 제목이 『삼국사기』이다.'

그리하여 『고려사』, 『고려사절요』, 『조선왕조실록』의 내용과 왕명으로 편찬된 『동국사략』, 『국조보감』 등의 사서와 유학자 문집 속에 수백 차례 나오는 『三國史』를 대부분 『삼국사기』로 둔갑시켜 번역하는 의도적인 오류를 저질렀는데, 이런 경우는 너무 많아서 낱낱이 열거할 필요조차 없지만, 전술한 바 있어서 대표적인 사례 몇 개만 들어보기로 한다.

조선 초기 『고려사』 편찬 범례에는 "김부식의 『삼국사』를 기준으로 한다."라고 하였고, 『삼국사』 편찬 과정은 물론, 「열전」에서 김부식의 공적(功績)으로 『삼국사』 편찬을 꼽았다.

○ 인종 23년 12월 임술, 김부식이 『삼국사기』를 편찬하여 바치다.[1)]

十二月 壬戌, 金富軾進所撰三國史.[2)]

○ 인종 23년, 김부식이 신라 · 고구려 · 백제 『삼국사기』를 편찬하여 올리다.[3)]

二十三年, 上所撰 新羅高句麗百濟 三國史.[4)]

---

1) 국사편찬위원회는 "김부식이 『삼국사기』를 편찬해 바치다."로 제목을 붙였다. 원문의 『三國史』를 『삼국사기』로 오역하였다.
2) 『고려사』 권17, 「세가」 권제17, 인종 23년 12월조 참조
3) 국사편찬위원회는 원문 『三國史』를 『삼국사기』로 오역하였다.
4) 『고려사』 권98, 「열전」 권제11, 제신 김부식 편 참조

○「삼국사절요 서(三國史節要序)」[1)]

김부식이 진수(陳壽)의 『삼국지(三國志)』를 본받아 『삼국사기』를 편찬하였습니다.

(중략)

신들이 본래 삼장(三長)의 재주가 부족하니, 어찌 우러러 주상의 뜻에 흡족하게 일을 해낼 수 있겠습니까? 다만 구사(舊史) 및 『동국사략』을 취하고 아울러 『삼국유사』와 『수이전(殊異傳)』에서 채집하여 장편(長編)을 만들고, 범례는 한결같이 『자치통감』을 따랐습니다.

金富軾法陳壽三國志 撰三國史.

(중략)

臣等本乏三長之才 何能仰稱睿旨. 第取舊史及史略 兼採遺事殊異傳作長編 凡例一依資治通鑑.

○ 행 부사과 어득강(魚得江)이 상소하였는데, 그 대략은 다음과 같다.

(전략)

"또 우리나라의 사기(史記)[2)]로는 『삼국사기』와 『고려사절요』가 있습니다. 『삼국사기』는 경주에서 간행하여 그 판이 아직도 남아 있으며, 『고려사절요』는 주자(鑄字)로 찍어 반포하였는데, 이를 본 유자(儒子)가 드뭅니다. 근세에 서거정(徐居正)이 사국(史局)을 총재(摠裁)하고 『동국통감』을 찬 하였는바, 매우 해박할 뿐더러 주자로 찍어 반포한 것인데, 역시 세상에 보기가 드뭅니다. 김부식(金富軾)이 쓴 『삼국사기』의 사론(史論)과 권근(權近)이 쓴 『고려사절요』의 사론은 문장이 간고(簡古)하여 지금 한 마디도 도울 수가 없으나, 서거정의 사론은 김부식이나 권근의 사론보다 아주 못합니다."

"又曰, 東國史記 有三國史 高麗史節要. 三國史刊行慶州 其板尙在,

1) 서거정, 『사가집』, 「사가문집」 제4권, 서(序) 참조. 한국고전번역원 임정기 역 2009년에는 원문 『三國史』를 『삼국사기』로 오역하였고, '구사(舊史)'에 대한 주석도 『삼국사기』라고 하였다.

2) '역사를 기록한 책으로는'으로 해석해야 바르다. '사기(史記)'는 역사적 사실을 기록한 책이라는 뜻이다.

麗史節要 鑄字印頒 儒者罕見. 近世徐居正摠裁史局, 撰東國通鑑, 至爲該博 鑄字印頒 亦罕於世. 臣觀金富軾三國史史論, 權近麗史節要史論, 文章簡古 今不可贊一辭 而居正史論 不及金權遠矣."[1]

어득강(漁得江)(1470~1550)은 성종 23년(1492) 진사가 되고 연산군 1년(1495) 문과에 올라 곡강 · 곤양 군수, 사헌부 장령, 사간원 헌납, 홍문관 부응교 · 교리, 사간원 대사간, 밀양부사, 성균관 대사성을 거친 문신이자 학자였다. 그는 평소에는 소탈하여 농담을 잘했지만, 학문과 사리를 따지는 데는 이른바 '대꼬챙이'였다고 전해지고 있다.[2]

어득강이 상소할 당시는 '중종 임신본(정덕본)'(1512) 『삼국사』가 중간된 이후이기 때문에 어득강의 상소문 속의 『삼국사』라는 책명은 매우 중요한 의미가 있는데도 불구하고, 국사편찬위원회는 원문 『三國史』를 『삼국사기』로 둔갑시켜 번역하였다.

2) 아직도 『삼국사』를 『삼국사기』라고 속이고 있다

『삼국사』는 표제가 『삼국사』이고, 권마다 「삼국사기」라는 권수제를 사용했으며, 「삼국사」를 판심제로 한 책이었음을 전술하였다.

게다가 조선 왕조의 공식 기록인 『조선왕조실록』에 『삼국사』가 공식 기록으로 26차례, 『세종실록』 「지리지」와 『일성록』에 11차례, 왕명으로 편찬된 『동국사략』, 『고려사』, 『고려사절요』, 『삼국사절요』, 『동국통감』, 『신증동국여지승람』, 『국조보감』 등에 수백 차례 나오는데 비해 『삼국사기』라는 이름은 『조선왕조실록』 속에 양성지의 상소문에만 겨우 세 번 나온다.

1) 『조선왕조실록』, 중종 37년(1542) 7월 27일 참조. 국사편찬위원회와 한국고전번역원에서는 원문 『三國史』를 대부분 『삼국사기』로 둔갑시켜 번역하는 의도적인 오류를 범하였다.
2) 경남 고성 출신으로 갈천서원(葛川書院)에 제향되었다.

그리고 조선시대 수많은 유학자의 문집 속에 헤아릴 수 없을 정도로 『삼국사』라고 나오는데 비해, 『삼국사기』라는 말은 서거정(徐居正) 등이 엮은 『동문선』, 조명채(曺命采)의 『봉사일본시문견록』, 이덕무(李德懋)의 『청장관전서』에 단 차례씩 나온다. 하지만 이들 책 다른 곳에서는 모두 『삼국사』로 나오는 것을 보면, 『삼국사기』라고 한 것은 실수로 기록된 것이라고 판단할 수밖에 없다.

그렇다면 왜 일제 식민사학자와 그들 앞잡이 이병도 등이 굳이 『동문선』에 단 한 차례 나오는 '삼국사기'라는 단어를 전거(典據)로 삼아 『삼국사』라는 이름을 없앴을까?

전술한 것처럼 문정창 선생은 이마니시 류(今西龍)의 음모를 다음과 같이 지적한 바 있다.

○ 금서룡(今西龍)이 『삼국사』에 '記'자를 첨가한 것은, 『후한서(後漢書)』의 필자 범울종(范蔚宗)[1]의 다음 편사(編史) 체제(叙帝王事 謂之書紀 叙臣下事 謂之書記)[2]에 의거하여 『일본서기』를 제기(帝紀) 즉 본기(本紀)로 하고 『삼국사』를 그 신속적(臣屬的), 제후적(諸侯的)인 것으로 격하시키자는 교지(狡智)에서이다.[3]

그리고 사마천이 『사기』를 편찬한 기전체 방식에서 '본기(本紀)'와 '세가(世家)' 구분에 방식에 따라 『삼국사』 시기와 같은 일본사서 『일본서기(日本書紀)』의 격을 높이고, 『삼국사』의 격을 낮추기 위해 『삼국사기(三國史記)』로 만든 것으로 판단한 것이다.

1) 『후한서』는 후한(後漢)의 정사로 송나라 범엽(范曄)이 기전체로 저술한 책이다. 울종(蔚宗)은 그의 자이다
2) 범엽이 세운 기전체 서술 구분의 하나로, "제왕의 일은 서기(書紀)로, 신하의 일은 서기(書記)로 한다."라는 구분을 말한다.
3) 문정창, 『광개토대왕훈적비문론』, 백문당, 1977. 참조

○『사기』의 기전체는 사마천에서 비롯되었는데, 천자(天子)의 일은 본기(本紀)로 명명하고, 제후 나라의 일은 세가(世家)로 명명하였습니다. 주나라 때에는 여러 나라들이 지역을 분할하여 다스렸기 때문에 그 예가 그러한 것입니다. 그러므로 반고(班固)도 그 예를 따라 사서를 썼습니다.[1)]

그런데 국사편찬위원회의 답변 내용을 다시 한 번 살펴보자.

"자료소개에 보이는 원본 책자의 표지에 '삼국사'라고 되어 있는 것을 근거로 '삼국사기'라는 책의 제목이 오류이거나 아니면 '삼국사'를 '삼국사기'로 바꾼 것이라고 보기는 어렵습니다. 여러 다른 고서들이 그러하듯이 표지는 뒤에 만들어지는 것이 대부분이어서, 표지에 어떻게 쓰여 있는가가 곧바로 그 책의 원래 제목을 말해주지는 않기 때문입니다.

'삼국사기'라는 제목은 무엇보다도 편자인 김부식이 이 책을 '삼국사기'라고 부른 것에서 비롯합니다. 즉, 1478년에 서거정 등이 펴낸『동문선』권44 표전(表箋)에 실린 김부식의「진삼국사기표」에는 김부식이 이 책을 '삼국사기'라고 칭했음이 분명히 보이고 있습니다. 또한, '삼국사기' 1권부터 50권에 이르기까지 '삼국사기 권제○'과 같은 형식으로 '삼국사기'라는 이름이 계속해서 반복적으로 나오고 있다는 사실도 책의 제목이 '삼국사기'임을 말해준다고 하겠습니다."

첫째, 답변의 첫 문단을 살펴보면,

"자료 소개에 보이는 원본 책자의 표지에 '삼국사'라고 되어 있는 것을 근거로 '삼국사기'라는 책의 제목이 오류이거나 아니면 '삼국사'를 '삼국사기'로 바꾼 것이라고 보기는 어렵습니다. 여러 다른 고서들이 그러하듯이 표지는 뒤에 만들어지는 것이 대부분이어서, 표지에 어떻게 쓰여 있는가가 곧바로 그 책의 원래 제목을 말해주지는 않기 때문입니다."

---

1) 안정복,『순암집』,「순암선생문집」제9권, 서 참조

여기에서 책의 표지에 나오는 『삼국사』로 나와 있지만, 그것이 곧 책의 제목이라고 보기 어렵고, 표지에 붙은 이름이 곧 책이름이 되는 것은 아니라는 답변이다. 이는 한마디로 고서의 형태와 판식에 대한 무지에서 나온 말이거나 억지 변명에 불과하다.

표지에 표제(表題)(일명 表紙題)가 있을 경우에는 그것이 곧 그 책의 이름이다. 그러나 표제가 없을 경우에 각 권의 첫머리에 표시된 제명인 권수제(卷首題)(일명 권두제卷頭題)나 판심제(版心題)를 책이름 채택의 기본 전거(典據)로 삼는데, 권수(卷數)가 많고, 권수제가 여러 개일 경우는 책이름 붙이기가 매우 곤란하다. 『삼국사』처럼 권수가 많더라도 권수제가 「삼국사기」로 단일한 경우는 매우 드물다. 그렇기 때문에 서지학(書誌學)에서 흔히 "권수제가 책이름 채택의 전거가 된다."라는 논리는 제한적일 수밖에 없고, 『삼국사』를 『삼국사기』로 바꾸고 난 뒤에 만든 억지 논리에 불과한 것이다.

둘째, "'삼국사기'라는 제목은 무엇보다도 편자인 김부식이 이 책을 '삼국사기'라고 부른 것에서 비롯합니다."라는 답변의 오류를 지적하고자 한다.

김부식은 20여 권의 책을 남겼다고 하나 현전하는 것은 없다. 다만, 그가 『삼국사』를 편찬하여 임금에게 올린 표문이 두 군데 나타나고 있을 뿐이니, 어느 것이 맞는지 알 길이 없다.

즉, 서거정(徐居正) 등이 펴낸 『동문선』 권44에 실린 김부식의 「진삼국사기표(進三國史記表)」가 있고, 왕성순(王性淳)의 『여한십가문초』 제1권에 「진삼국사표(進三國史表)」로 나와 있기 때문이다.

그러나, 『고려사』 인종 23년(1145) 12월 임술조에 "김부식이 『삼국사』를 편찬하여 바쳤다."(원문 : 金富軾進所撰三國史)라고 명백하게 기록되어 있으니, 이보다 더 확실한 것이 있을까?

셋째, "'삼국사기' 1권부터 50권에 이르기까지 '삼국사기 권 제○'과 같은 형식으로 '삼국사기'라는 이름이 계속해서 반복적으로 나오고 있다는 사실도 책의 제목이 '삼국사기'임을 말해준다고 하겠습니다."에서 국사편찬위원회 답변자의 수준을 단적으로 말해 준다고 하겠다.

고서에 관한 상식이 있는 사람이라면, 『삼국사』는 표제가 있고, 권마다 「삼국사기」라는 권수제를 사용하였고, 판심제에는 「삼국사」를 사용했으니, 표제와 판심제가 일치하는 책이었음을 금방 알 수 있다. 그리고 권수제가 「삼국사기」 하나뿐이기 때문에 50권이니, 동일한 이름이 50회 나오고, 권미제로 50회 나올 것인 바, 그것이 반복된다고 하여 책 이름이 되는 것이 아니다.

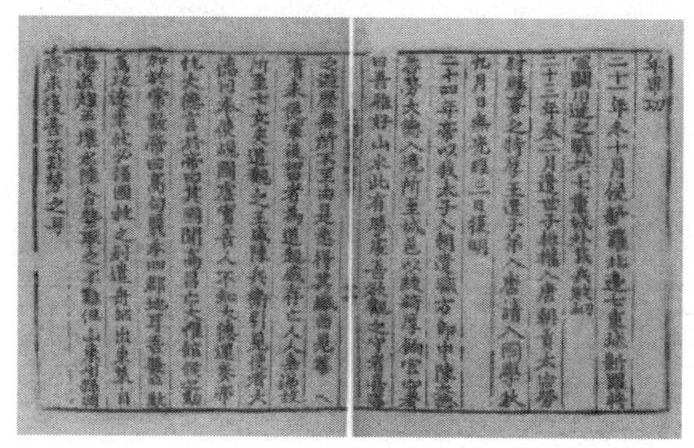

『삼국사』「삼국사기」 권 제20, 고구려본기 제8.(1537년 옥산서원본)

위 『삼국사』 그림을 보면, 고구려본기 영류왕편의 내용이다. '三國史本紀第二十'으로 판심제와 권차(卷次)가 보인다. 이것은 앞의 그림을 응용하면, 권수제는 「삼국사기」이고, 판심제는 『삼국사』이며, 권차는 본기 제20이다. 고구려본기 제8은 여기에 나와 있지 않고, 영양왕편의 첫머리에 나온다.

조선시대 유학자들의 문집을 보면, 권수제가 없는 책이 없다 할 정도로 대부분 권수제가 있다. 그렇다면 그 문집의 이름을 표제에 나온 것을 버리고, 반복이 많은 권수제로 책이름을 삼을 것인가?

이규보의 『동국이상국집』은 권수제로 「동국이상국전집」이 41개, 「동국이상국후집」이 12개 등이 있는데, 책이름을 '동국이상국전집'으로 할 것인가? 정도전의 『삼봉집』은 권수제로 「조선경국전」이 나오는데, 그러면 정도전의 문집을 '조선경국전'으로 정해야 하는가?

수많은 책에서 표제는 무시하고 권수제로 책이름을 부르고 있는 경우는 단 하나, 『삼국사기』라는 가짜 이름뿐이다.

국사편찬위원회는 『삼국사』의 표제와 판심제가 「삼국사」로 되어 있는데도 불구하고, 「삼국사기」라고 지금까지 속이고 있다. 이는 마치 한옥 안에 서양 그림이 있는 것을 보고 양옥이라고 우기는 격이다. 손바닥으로 하늘을 가리는 격인데, 언제까지 속일 작정인가?

더욱이 국사편찬위원회는 『三國史』를 『삼국사기』로 둔갑시켜 번역하고 주를 매기면서, '교열대본'으로 '을해목활자본'(1760년, 영조 36)과 일제강점기에 나온 '고전간행회본'(1931)을 제시했고, '교감대본'으로 역시 이 두 본과 '현종실록자본'(주자본)을 사용하였다. 『고려사』, 『삼국사절요』, 『동국통감』, 『신증동국여지승람』을 '교감참고'로 하였고, '참고서적'으로 이병도 역주본을 비롯하여 1914년 일본 조선연구회의 『삼국사기역』(일본어판)과 북한 과학원 고전연구실역 『삼국사기』(1959)와 이병도 아류의 역주본과 이병도, 「신라의 기원문제」 『한국고대사연구』 등의 논저들을 올려놓고 있다.

아직도 국사편찬위원회가 책이름부터 속이고 있으니, 기가 막힌다.

3) 사필광정(史必匡正)을 위한 노력

일찍이 고대사를 바로잡음으로써 민족사를 정립하려는 노력이 크게 일어났다. 문정창 · 박창암(朴蒼岩) · 안호상(安浩相) · 이유립(李裕岦) ·

임승국(林承國)·최동(崔棟) 등이 '국사회복협의회(國史恢復協議會)'를 구성하여 국사회복운동을 펼쳤다. 그들은 『자유』라는 잡지를 창간하여 고조선 역사를 복원하고자 노력하였지만, 워낙 '단군신화'의 위력이 크고, 식민사관에 물든 식민사학자와 제자, 또 그 제자의 제자들의 힘에 가려서 그 빛이 잘 보이지 않았다.

그 후 1980년대부터 고조선 역사의 복원을 시도한 최태영(崔泰永)·윤내현(尹乃鉉) 등의 연구는 사학계에 신선한 충격을 주었는데, 특히 최태영 선생은 법학자이면서 『한국상고사 입문』를 편찬하였고, 이병도를 설득하여 단군이 국조(國祖)였다는 글을 남기게 하였다.

그리고 오랜 세월 동안 단군과 고조선에 관한 사료를 찾아 이를 정리하고, 이 사료를 바탕으로 『단군실사에 관한 문헌고증』 등의 책을 통하여 상고사 정립에 평생을 바치고 있는 이상시(李相時) 선생이 있고, 이이화(李離和) 선생은 다양한 형태로 역사서를 내어 우리 역사를 바르게 이해하는 데 기여하였고, 동학농민혁명과 반민족행위 관련 단체 조사 등 역사 바로 세우기에 심혈을 쏟고 있다.

고고학 연구를 통하여 고대사 정립을 위해 심혈을 기울인 학자로는 일찍이 『한국고고학개설』을 저술했던 김원룡(金元龍), 『한국 구석기학 연구의 길잡이』를 내어 우리나라 선사문화의 선구자 역할을 했던 손보기(孫寶基), 『한국 청동기문화 연구』의 윤무병(尹武炳), 『한국 민족의 기원과 형성』의 이선복(李鮮馥), 『한국의 선사문화』를 출간한 이융조(李隆助) 등의 활약이 컸고, 특히 1990년대 이후 신석기·청동기 시대의 유물과 문화에 대한 연구를 통하여 고대사를 복원하려는 고고학회의 노력이 눈부시다. 조정래(趙廷來)는 나라를 빼앗김으로 인해 고통 속에서 삶을 살아야 했던 민족사를 『아리랑』이라는 작품에 녹여내고, 식민지 역사의 산물이 결국 좌우 대립으로 이어진 민족의 비극을 『태백산맥』에 담아서 겨레와 나라는 무엇인가를 깨닫게 하였고, 홍범도, 김원봉 등 한말 의병과 독립군에 관한 다수의 책을 낸 바 있는 김삼웅(金三雄)은 민족정기 바로 세우기에 여념이 없다.

그러나, 고려 · 조선 천 년 동안 내려온 사대모화 사상의 폐해와 일제의 식민사관의 뿌리가 깊어 고대사 정립이 쉽지 않다. 국사찾기협의회를 비롯한 수많은 단체가 잘못된 국사 책을 바로잡기 위해 국사편찬위원회나 국사학회의 노력을 촉구하고 있다. 그리고 최근 바른 고대사 정립을 통한 민족사 복원을 위해 역사가, 작가들이 활발하게 활동하고 있는 것은 무척 고무적인 일이다.

예를 들면, 『엉터리 사학자 가짜 고대사』를 써서 사학자들의 연구 태도를 지적한 김상태, '청나라 황족들은 신라에서 왔다', '원나라 건국사화의 시조모는 고구려 건국사화에 나오는 유화 부인과 같고 그의 아버지는 우리말로 고주몽이란 뜻이다.'라고 하며, 『대쥬신을 찾아서』 북방 초원지대를 누비고 있는 김운회, 『단군신화는 없었다』를 통하여 한국 고대 역사는 말살 · 축소 · 폄하 · 왜곡되어 있다고 말하면서 '단군신화'는 실재한 역사였다고 역설한 김종서, 『고조선은 대륙의 지배자였다』에서 고조선에 대한 의문점들을 쟁점별로 정리하고, 사료를 바탕으로 기존 오류들에 대하여 바로잡기를 시도한 이덕일 · 김병기, 『한국사가 죽어야 나라가 산다』에서 지난 100여 년간 조선사편수회가 확립한 식민사관의 뿌리와 맥락, 현실과 구조를 명징하게 추적한 이주한, 언론인이면서 『나는 황국신민이로소이다』를 통하여 친일파 문제, 일제강점기 역사 문제를 지적한 정운현 등이 바로 그들인데, 그들의 활약이 기대된다.

부 록

『단군고기』가 실린 『세종실록』 「지리지」 평안도 평양부편

『단군고기(檀君古記)』

신령스럽고 이상한 일[靈異]

『단군고기(檀君古記)』에 이르기를,

“상제(上帝) 환인(桓因)이 서자(庶子)가 있으니, 이름이 웅(雄)인데, 세상에 내려가서 사람이 되고자 하여 천부인(天符印) 3개를 받아 가지고 태백산(太白山) 신단수(神檀樹) 아래에 강림하였으니, 이가 곧 단웅천왕(檀雄天王)이 되었다. 손녀(孫女)로 하여금 약(藥)을 마시고 인신(人身)이 되게 하여, 단수(檀樹)의 신(神)과 더불어 혼인해서 아들을 낳으니, 이름이 단군(檀君)이다. 나라를 세우고 이름을 조선(朝鮮)이라 하니, 조선(朝鮮), 시라(尸羅), 고례(高禮), 남 · 북옥저(南北沃沮), 동 · 북부여(東北扶餘), 예(濊)와 맥(貊)이 모두 단군의 다스림이 되었다.

단군이 비서갑(非西岬) 하백(河伯)의 딸에게 장가들어 아들을 낳으니, 부루(夫婁)이다. 이를 곧 동부여(東扶餘) 왕이라고 이른다. 단군이 당요(唐堯)와 더불어 같은 날에 임금이 되고, 우(禹)가 도산(塗山)의 모임을 당하여, 태자(太子) 부루를 보내어 조회하게 하였다.

나라를 누린 지 1천 38년 만인 은(殷) 나라 무정(武丁) 8년 을미에 아사달(阿斯達)에 들어가 신(神)이 되니, 지금의 문화현(文化縣) 구월산(九月山)이다.

부루가 아들이 없어서 금색 와형아(金色蛙形兒)를 얻어 기르니, 이름을 금와(金蛙)라 하고, 세워서 태자(太子)를 삼았다. 그 정승 아란불(阿蘭弗)이 아뢰기를,

"일전에 하느님이 나에게 강림하여 말하기를, '장차 내 자손으로 하여금 여기에다 나라를 세우도록 할 것이니 너는 다른 곳으로 피하라. 동해(東海) 가에 땅이 있는데, 이름은 가섭원(迦葉原)이며, 토질이 오곡(五穀)에 적당하여 도읍할 만하다.'라고 하였습니다."

하고, 이에 왕을 권하여 옮겨 도읍하였다.

천제(天帝)가 태자를 보내어 부여(扶餘) 고도(古都)에 내리어 놀게 하니, 이름이 해모수(海慕漱)이다. 해모수가 하늘로부터 내려오는데 오룡거(五龍車)를 타고, 종자(從者) 1백여 인은 모두 백곡(白鵠 : 고니)을 탔는데, 채색 구름이 그 위에 뜨고, 음악 소리가 구름 가운데에서 울렸다. 웅심산(熊心山)에서 머물러 10여 일을 지내고 비로소 내려왔다. 머리에는 오우(烏羽)의 관(冠)을 쓰고, 허리에는 용광검(龍光劍)을 찼는데, 아침이면 일을 보고, 저녁이면 하늘로 올라가니, 세상에서 이르기를, '천왕랑(天王郞)'이라 하였다.

성(城) 북쪽 청하(青河) - 청하(青河)는 곧 지금의 압록강(鴨綠江)이다. - 의 하백(河伯)이 세 딸이 있으니, 큰딸이 유화(柳花), 둘째딸이 훤화(萱花), 막내딸이 위화(葦花)인데, 자태가 곱고 아름다웠다. 세 딸이 웅심연(熊心淵) 위에 가서 노는데, 왕이 좌우(左右)에게 이르기를,

"저 여자를 얻어서 비(妃)를 삼으면, 가히 자손을 두리라."

하니, 그 딸들이 왕을 보자 곧 물로 들어갔다. 좌우가 말하기를,

"대왕은 어찌하여 궁전을 지어, 저 여자를 맞아 방에 들이고 문을 꼭

닫지 아니합니까."

하니, 왕이 옳게 여기어 말채찍으로 땅을 그니, 동실(銅室)이 잠깐 사이에 이루어졌다. 방 가운데에 세 자리를 베풀고 잔과 술을 두었더니, 그 여자들이 서로 권하여 크게 취하였다. 왕이 나아가 붙잡으니, 그 여자들이 놀라서 달아났는데, 유화(柳花)가 왕에게 잡히었다.

하백이 크게 노하여 사신을 보내어 고(告)하기를,

"너는 어떤 사람이기에 내 딸을 붙잡아 두느냐?"

하니, 왕이 대답하기를,

"나는 천제(天帝)의 아들인데, 이제 하백과 결혼하고자 하노라."

하매, 하백이 또 사신을 보내어 고하기를,

"네가 만일 구혼(求婚)하려거든 마땅히 매파를 보낼 것이지, 이제 덮어놓고 내 딸을 붙잡아 두니, 어찌 그리 예를 모르느냐?"

하였다. 왕이 부끄러워서 장차 하백을 보려고 하나 하백의 방에 들어갈 수가 없고, 또 그 딸을 놓아주려고 하나, 그 딸이 이미 왕과 더불어 정을 통하였는지라, 떠나려 들지 아니하고 왕을 권하기를,

"만일 용거(龍車)가 있으면 하백의 나라에 갈 수 있습니다."

하니, 왕이 하늘을 가리키며 고하매, 조금 있더니 오룡거(五龍車)가 하늘로부터 내려왔다. 왕이 그 여자와 함께 수레를 타니, 풍운(風雲)이 갑자기 일어, 대번에 그 궁(宮)에 이르렀다. 하백이 예를 갖추어 맞이하여 좌정(坐定)하고 이르기를,

"혼인의 예는 천하의 통규(通規)이거늘, 어찌 이렇듯 실례(失禮)하여 나의 문종(門宗)을 욕되게 하느뇨? 왕이 천제의 아들이면 어떠한 신이(神異)함이 있느뇨?"

하니, 왕이 대답하기를,

"오직 시험해 보면 알 것이오."

하매, 이에 하백이 뜰 앞의 물에서 잉어로 화하여 물결을 따라 노는지라, 왕이 물개로 화하여 잡으려 하니, 하백이 또 사슴으로 화하여 달아나므로, 왕이 승냥이로 화하여 쫓으매, 하백이 꿩으로 화하니, 왕이 매로 화하여 쫓았다. 하백이 그때서야 진실로 천제의 아들이라 생각하고 예(禮)로써 성혼(成婚)하였다. 왕이 그 딸을 거느릴 마음이 없을까 두려워하여, 풍악을 베풀고 술을 마련하여 왕에게 권해서 크게 취하게 하고, 딸과 더불어 작은 혁여(革轝) 가운데에 넣어서 용거(龍車)에 실어 승천(升天)하게 하려 하였는데, 그 수레가 물에서 나오기 전에, 왕이 곧 술이 깨어 그 딸의 황금비녀를 빼어서 혁여를 찌르고, 그 구멍으로 혼자 나와서 승천하니, 하백이 노하여 그 딸에게 이르기를,

"네가 내 가르침을 좇지 아니하여 우리 가문을 욕되게 하였다."

하고, 좌우(左右)로 하여금 그 딸의 입을 얽어 잡아당기게 하니, 그 입술이 늘어나 길이가 3척(尺)이 되매, 노비(奴婢) 2인과 함께 우발수(優渤水) - 곧 지금의 태백산(太白山) 남쪽이다. - 가운데로 내치었다.

고기잡이[漁師]가 금와(金蛙)에게 고하기를,

"근래 어살[梁] 가운데 있는 고기를 훔쳐 가는 것이 있는데, 어떤 짐승인지 알지 못하겠나이다."

하매, 왕이 곧 고기잡이로 하여금 그물로 끌어내게 하니, 그 그물이 찢어지므로, 다시 쇠그물을 만들어 끌어내니, 그제야 비로소 한 여자가 돌 위에 앉아서 끌려 나왔는데, 그 여자가 입술이 길어서 말을 하지 못하므로, 세 번 그 입술을 끊어내니, 그제야 비로소 말을 하였다.

왕이 천제(天帝)의 아들의 비(妃)임을 알고 별실(別室)에 거처하게 하였는데, 그 여인이 창 가운데로 들어오는 햇볕을 품어서 아들을 배어, 한(漢) 나라 신작(神爵)[1] 4년 계해 4월에 주몽(朱蒙)을 낳으니, 우는 소리

1) 신작(神爵) 원년은 서기전 61년으로 보고 있다.

가 매우 크고, 골표(骨表)가 영기(英奇)하였다.

처음에 왼쪽 겨드랑이로부터 큰 알을 낳았는데, 5되[升]들이만 하니, 왕이 괴상하게 여겨 말하기를,

"사람이 새알을 낳았으니 상서롭지 못하다."

하고, 말 외양간에 갖다 버리게 하였더니, 여러 말들이 밟지 아니하고, 깊은 산에 버리니, 백수(百獸)가 모두 보호하며, 구름이 낀 날에도 알 위에는 늘 일광(日光)이 있으므로, 왕이 알을 도로 갖다가 어미에게 보내어 기르게 하였다.

한 달 만에 그 알이 깨지며 한 사내아이가 나왔는데, 난 지 한 달도 지나지 못하여 말을 능히 하며, 어머니에게 이르기를,

"파리들이 눈을 건드리어서 잘 수가 없으니, 어머니는 나를 위하여 활과 화살을 만들어 주십시오."

하므로, 그 어머니가 갈대로 활과 화살을 만들어 주었더니, 스스로 물레[紡車] 위에 앉은 파리를 쏘아 번번이 맞히매, 민간에서 이르기를,

"활 잘 쏘는 이는 주몽이다."

하였다. 나이가 장성하매, 재능이 겸비하였다.

금와(金蛙)가 아들 7인이 있는데, 늘 주몽과 함께 사냥을 다녔다. 왕자와 종자(從者) 40여 명이 겨우 사슴 한 마리를 잡는데, 주몽은 사슴 여러 마리를 잡으니, 왕자가 이를 시기하여, 주몽을 잡아 나무에 매어 놓고 사슴을 빼앗아 갔다. 주몽이 나무를 뽑고 돌아가니, 태자가 왕에게 말하기를,

"주몽은 영검하고 날랜 선비입니다. 치어다보는 것이 심상치 않사오니, 만일 일찍 도모하지 아니하면 반드시 후환이 있으리이다."

하매, 왕이 주몽으로 하여금 말을 먹이게 하여, 그 뜻을 시험하고자 하였다. 주몽이 한을 품고 어머니에게 이르기를,

"나는 천제(天帝)의 손자인데 목마(牧馬)가 되었으니, 사는 것이 죽는 것만 같지 못합니다. 남쪽 땅으로 가서 나라를 세우고자 하오나, 어머님이 계시기 때문에 감히 스스로 결단하지 못합니다."

하니, 그 어머니가 말하기를,

"이것이 내가 밤낮으로 속을 썩이는 바이다. 내가 들으니, 선비가 먼 길을 떠나려면 모름지기 준마(駿馬)에 의지하라 하였으니, 내 능히 말을 가리어 주리라."

하고 드디어 마목(馬牧)에 가서 곧 긴 채찍으로 말들을 마구 후려치니, 뭇 말들이 모두 놀래어 달아나는데, 붉누런 말[騂馬] 한 마리가 2길[丈]이나 되는 난간을 뛰어넘어 달아나고 있었다. 주몽이 그 말이 뛰어남을 알고, 몰래 바늘을 말의 혀뿌리에 찔러 박으니, 그 말이 혀가 아파서 몹시 여위었다. 왕이 마목(馬牧)에 순행(巡行)하여, 뭇 말이 모두 살찐 것을 보고 크게 기뻐하며 그중의 여윈 말을 주몽에게 주었다. 주몽이 그 말을 얻어 가지고 그 바늘을 뽑고 더욱 잘 먹여서 몰래 오이(烏伊)·마리(馬離)·협부(陜父) 등 3인과 결탁하여 남행(南行)해서 개사수(蓋斯水)에 이르렀는데, 건너려 하여도 배는 없고, 쫓는 군사는 급히 따라오므로, 채찍으로 하늘을 가리키면서 몹시 분개하여 탄식하기를,

"나는 천제(天帝)의 손자요, 하백(河伯)의 외손인데, 지금 난리를 피하여 여기에 이르렀사오니, 황천후토(皇天后土)께서는 저 고자(孤子)로 하여금 빨리 주교(舟橋)를 이루게 하여 주소서."

하였다. 말을 마치고 나서 활로써 물을 치니, 자라떼들이 떠올라 와서 다리를 놓아 주몽이 곧 건넜다. 한참 있다 쫓는 군사가 물에 이르니 자라다리[鼈橋]가 갑자기 없어져서, 이미 다리에 올랐던 군사가 모두 물에 빠져 죽었다.

주몽이 그 어머니를 이별할 때 차마 떠나지 못하니, 그 어머니가 말하

기를,

"너는 한 어미 때문에 염려하지 말라."

하고, 오곡(五穀)의 씨앗을 싸서 주어 보냈는데, 주몽이 어찌나 생이별하는 마음이 간절하였던지 그 보리씨를 잊어버리고 떠났다. 주몽이 큰 나무 아래에서 쉬는데, 쌍곡(雙鵠)이 날아와 모이니, 주몽이 말하기를,

"아마도 이것은 어머니가 보내 주시는 보리씨리라."

하고, 활을 당기어 쏘았다. 한 화살에 모두 떨어져서, 목구멍을 열고 보리씨를 꺼내고, 물을 곡(鵠 : 고니)에게 뿜으니, 다시 소생되어 날아갔다.

왕이 졸본천(卒本川)에 이르러 비수(沸水) 위에 집을 짓고, 나라 이름을 고구려라 하고, 인하여 고(高)로써 성을 삼고, 풀더미[蕝] 위에 올라앉아서 대략 군신(君臣)의 자리[位]를 정하였다.

비류왕(沸流王) 송양(松讓)이 사냥하러 나왔다가, 왕의 얼굴이 비상함을 보고, 인도하여 함께 앉아서 말하기를,

"궁벽한 바다의 모퉁이에 있어서 일찍이 그대 같은 사람을 만나보지 못하였는데, 오늘 우연히 만났으니, 어찌 다행하지 아니하리오. 그대는 어떠한 사람이며, 어디에서 왔나이까?"

하니, 왕이 대답하기를,

"과인은 천제의 손자로서 서국(西國)의 왕입니다. 감히 묻노니, 군왕은 누구의 뒤를 이었습니까?"

하매, 송양이 대답하기를,

"나는 본디 선인(仙人)의 자손이라, 여러 대로 왕이 되었노라. 이제 땅이 작으니, 나누어서 두 임금이 될 수 없으며, 또한 그대는 나라를 세운 지 며칠 안 되니, 나에게 부속(附屬)함이 마땅하다."

하니, 왕이 말하기를,

"과인은 하느님의 뒤를 이었고, 지금 왕은 신(神)의 맏자손이 아니면서 억지로 왕이라 하니, 만일 나에게 귀부(歸附)하지 아니하면, 하느님이 반드시 죽일 것이오."

하였다. 송양이 왕으로서 늘 하느님의 자손이라 칭하였는데, 속으로 의심을 품고서 그 재주를 시험하고자 하여 말하기를,

"왕과 더불어 활쏘기를 원합니다."

하고, 사슴을 그리어 1백 보(步) 안에 놓고 쏘니, 그 화살이 들어가지도 아니하였는데, 사슴의 배꼽이 손을 거꾸로 놓은 것같이 되었다. 왕이 사람을 시켜 옥가락지[玉指環]를 1백 보 밖에 달아 놓게 하고 쏘매, 와해(瓦解)되듯이 부수어지니, 송양이 크게 놀랐다. 왕이 말하기를,

"국업(國業)을 새로 세웠기 때문에 고각(鼓角)이 위의(威儀)가 없어서, 비류(沸流)의 사자(使者)가 왕래할 때에, 내가 왕의 예(禮)로써 영송(迎送)할 수 없으므로 나를 가벼이 여기게 된다."

하니, 종신(從臣) 부분노(扶芬奴)가 나아와 아뢰기를,

"신이 대왕을 위하여 비류의 고각을 가져오겠나이다."

하였다. 왕이 말하기를,

"남의 나라의 장물(藏物)을 네가 어찌 가져온다 하느냐?"

하니, 대답하기를,

"이는 하늘이 주는 물건이온데, 어찌 가져오지 못하오리까? 무릇 대왕이 부여(扶餘)에서 고생하실 때, 누가 대왕께서 능히 이곳에 이를 것이라 하였겠습니까? 이제 대왕께서 만사(萬死)에서 분신(奮身)하시어 요좌(遼左)에 양명(揚名)하셨으니, 이는 천제께서 명하여 하셨음이온데, 무슨 일인들 이루어지지 아니하오리까?"

하고, 부분노 3인이 비류에 가서 고각(鼓角)을 가지고 왔다. 비류왕이 사신을 보내어 고하매, 왕이 와서 볼까 염려하여, 고각의 색(色)을 어둡

게 하여 헌 것같이 해 놓으니, 송양이 (와서 보고) 감히 다투지 못하고 돌아갔다. 송양이 도읍을 세운 선후(先後)로써 부속(附屬)을 삼으려고 하매, 왕이 궁실(宮室)을 짓기를 썩은 재목으로 기둥을 해서 천 년이나 묵은 것같이 하니, 송양이 와서 보고 마침내 감히 도읍을 세운 선후로써 다투지 못하였다.

왕이 서쪽으로 사냥가서 흰 사슴을 잡아 해원(蟹原)에 거꾸로 매달고 저주하기를,

"하늘이 만일 비를 내려서 비류왕의 도읍을 표몰(漂沒)시키지 아니하면, 내가 결코 너를 놓아주지 아니하리라. 이 난경(難境)을 면하려거든 네가 능히 하늘에 호소하라."

하니, 그 사슴이 슬피 울매, 그 소리가 하늘에 닿아서, 장맛비가 7일 동안 내리어 송양의 도읍을 표몰시켰다. 왕이 갈대새끼[葦索]를 횡류(橫流)시키고 압마(鴨馬)를 타니, 백성들이 모두 그 새끼를 잡은지라, 왕이 채찍으로 물을 그으니, 물이 곧 줄어들매, 송양이 온 나라를 가지고 와서 항복하였다.

검은 구름이 골령(骨嶺)에 일어나서, 사람들이 그 산을 보지 못하는데, 오직 수천 사람의 소리만 들리며 토공(土功)을 일으키니, 왕이 말하기를,

"하늘이 나를 위하여 성을 쌓는 것이다."

하였다. 7일 만에 구름과 안개가 스스로 걷히고, 성곽과 궁궐이 저절로 이루어지니, 왕이 황천(皇天)께 절하고 나아가 살았다.

9월에 왕이 하늘로 올라가서 내려오지 아니하니, 그때의 나이가 40세였다. 태자가 (왕이) 남긴 옥채찍으로써 용산(龍山)에 장사지냈다.

출처 : 『세종실록』, 「지리지」, 평안도 평양부편

『가락국기(駕洛國記)』

문종 대(文宗代)[1] 대강(大康)[2] 연간에 금관주지사(金官州知事)의 문인(文人)이 지은 것으로 이제 그것을 줄여서 싣는다.

개벽 이후로 이곳에는 아직 나라의 이름이 없었고 또한 군신(君臣)의 칭호도 없었다. 이때에 아도간(我刀干)·여도간(汝刀干)·피도간(彼刀干)·오도간(五刀干)·유수간(留水干)·유천간(留天干)·신천간(神天干)·오천간(五天干)·신귀간(神鬼干) 등 아홉 간(干)이라는 자가 있었는데 이는 추장(酋長)으로 백성들을 통솔했으니 모두 100호, 7만 5천 명이었다. 대부분은 산과 들에 스스로 모여서 우물을 파서 물을 마시고 밭을 갈아 곡식을 먹었다.

후한(後漢)의 세조(世祖) 광무제(光武帝) 건무(建武) 18년 임인 3월 계욕일(禊浴日)에 살고 있는 북쪽 구지(龜旨) - 이것은 산봉우리를 일컫는 것으로 십붕(十朋)이 엎드린 모양과도 같기 때문에 그렇게 말한 것이다. - 에서 이상한 소리가 부르는 것이 있었다. 백성 2, 3백명이 여기에 모였는데 사람의 소리 같기는 하지만 그 모습을 숨기고 소리만 내서 말하였다.

1) 고려 제11대 왕으로 재위 기간은 1046~1083년이다.
2) 대강 : 요(遼) 도종(道宗)의 연호로 1075~1085년에 사용하였다.

"여기에 사람이 있느냐?"

아홉 간(干) 등이 말하였다.

"우리들이 있습니다."

또 말하였다.

"내가 있는 곳이 어디인가?"

대답하여 말하였다.

"구지입니다."

또 말하였다.

"황천(皇天)이 나에게 명하기를 이곳에 가서 나라를 새로 세우고 임금이 되라고 하여 이런 이유로 여기에 내려왔으니, 너희들은 모름지기 산봉우리 꼭대기의 흙을 파면서 노래를 부르기를,

'거북아, 거북아,
머리를 내밀어라.
만일 내밀지 않으면
구워먹으리'

라고 하고 뛰면서 춤을 추어라. 그러면 곧 대왕을 맞이하여 기뻐 뛰게 될 것이다."

구간들은 이 말을 따라 모두 기뻐하면서 노래하고 춤을 추었다. 얼마 지나지 않아 우러러 쳐다보니 다만 자줏빛 줄이 하늘에서 드리워져서 땅에 닿았다. 그 줄의 끝을 찾아보니 붉은 보자기에 금으로 만든 상자가 싸여 있어서 열어보니 해처럼 둥근 황금 알 여섯 개가 있었다. 여러 사람들은 모두 놀라고 기뻐하여 함께 백 번 절하고 얼마 있다가 다시 싸서 안고 아도간(我刀干)의 집으로 돌아와 책상 위에 놓아두고 그 무리들은

각기 흩어졌다.

12시간이 지나 그 이튿날 아침에 무리들이 다시 서로 모여서 그 상자를 열어보니 여섯 알은 화해서 어린아이가 되어 있었는데 용모가 매우 훤칠하였다. 이에 이들을 평상 위에 앉히고 여러 사람이 절하고 하례(賀禮)하면서 극진히 공경하였다.

이들은 나날이 자라서 10여 일이 지나니 키는 9척으로 곧 은(殷) 나라 천을(天乙)과 같고 얼굴은 용과 같아 곧 한(漢) 나라 고조(高祖)와 같았다. 눈썹이 팔자(八字)로 채색이 나는 것은 곧 당(唐) 나라 고조(高祖)와 같고, 눈동자가 겹으로 된 것은 곧 우(虞) 나라 순(舜)과 같았다.

그달 보름에 왕위(王位)에 올랐다. 세상에 처음 나타났다고 해서 이름을 수로(首露)라고 하였다. 혹은 수릉(首陵) - 수릉은 죽은 후의 시호이다 - 이라고도 한다.

나라 이름을 대가락(大駕洛)이라 하고 또한 가야국(伽耶國)이라고도 하니 곧 여섯 가야(伽耶) 중의 하나이다. 나머지 다섯 사람도 각각 가서 다섯 가야의 임금이 되니 동쪽은 황산강(黃山江), 서남쪽은 창해(滄海), 서북쪽은 지리산(地理山), 동북쪽은 가야산(伽耶山)이며 남쪽은 나라의 끝이었다.

그는 임시로 대궐을 세우게 하고 거처하면서 다만 질박(質朴)하고 검소하니 지붕에 이은 이엉을 자르지 않고, 흙으로 쌓은 계단은 3척이었다.

즉위 2년(43년) 계묘 정월에 왕이 말하기를,

"내가 서울을 정하려 한다."

라고 하고 이내 임시 궁궐의 남쪽 신답평(新畓坪) - 이는 옛날부터 묵은 밭인데 새로 경작했기 때문에 이렇게 불렀다. 답자(畓字)는 속자(俗字)이다. - 에 나가 사방의 산악(山嶽)을 바라보고 좌우 사람을 돌아보고 말하였다.

“이 땅은 협소(狹小)하기가 여뀌 잎과 같지만 수려하고 기이하여 16나한(羅漢)이 살 만한 곳이라 할 수 있다. 더구나 1에서 3을 이루고, 3에서 7을 이루니 7성(聖)이 살 곳은 여기가 가장 적합하다. 이곳에 의탁하여 강토(疆土)를 개척해서 마침내 좋은 곳을 만드는 것이 어떻겠느냐?”

이곳에 1,500보 둘레의 성과 궁궐과 전우(殿宇) 및 여러 관청의 청사와 무기고와 곡식 창고의 터를 만들어 두었다. 일을 마치고 궁으로 돌아와 두루 나라 안의 장정, 인부, 공장(工匠)들을 불러 모아서 그달 20일에 성 쌓는 일을 시작하여 3월 10일에 공사를 끝냈다. 그 궁궐과 옥사(屋舍)는 농사일에 바쁘지 않은 때를 기다려 이용하니 그해(44년) 10월에 비로소 시작해서 갑진 2월에 완성되었다. 좋은 날을 가려서 새 궁으로 거둥하여 모든 정사를 다스리고 여러 일도 부지런히 보살폈다.

이때 갑자기 완하국(琓夏國)[1] 함달왕(含達王)의 부인이 임신을 하여 달이 차서 알을 낳았고, 그 알이 화하여 사람이 되어 이름을 탈해(脫解)[2]라고 하였다. 이 탈해가 바다를 따라 가락국에 왔다. 키가 3척이고 머리 둘레가 1척이었다. 기꺼이 대궐로 나가서 왕에게 말하기를,

“나는 왕의 자리를 빼앗고자 왔다”

라고 하니 왕이 대답하였다.

“하늘이 나에게 명해서 왕위에 오르게 한 것은 장차 나라를 안정시키고 백성들을 편안하게 하려 함이니, 감히 하늘의 명을 어기고 왕위를 남에게 줄 수도 없고, 또한 우리나라와 백성을 너에게 맡길 수도 없다.”

탈해가 말하기를,

“그러면 술법(術法)으로 겨루어 보겠는가?”

---

1) 국사편찬위원회는 용성국(龍城國), 정명국(正明國), 화하국(花廈國)이라 하고, 그 나라는 왜국의 동북쪽 1,500리 되는 곳에 있었다고 한다. 왜국이 어디에 있었는지 그 비정하기가 쉽지 않다.
2) 신라의 제4대 임금으로 재위 기간은 57년~80년이다.

라고 하니, 왕이 좋다고 하였다.

잠깐 사이에 탈해가 변해서 매가 되니 왕은 변해서 독수리가 되었고, 또 탈해가 변해서 참새가 되니 왕은 변해서 새매가 되었다. 이때에 조금도 시간이 걸리지 않았다. 탈해가 원래 모습으로 돌아오자 왕도 역시 전 모양이 되었다.

탈해가 이에 엎드려 항복하고 말하기를,

"내가 술법을 겨루는 곳에서 매가 독수리에게, 참새가 새매에게 잡히기를 면하였는데, 이는 대개 성인(聖人)이 죽이기를 미워하는 어진 마음을 가져서 그러한 것입니다. 내가 왕과 더불어 왕위를 다툼은 진실로 어렵습니다."

곧 왕에게 절을 하고 하직하고 나가서 이웃 교외의 나루에 이르러 중국에서 온 배가 와서 정박하는 수로(水路)로 해서 갔다. 왕은 마음속으로 머물러 있으면서 난을 꾀할까 염려하여 급히 수군(水軍) 500척을 보내서 쫓게 하니 탈해가 계림(鷄林)의 국경으로 달아나므로 수군은 모두 돌아왔다. - 여기에 실린 기사(記事)는 신라의 것과는 많이 다르다.-

건무(建武) 24년 무신 7월 27일에 구간(九干) 등이 조회할 때 아뢰기를,

"대왕이 강령하신 이래로 아직 좋은 배필을 얻지 못하셨으니 청컨대 신들의 집에 있는 처녀 중에서 가장 예쁜 사람을 골라서 궁중에 들여보내어 항려가 되게 하겠습니다."

라고 하였다. 왕이 말하기를,

"짐이 여기에 내려온 것은 하늘의 명령이니 짐에게 짝을 지어 왕후(王后)를 삼게 하는 것도 역시 하늘의 명령일 것이니 경들은 염려 말라."

라고 하고, 드디어 유천간(留天干)에게 명하여 경주(輕舟)를 이끌고 준마(駿馬)를 가지고 망산도(望山島)에 가서 서서 기다리게 하고, 신귀간(神鬼干)에게 명하여 승점(乘岾) - 망산도는 서울 남쪽의 섬이고 승점은 연하(輦下)의

국(國)이다. - 으로 가게 하였다.

갑자기 바다의 서남쪽에서 붉은색의 돛을 단 배가 붉은 기를 매달고 북쪽을 향해 오고 있었다. 유천간 등은 먼저 망산도 위에서 횃불을 올리니 곧 사람들이 다투어 육지로 내려 뛰어왔다. 신귀간은 이것을 보고 대궐로 달려와서 그것을 아뢰었다. 왕이 그 말을 듣고 무척 기뻐하여 이내 구간(九干) 등을 찾아 보내어 목련(木蓮)으로 만든 키를 바로잡고 계수나무로 만든 노를 저어 그들을 맞이하게 하였다.

곧 모시고 대궐로 들어가려 하자 왕후가 이에 말하기를,

"나는 너희들과 본래 모르는데 어찌 감히 경솔하게 서로 따라가겠는가?"라고 하였다.

유천간 등이 돌아가서 왕후의 말을 전달하니 왕은 그렇다고 여겨 유사(有司)를 데리고 행차하여 대궐 아래로부터 서남쪽으로 60보쯤 되는 곳의 산 주변에 장막을 쳐서 임시 궁전을 설치하고 기다렸다. 왕후는 산 밖의 별포(別浦) 나루에 배를 대고 땅으로 올라와 높은 언덕에서 쉬고, 입고 있는 비단바지를 벗어 폐백으로 삼아 산신령에게 바쳤다. 그 밖에 시종한 잉신(媵臣) 두 사람의 이름은 신보(申輔)·조광(趙匡)이고, 그들의 아내 두 사람의 이름은 모정(慕貞)·모량(慕良)이라고 했으며, 노비까지 합해서 20여 명이었다. 가지고 온 금수능라(錦繡綾羅)와 의상필단(衣裳疋緞)·금은주옥(金銀珠玉)과 구슬로 된 장신구들은 이루 기록할 수 없을 만큼 많았다. 왕후가 점점 왕이 있는 곳에 가까이 오니 왕은 나아가 그를 맞아서 함께 유궁(帷宮)으로 들어왔다.

잉신 이하 여러 사람은 섬돌 아래에 나아가 뵙고 곧 물러갔다. 왕은 유사에게 명하여 잉신 내외들을 인도하게 하고 말하였다.

"사람마다 방 하나씩을 주어 편안히 머무르게 하고 그 이하 노비들은 한 방에 5, 6명씩 두어 편안히 있게 하라."

난초로 만든 음료와 혜초(蕙草)로 만든 술을 주고, 무늬와 채색이 있는 자리에서 자게 하고, 옷과 비단과 보화도 주었고, 군인들을 많이 모아서 그들을 보호하게 하였다.

이에 왕이 왕후와 함께 침전(寢殿)에 있는데 왕후가 조용히 왕에게 말하였다.

"저는 아유타국(阿踰陀國)의 공주로 성은 허(許)이고 이름은 황옥(黃玉)이며 나이는 16세입니다. 본국에 있을 때 금년 5월에 부왕과 모후께서 저에게 말씀하시기를, '우리가 어젯밤 꿈에 함께 황천(皇天)을 뵈었는데, 황천은 가락국의 왕 수로(首露)라는 자는 하늘이 내려보내서 왕위에 오르게 하였으니 곧 신령스럽고 성스러운 것이 이 사람이다. 또 나라를 새로 다스림에 있어 아직 배필을 정하지 못했으니 경들은 공주를 보내서 그 배필을 삼게 하라 하고, 말을 마치자 하늘로 올라갔다. 꿈을 깬 뒤에도 황천의 말이 아직도 귓가에 그대로 남아 있으니, 너는 이 자리에서 곧 부모를 작별하고 그곳을 향해 떠나라'고 하였습니다. 저는 배를 타고 멀리 증조(蒸棗)를 찾고, 하늘로 가서 반도(蟠桃)를 찾아 이제 아름다운 모습으로 용안(龍顔)을 가까이하게 되었습니다."

왕이 대답하기를,

"나는 나면서부터 자못 성스러워서 공주가 멀리에서 올 것을 미리 알고 있어서 신하들이 왕비를 맞으라는 청을 하였으나 따르지 않았다. 이제 현숙한 공주가 스스로 왔으니 이 사람에게는 매우 다행한 일이다."

라고 하였다. 드디어 그와 혼인해서 함께 이틀 밤을 지내고 또 하루 낮을 지냈다. 이에 그들이 타고 온 배를 돌려보내는 데 뱃사공이 모두 15명이니 이들에게 각각 쌀 10석과 베 30필씩을 주어 본국으로 돌아가게 하였다.

8월 1일에 왕은 대궐로 돌아오는데 왕후와 한 수레를 타고, 잉신 내외도 역시 재갈을 나란히 수레를 함께 탔으며, 중국의 여러 가지 물건도 모두 수레에 싣고 천천히 대궐로 들어오니 이때 시간은 오정(午正)이 되려 하였다. 왕후는 이에 중궁(中宮)에 거처하고 잉신 내외와 그들의 사속(私屬)들은 비어 있는 두 집을 주어 나누어 들어가게 하였고, 나머지 따라온 자들도 20여 칸 되는 빈관(賓館) 한 채를 주어서 사람 수에 맞추어 구별해서 편안히 있게 하였다. 그리고 날마다 지급하는 것은 풍부하게 하고, 그들이 싣고 온 진귀한 물건들은 내고(內庫)에 두고 왕후의 사시(四時) 비용으로 쓰게 하였다.

어느 날 왕이 신하들에게 말하였다.

"구간(九干)들은 모두 여러 관리의 으뜸인데, 그 직위와 명칭이 모두 소인(小人)·농부들의 칭호이고 고관 직위의 칭호가 아니다. 만약 외국에 전해진다면 반드시 웃음거리가 될 것이다."

마침내 아도(我刀)를 고쳐서 아궁(我躬)이라 하고, 여도(汝刀)를 고쳐서 여해(汝諧), 피도(彼刀)를 피장(彼藏), 오도(五刀)를 오상(五常)이라 하고, 유수(留水)와 유천(留天)의 이름은 위 글자는 그대로 두고 아래 글자만 고쳐서 유공(留功)·유덕(留德)이라 하고 신천(神天)을 고쳐서 신도(神道), 오천(五天)을 고쳐서 오능(五能)이라 했고, 신귀(神鬼)의 음(音)은 바꾸지 않고 그 훈(訓)을 고쳐 신귀(臣貴)라고 하였다.

계림(鷄林)의 직제(職制)를 취해서 각간(角干)·아질간(阿叱干)·급간(級干)의 차례를 두고, 그 아래의 관료는 주(周) 나라 법과 한(漢) 나라 제도를 가지고 나누어 정하니 이것은 이른바 옛것을 고쳐서 새것을 취하여 관직을 나누어 설치한 방법이었다.

이에 나라를 다스리고 집을 정돈하며, 백성들을 자식처럼 사랑하니 그 교화는 엄숙하지 않아도 위엄이 있고, 그 정치는 엄하지 않아도 다스려졌다. 더욱이 왕후와 함께 사는 것은 마치 하늘에게 땅이 있고, 해에게 달이 있고, 양(陽)에게 음(陰)이 있는 것과 같았고 그 공은 도산(塗山)이 하(夏)를 돕고, 당원(唐媛)이 교씨(嬌氏)를 일으킨 것과 같았다.[1)]

그 해에 왕후는 곰의 몽조(夢兆)를 꾸고 태자 거등공(居登公)을 낳았다.

영제(靈帝) 중평(中平) 6년 기사 3월 1일에 왕후가 죽으니 나이는 157세였다. 온 나라 사람들은 땅이 꺼진 듯이 슬퍼하고 구지봉 동북 언덕에 장사하였다. 드디어 왕후가 백성을 자식처럼 사랑하던 은혜를 잊지 않고자 처음 와서 닻줄을 내린 도두촌(渡頭村)을 주포촌(主浦村)이라 하고, 비단바지를 벗은 높은 언덕을 능현(綾峴)이라 하고, 붉은 기가 들어온 바닷가를 기출변(旗出邊)이라고 하였다.

잉신 천부경(泉府卿) 신보(申輔)와 종정감(宗正監) 조광(趙匡) 등은 나라에 온 지 30년 후에 각각 두 딸을 낳았는데 부부는 1, 2년을 지나 모두 죽었다. 그 밖의 노비들도 이 나라에 온 지 7, 8년 사이에 자식을 낳지 못하고 오직 고향을 그리워하는 슬픔을 품고 고향을 생각하다가 모두 죽어서 거처하던 빈관(賓館)은 텅 비고 아무도 없게 되었다.

왕은 이에 매양 외로운 베개를 의지하여 몹시 슬퍼하다가 10년을 지내고 헌제(獻帝) 입안(立安) 4년(199년) 기묘 3월 23일에 죽으니, 나이는 158세였다. 나라 사람들은 부모를 잃은 것처럼 슬퍼하는 것이 왕후가 죽은 날보다 더하였다. 마침내 대궐 동북쪽 평지에 빈궁(殯宮)을 세웠는데 높이가 1장이고 둘레가 300보였고, 거기에 장사지내고 수릉왕묘(首陵王廟)라고 하였다.

그의 아들 거등왕(居登王)으로부터 9대손 구형왕(仇衡王)까지 이 묘(廟)에 배향(配享)하고, 매년 정월 3일과 7일, 5월 5일, 8월 5일과 15일을

1) 도산은 하나라 우왕(禹王)에게 시집가서 하나라의 기틀을 잡은 여인이며, 당원은 요임금의 딸들로서 순임금에게 시집간 아황(娥皇)과 여영(女英)을 뜻하는데 이들은 순의 후예인 교씨의 시조가 되었다.

기다려 풍성하고 깨끗한 제물을 차려 제사를 지내어 대대로 끊이지 않았다.

신라 제30대 왕 법민(法敏)은 용삭(龍朔) 원년 신유 3월에 조서를 내렸다.

"가야국(伽耶國) 시조(始祖)의 9대손 구형왕(仇衡王)이 이 나라에 항복할 때 이끌고 온 아들 세종(世宗)의 아들인 솔우공(率友公)의 아들 서운(庶云) 잡간(匝干)의 딸 문명황후(文明皇后)가 나를 낳았다. 따라서 시조 수로왕은 나에게 곧 15대 시조가 된다. 그 나라는 이미 멸망당했으나 그를 장사지낸 묘(廟)는 지금도 남아 있으니 종묘(宗廟)에 합해서 계속하여 제사를 지내게 하겠다."

인하여 그 옛 궁터에 사자(使者)를 보내서 묘에 가까운 상전(上田) 30경(頃) 공영(供營)의 비용으로 하여 왕위전(王位田)이라 부르고 본토(本土)에 소속시켰다. 수로왕의 17대손 갱세(賡世) 급간(級干)이 조정의 뜻을 받들어 그 밭을 주관하여 매해 때마다 술과 단술을 빚고 떡·밥·차·과실 등 여러 맛있는 음식을 진설하고 제사를 지내어 해마다 끊이지 않게 하였다. 그 제삿날은 거등왕 이 정한 연중(年中) 5일을 바꾸지 않았다. 이에 비로소 그 향기로운 효사(孝祀)가 우리에게 맡겨졌다.

거등왕이 즉위한 기묘에 편방(便房)을 설치한 뒤로부터 구형왕(仇衡王) 말년에 이르는 330년 동안에 묘에 지내는 제사는 길이 변함이 없었으나 그 구형왕이 왕위를 잃고 나라를 떠난 후부터 용삭(龍朔) 원년(661년) 신유에 이르는 60년 사이에 이 묘에 지내는 제사지내는 예를 가끔 빠뜨리기도 하였다.

아름답도다! 문무왕(文武王) - 법민왕(法敏王)의 시호이다.- 은 먼저 조상을 받드니 효성스럽고 또 효성스럽다. 끊어졌던 제사를 다시 향하였다.

신라 말년에 충지(忠至) 잡간(匝干)이란 자가 있었는데 금관(金官) 고성

(高城)을 쳐서 빼앗고 성주장군(城主將軍)이 되었다. 이에 영규(英規) 아간(阿干)이 장군의 위엄을 빌려 묘향(廟享)을 빼앗아 함부로 제사를 지냈는데, 단오(端午)를 맞아 사당에 제사를 지내다가 사당의 대들보가 이유 없이 부러져 떨어져서 인하여 깔려죽었다. 이에 장군(將軍)이 스스로 말하기를,

"다행히 전세(前世)의 인연으로 해서 외람되이 성왕(聖王)이 계시던 국성(國城)에 제사를 지내게 되었으니 마땅히 나는 그 진영(眞影)을 그리고 향(香)과 등(燈)을 바쳐 그윽한 은혜를 갚아야겠다."

라고 하고, 교견(鮫絹) 3척을 가지고 진영을 그려 벽 위에 모시고 아침저녁으로 촛불을 켜놓고 공손히 받들었다. 겨우 3일 만에 진영의 두 눈에서 피눈물이 흘러서 땅 위에 고였는데 거의 한 말 정도가 되었다. 장군은 매우 두려워하여 그 진영을 받들어 가지고 사당을 나가서 불태우고 곧 수로왕의 친자손 규림(圭林)을 불러서 말하였다.

"어제는 상서롭지 못한 일이 있었는데 어찌하여 이런 일들이 거듭 생기는 것인가? 이는 필경 사당의 위령(威靈)이 내가 진영을 그려서 모시는 것을 불손(不遜)하게 여겨 진노한 것이다. 영규(英規)가 이미 죽었으므로 나는 몹시 괴이하고 두렵게 여겨 진영도 이미 태워 버렸으니 반드시 신(神)의 주살을 받을 것이다. 경은 왕의 진손(眞孫)이니 전에 하던 대로 제사를 받드는 것이 옳겠다."

규림이 대를 이어 제사를 지내다가 나이 88세에 이르러 죽었고, 그 아들 간원경(間元卿)이 이어서 제사를 지내는데 단옷날 알묘제(謁廟祭) 때 영규의 아들 준필(俊必)이 또 발광(發狂)하여, 사당으로 와서 간원(間元)이 차려 놓은 제물을 치우고서 자기가 제물을 차려 제사를 지냈는데 삼헌(三獻)이 끝나지 못해서 갑자기 병이 생겨서 집에 돌아가서 죽었다.

그런데 옛사람이 이런 말을 한 적이 있다.

"음사(淫祀)는 복(福)이 없고 도리어 재앙을 받는다."

앞서 영규가 있고 뒤에는 준필이 있으니 이들 부자(父子)를 두고 한 말인가.

또 도적의 무리들이 사당 안에 금과 옥이 많이 있다고 해서 와서 그것을 도둑질해 가려고 하였다. 처음에 오자 몸에 갑옷을 입고 투구를 쓰고 활에 살을 당긴 한 용사가 사당 안에서 나오더니 사면을 향해서 비 오듯 화살을 쏘아서 7, 8명을 맞혀 죽이니, 나머지 도둑의 무리들은 달아났다. 며칠 후에 다시 오자 큰 구렁이가 있었는데 길이가 30여 척이나 되고 눈빛은 번개와 같았다. 사당 옆에서 나와 8, 9명을 물어 죽이니 겨우 살아남은 자들도 모두 넘어지면서 달아났다. 그리하여 능원(陵園) 안팎에는 반드시 신물(神物)이 있어 보호한다는 것을 알게 되었다.

건안(建安) 4년 기묘에 처음 만든 때부터 지금 임금께서 즉위한 지 31년인 대강(大康) 2년(1076) 병진까지 도합 878년인데 제단을 쌓아 올린 아름다운 흙이 이지러지거나 무너지지 않았고, 심어 놓은 아름다운 나무도 마르거나 썩지 않았으며, 하물며 거기에 벌여 놓은 수많은 옥 조각도 부서지지 않았다.

이것으로 본다면 신체부(辛替否)가

"예로부터 지금에 이르기까지 어찌 망하지 않은 나라와 파괴되지 않은 무덤이 있겠느냐?"

라고 말했지만, 오직 가락국이 옛날에 일찍이 망한 것은 곧 체부의 말이 맞지만 수로왕(首露王)의 사당이 허물어지지 않은 것은 곧 체부의 말을 믿을 수 없다.

이 중에 또 놀이를 하여 수로왕을 사모하는 일이 있다. 매년 7월 29일에 백성·서리(胥吏)·군졸들이 승점에 올라가서 장막을 치고 술과 음식을 먹으면서 떠들며 동서쪽으로 서로 눈짓을 보내고 건장한 인부들은 좌우로 나뉘어서 망산도에서 말발굽을 급히 육지를 향해 달리고 뱃머리를 둥둥 띄워 물 위로 서로 밀면서 북쪽 고포(古浦)를 향해서 다투어 달린다. 대개 이것은 옛날에 유천간과 신귀간 등이 왕후가 오는 것을 바라보고 급히 수로왕에게 아뢰던 옛 자취이다.

가락국이 망한 뒤로는 대대로 그 칭호가 한결같지 않았다. 신라 제31대 정명왕(政明王)이 즉위한 개요(開耀) 원년 신사에는 금관경(金官京)이라 이름하고 태수(太守)를 두었다. 그 후 259년에 우리 태조(太祖)가 통합한 뒤로는 대대로 임해현(臨海縣)이라 하고 배안사(排岸使)를 둔 것이 48년이었으며, 다음에는 임해군(臨海郡) 혹은 김해부(金海府)라고 하고 도호부(都護府)를 둔 것이 27년이었으며, 또 방어사(防禦使)를 둔 것이 64년이었다.

순화(淳化) 2년에 김해부(金海府)의 양전사(量田使) 중대부(中大夫) 조문선(趙文善)은 조사해서 보고하였다.

"수로왕의 능묘(陵廟)에 소속된 밭의 면적이 많으니 마땅히 15결을 가지고 전대로 제사를 지내게 하고, 그 나머지는 부(府)의 역정(役丁)들에게 나누어 주어야 합니다."

이 일을 맡은 관청에서 그 장계(狀啓)를 전하여 보고하자, 그때 조정에서는 명을 내렸다.

"하늘에서 내려온 알이 화해서 성군(聖君)이 되었고 이내 왕위(王位)에 올라 오래 살았으니 곧 나이 158세가 되었다. 저 삼황(三皇) 이후로 이에 견줄 만한 이가 드물다. 붕어한 뒤에 선대(先代)부터 능묘(陵廟)에 소속된 전답을 지금에 와서 줄인다는 것은 진실로 의구스러운 일이 아닐 수 없다."

라고 하고 이를 허락하지 않았다.

양전사(量田使)가 또 거듭 아뢰자 조정에서도 이를 그렇다고 여겨 반은 능묘에서 옮기지 않고, 반은 그곳의 역정(役丁)에게 나누어 주게 하였다. 절사(節使) - 양전사의 별칭이다. - 는 조정의 명을 받아 이에 그 반은 능원(陵園)에 소속시키고 반은 부(府)의 부역하는 호정(戶丁)에게 주었다.

거의 일이 끝날 때에 양전사(量田使)가 몹시 피곤해하더니 어느 날 밤에 꿈을 꾸었는데 7, 8명의 귀신이 나타나 밧줄을 가지고 칼을 쥐고 와서 말하였다.

"너에게 큰 죄가 있어 베어 죽여야겠다."

양전사는 형(刑)을 받고 몹시 아파하다가 놀라서 깨었다. 이내 병이 들었는데 남에게 알리지도 못하고 밤에 도망가다가 그 병이 낫지 않아서 관문(關門)을 지나 죽었다. 이 때문에 양전도장(量田都帳)에는 그의 도장이 찍히지 않았다.

그 뒤에 사신이 와서 그 밭을 검사해 보니 겨우 11결(結) 12부(負) 9속(束)이고 부족한 것은 3결 87부 1속이었다. 이에 모자라는 밭을 어찌했는가를 조사해서 내외궁에 보고 하고, 칙명으로 그 부족한 것을 채워 주게 했는데 또한 고금(古今)에 탄식하는 자가 있었다.

수로왕(首露王)의 8대손 김질왕(金銍王)은 정치에 부지런하고 또 참된 것을 매우 숭상하였는데 시조모(始祖母) 허황후(許皇后)를 위해서 그의 명복(冥福)을 빌고자 하였다. 원가(元嘉) 29년 임진에 수로왕과 허황후가 혼인한 곳에 절을 세우고 절 이름을 왕후사(王后寺)라 하였고, 사자(使者)를 보내어 근처의 평전(平田) 10결을 헤아려 삼보(三寶)를 공양하는 비용으로 하게 하였다.

이 절이 생긴 지 500년 후에 장유사(長遊寺)를 세웠는데, 이 절에 바친 밭이 도합 300결(結)이었다. 이에 장유사의 삼강(三綱)은 왕후사(王后寺)

가 장유사의 밭 동남쪽 표(標) 안에 있다고 해서 왕후사를 폐해서 장사(莊舍)를 만들어 가을에 곡식을 거두어 겨울에 저장하는 장소와 말을 기르고 소를 치는 마구간으로 만들었으니 슬픈 일이다.

시조 이하 9대손의 역수(曆數)는 아래에 자세히 기록하니 그 명(銘)은 이러하다.

처음에 천지가 열리니, 이안(利眼)이 비로소 밝았다. 인륜(人倫)은 비록 생겼지만, 임금의 지위는 아직 이루지 않았다.

중국은 여러 대를 지냈지만, 동국(東國)은 서울을 나누어 계림(鷄林)이 먼저 정해지고, 가락국(駕洛國)이 뒤에 경영(經營)되었다. 스스로 맡아 다스릴 사람 없으면, 누가 백성을 보살피겠는가. 드디어 상제(上帝)께서, 저 창생(蒼生)을 돌보았다.

여기 부명(符命)을 주어, 특별히 정령(精靈)을 보냈다. 산속에 알이 내려오니 안개 속에 모습을 감추었다.

안은 오히려 아득하고, 밖도 또한 캄캄하였다. 바라보면 형상이 없는 듯하나 들으니 여기 소리가 있었다.

무리들은 노래 불러 아뢰고, 춤을 추어 바쳤다. 7일이 지난 후에, 한때 안정되었다.

바람이 불어 구름이 걷히니 푸른 하늘이 맑게 개었다. 여섯 개 둥근 알이 내려오니, 한 가닥 자색 줄에 드리웠다.

낯선 땅에, 집과 집이 연이었다. 구경하는 사람은 줄지었고, 바라보는 사람 우글거렸다.

다섯은 각 고을로 돌아가고, 하나는 이 성에 남아 있었다. 같은 때 같은 자취는, 아우와 같고 형과 같았다.

진실로 하늘이 덕을 낳아서, 세상을 위해 질서를 만들었다. 왕위에 처음 오르니 온 세상은 곧 밝아지려 하였다.

궁전은 옛 법을 따랐고, 흙계단은 오히려 평평하였다. 만기(萬機)를 비로소 힘쓰고, 모든 정치를 베풀었다.

기울지도 치우치지도 않으니, 오직 하나이고 오직 정밀하였다. 길 가는 자는 길을 양보하고, 농사짓는 자는 밭을 양보하였다.

사방은 모두 안정되고, 모든 백성은 태평을 맞이하였다. 갑자기 풀잎의 이슬처럼, 대춘(大椿)의 나이를 보전하지 못하였다.

천지의 기운이 변하고 조야(朝野)가 모두 슬퍼하였다. 금과 같은 그의 발자취요, 옥과 같이 떨친 그 이름이었다.

후손이 끊어지지 않으니, 영묘(靈廟)의 제사가 오직 향기로웠다. 세월을 비록 흘러갔지만, 규범(規範)은 기울어지지 않았다.

거등왕(居登王)

아버지는 수로왕(首露王), 어머니는 허황후(許皇后)이다. 건안(建安) 4년 기묘 3월 13일에 즉위하였다. 치세는 39년으로 가평(嘉平) 5년(253년) 계유 9월 17일에 죽었다. 왕비는 천부경(泉府卿) 신보(申輔)의 딸 모정(慕貞)으로 태자(太子) 마품(麻品)을 낳았다.

「개황력(開皇曆)」에는,

"성(姓)은 김씨(金氏)이니 대개 시조(始祖)가 금란(金卵)에서 난 까닭에 김을 성으로 삼았다."

라고 하였다.

마품왕(麻品王)

마품(馬品)이라고도 하며, 김씨이다. 가평(嘉平) 5년 계유에 즉위하였다. 치세는 39년으로 영평(永平) 원년(291년) 신해 1월 29일에 죽었다. 왕비는 종정감(宗正監) 조광(趙匡)의 손녀 호구(好仇)로 태자(太子) 거질미(居叱彌)를 낳았다.

거질미왕(居叱弥王)

금물(今勿)이라고도 하며 김씨이다. 영평(永平) 원년에 즉위하였다. 치세는 56년으로 영화(永和) 2년(346년) 병오 7월 8일에 죽었다. 왕비는 아궁(阿躬) 아간(阿干)의 손녀 아지(阿志)로 왕자(王子) 이시품(伊尸品)을 낳았다.

이시품 왕(伊尸品王)

김씨이고 영화(永和) 2년에 즉위하였다. 치세는 62년으로 의희(義熙) 3년(407년) 정미 4월 10일에 죽었다. 왕비는 사농경(司農卿) 극충(克忠)의 딸 정신(貞信)으로 왕자 좌지(坐知)를 낳았다.

좌지왕(坐知王)

김질(金叱)이라고도 한다. 의희(義熙) 3년에 즉위하였다. 용녀(傭女)에게 장가를 들어 여자의 무리를 관리로 삼으니 나라 안이 소란스러웠다. 계림국(鷄林國)이 꾀를 써서 치려 하니, 박원도(朴元道)라는 신하가 간하여 말하기를,

"유초(遺草)를 보고 또 보아도 역시 털이 나는데 하물며 사람에 있어서 이겠습니까? 하늘이 망하고 땅이 꺼지면 사람이 어느 곳에서 보전하겠습니까?"라고 하였다. 또 점쟁이가 점을 쳐서 해괘(解卦)를 얻었는데,

"그 점괘의 말에 '소인(小人)을 없애면 군자(君子)가 와서 도울 것이다.'라고 했으니 왕께선 역(易)의 괘를 살피시옵소서."

라고 하니, 왕은 사과하여 옳다고 하고, 용녀를 내쳐서 하산도(荷山島)

에 귀양보내고, 정치를 고쳐 행하여 길이 백성을 편안하게 다스렸다. 치세는 15년으로 영초(永初) 2년(421년) 신유 5월 12일에 죽었다. 왕비는 도령(道寧) 대아간(大阿干)의 딸 복수(福壽)로 아들 취희(吹希)를 낳았다.

취희왕(吹希王)

질가(叱嘉)라고도 한다. 김씨로 영초(永初) 2년에 즉위하였다. 치세는 31년으로 원가(元嘉) 28년(451년) 신묘 2월 3일에 죽었다. 왕비는 진사(進思) 각간의 딸 인덕(仁德)으로 왕자(王子) 질지(銍知)를 낳았다.

질지왕(銍知王)

금질왕(金銍王)이라고도 한다. 원가(元嘉) 28년에 즉위하였고, 이듬해에 시조와 허황옥 왕후의 명복을 빌기 위하여 처음 시조(始祖)와 혼인한 곳에 절을 지어 왕후사(王后寺)라 하고 밭 10결(結)을 바쳐 비용으로 쓰게 하였다. 치세는 42년으로 영명(永明) 10년(492년) 임신 10월 4일에 죽었다. 왕비는 김상(金相) 사간(沙干)의 딸 방원(邦媛)으로 왕자 겸지(鉗知)를 낳았다.

겸지왕(鉗知王)

금겸왕(金鉗王)이라고도 한다. 영명(永明) 10년에 즉위하였다. 치세는 30년으로 정광(正光) 2년(521년) 신축 4월 7일에 죽었다. 왕비는 출충(出忠) 각간(角干)의 딸 숙(淑)으로 왕자 구형(仇衡)을 낳았다.

구형왕(仇衡王)

김씨(金氏)이다. 정광(正光) 2년에 즉위하였다. 치세는 42년으로 보정(保定) 2년(562년) 임오 9월에 신라 제24대 진흥왕(眞興王)이 군사를 일으켜 쳐들어오니 왕은 친히 군사를 지휘하였다. 그러나 적병의 수는 많고 이쪽은 적어서 대전할 수가 없었다. 이에 동기(同氣) 탈지이질금(脫知爾叱今)을 보내서 본국에 머물러 있게 하고, 왕자와 상손(上孫) 졸지공(卒支公) 등은 항복하여 신라에 들어갔다. 왕비는 분질수이질(分叱水爾叱)의 딸 계화(桂花)로 세 아들을 낳았는데, 첫째는 세종(世宗) 각간, 둘째는 무도(茂刀) 각간, 셋째는 무득(茂得) 각간이다.

『개황록(開皇錄)』에 보면,

"양(梁) 나라 무제(武帝) 중대통(中大通) 4년(532년) 임자에 신라에 항복하였다."

라고 하였다.

논평하여 말한다. 『삼국사(三國史)』를 살펴보면, 구형왕(仇衡王)은 양(梁)의 무제(武帝) 중대통(中大通) 4년 임자(壬子)에 땅을 바쳐 신라에 항복하였다고 한다. 그렇다면 수로왕이 처음 즉위한 동한(東漢)의 건무(建武) 18년(42년) 임인으로부터 구형왕 말년(532년) 임자까지를 계산하면 490년이 된다. 만약 이 기록으로 상고한다면 땅을 바친 것은 원위(元魏) 보정(保定) 2년 임오(562년)이다. 그러면 30년을 더하여 도합 520년이다. 지금 두 가지 설(說)을 모두 기록해 둔다.

출전 : 『삼국유사』 권 제2. 「기이(紀異)」 제2, 가락국기

색 인

【ㄱ】

【ㄴ】

【ㄷ】

【ㄹ】

【ㅁ】

【ㅂ】

【ㅅ】

【ㅇ】

【ㅈ】

【ㅎ】

우리의 역사, 이것이 진실이다

초판 1쇄 인쇄 2017년 8월 10일
초판 1쇄 발행 2017년 8월 16일

지은이 | 이태룡
펴낸이 | 박정태
편집이사 | 이명수 감수교정 | 정하경
편집부 | 김동서, 위가연, 이정주
마케팅 | 조화묵, 박명준, 최지성 온라인마케팅 | 박용대
경영지원 | 최윤숙

펴낸곳 BOOKSTAR
출판등록 2006. 9. 8. 제 313-2006-000198 호
주소 파주시 파주출판문화도시 광인사길 161
광문각 B/D 4F
전화 031)955-8787
팩스 031)955-3730
E-mail Kwangmk7@hanmail.net
홈페이지 www.kwangmoonkag.co.kr

ISBN 978-89-97383-98-6 03900
가격 16,000원